가치투자가 쉬워지는 V차트

재무제표 없이도 가능한 가치주 발굴법

가치투자가 쉬워지는 V차트

최준철 지음

이콘

책머리에

2002년 3월 『한국형 가치투자 전략』을 출간했을 때만 해도 가치투자는 일반투자자들에게 생소한 투자 방법이었습니다. 심지어 『한국형 가치투자 전략』이 서점의 주식투자 코너가 아닌 부동산 코너나 재무관리 교과서 코너에 진열되기도 할 정도였습니다. 또한 가치투자를 아는 투자자라도 그것은 미국 같은 선진 시장에서만 통할 수 있는 방법으로 여기고 있었습니다. 그렇기 때문에 가치투자를 알리기 위한 활동을 더욱 열심히 했는지도 모릅니다.

2004년을 맞이한 이때, 이제 가치투자의 저변이 많이 넓어졌음을 느낍니다. 가치투자자들의 커뮤니티를 표방한 itooza.com의 회원 수가 1만 명을 넘어섰습니다. 가치투자를 표방한 펀드들도 상당수 나타나고 있습니다. 일부 사이버 애널리스트들도 기술적 분석에서 가치투자로 방향을 선회했습니다. 이런 배경에는 저금리 시대의 정착과 원활한 정보의 흐름 등 가치투자를 할 수 있는 환경의 변화가 있었습니다. 부끄럽지만 저희가 했던 서울대투자연구회 활동, 「대학투자저널」 발간, 『한국형 가치투자 전략』 출간 등도 이에 일조했다고 자부합니다.

그러나 아직도 가치투자는 전문가들만이 하는 어려운 방법으로 여겨지고 있는 듯합니다. 재무제표를 분석하고 기업의 내재가치를 계산하고 실적을 점검해야 하는 까다로운 과정이 수적이라고 여기기 때문입니다.

숫자 분석이 가치투자에 수적인 것은 아닙니다. 전작에서도 얘기했듯이 좋은 기업을 알아보는 방법은 여러 가지입니다. 생활에서도 발견할 수 있고 생업에서도 발견할 수 있습니다. 가치투자는 원래 어려운 것이 아니라 대하는 사람이 어렵게 만들고 있을 뿐입니다.

그럼에도 불구하고 『한국형 가치투자 전략』을 읽은 많은 독자분들이 가치투자의 정의와 원리에 대한 내용은 좋았지만 숫자 부분이 많이 아쉬웠으니 재무제표 해석을 비롯한 숫자에 대한 더 깊은 이해가 필요하다는 말씀을 해주셨습니다. 그리고 더 구체적으로 적용할 수 있는 기업발굴 방법을 제시해달라는 요청도 함께 해주셨습니다. 이에 대해 고민을 거듭한 끝에 저희도 쓸 수 있을 뿐 아니라 투자자들이 가치투자와 기업발굴에 좀더 쉽게 접근할 수 있는 방법을 개발하기로 마음먹었습니다. 그렇게 탄생한 것이 바로 'V차트Value Chart'입니다.

V차트를 처음 기획한 것은 2002년 8월이었습니다. 기업가치의 차트화, 4분기를 합산하는 연환산 등의 기본적인 아이디어만 가지고 시작해 1년여 만에 V차트를 개발해 itooza.com에서 서비스를 할 수 있게 되었습니다. 세계 최초로 개발한 것이라 벤치마킹할 대상이 없었던 만큼 많은 시행착오가 있었습니다. 공식을 만들어서 실제로 적용 가능한지 점검해 보기를 반복한 끝에 각 기업가치를 측정할 수 있는 19개의 지수로 정리할 수 있었습니다. 이렇게 개발된 V차트를 바탕으로 기업발굴을 돕는 매뉴얼을 집필하게 되었고, V차트를 기획한 지 1년 6개월 만에 책을 세상에 내놓게 되었습니다.

이 책은 V차트의 각 지수를 통해 어떤 기업이 좋은 기업이고 어떤 기업이 상황이 악화되고 있는지 등을 파악해 실제 투자에 적용하는 방법을 담고 있습니다. 그러나 내용이 V차트 이용법에만 국한되지는 습니다. 기업가치의 정의, 재무제표에 대한 이해, 기업활동의 원리, 좋은 기업의 조건 등 기업과 가치투자를 깊게 이해할 수 있는 내용들을 담고자 노력했습니다. 그래서 전혀 다른 개념의 책이라기보다는 『한국형 가치투자 전략』에서 말하지 못했던 내용을 담은 '한국형 가치투자 전략 시리즈'의 두 번째 책으로 인식되었으면 합니다. 『한국형 가치투자 전략』이 수학의 기본 정석이라면 이 책은 수학의 실력 정석에 해당합니다.

개발 과정만큼이나 집 과정도 쉽지 않았습니다. 재무제표를 다룬 기존의 책들이 한국 실정에 맞지 않거나 너무 어려워 투자자들이 꺼린다는 것을 알았기 때문에 깊은 내용을 담으면서도 쉽게 전달하고자 했습니다. 또한 원고 집필 중 V차트의 오류가 발견되어 솔루션 업그레이드와 집필을 병행해야 했습니다. 그러다 보니 원고를 전면 수정한 것도 여러 번이었습니다. 오랜 기간이 걸린 것도 이런 이유였습니다.

이렇게 어려운 과정을 이겨낼 수 있었던 것은 가치투자를 좀더 실제적이면서도 쉽게 투자자에게 전달해야겠다는 일념이 있었기 때문입니다. V차트의 각 지수를 통해 어렵게만 느껴졌을 재무수치의 의미 등에 보다 쉽게 다가설 수 있으리라 생각합니다. 가치투자는 어려운 투자방법이 아닙니다. 부디 투자자들이 V차트를 활용해 숫자와 재무제표에 대한 두려움을 떨치고 좋은 기업을 찾아 그 주주가 되어 과실을 공유했으면 하는 바람입니다.

이 책은 저 혼자만의 결과물이 아닙니다. 책을 직접 집필한 것은 저이지만 많은 분들의 아낌없는 헌신과 노력이 있었기에 꿈을 현실로 만들 수 있었습니다. 혼자서는 도저히 할 수 없었던 방대한 작업이었습니다. 최초로 V차트의 아이디어를 낸 김민국 대표, 공식을 만들고 아이디어를 구체화한 정석모 군, V차트를 실제로 구현해준 머니투데이 관계자분들,

유형에 맞는 케이스를 찾아준 김세훈 운용역, 격려를 아끼지 않은 itooza.com의 가치투자자 여러분, 그리고 묵묵히 내조를 해준 사랑하는 아내와 항상 저를 위해 기도해주시는 부모님에게 감사의 말씀을 전하고 싶습니다.

2004년 4월 VIP투자자문 대표 최준철

추천사

VIP투자자문의 김민국, 최준철 대표를 처음 만났을 때 기분 좋은 충격을 받은 기억이 난다. 그 때가 2001년 3월경이었다. 한 증권정보 사이트의 종목게시판에서 이들이 올린 기업분석 글을 보고 놀라움을 금치 못했다. 우리나라에도 이런 생각을 하는 사람이 있는가 하는 게 첫 번째 충격이었고, 이렇게 가치투자에 대한 믿음이 공고하고 분석의 수준이 이렇게도 높은 사람들이 아직 대학에 재학 중인 학생이라는 게 두 번째 충격이었다. 스스로 가치투자로 무장한 펀드매니저라고 자부했지만 이들 앞에서 왠지 모를 무력감을 느낄 정도였다. 한 마디로 정신이 번쩍 들었던 것이다.

그러던 차에 마침 김민국 대표로부터 한 통의 전화를 받았다. 한번 만나 뵙고 싶다는 내용이었다. 마침 어떤 친구들인지 궁금했던 터라 함께 식사를 하기로 했다. 그런데 가치투자와 기업에 관한 얘기로 어떻게 시간이 갔는지도 모를 정도로 신이 났던 기억이 난다. 당시 대학생이라고 생각되지 않을 만큼 기업과 투자에 대한 이해가 깊고 가치투자에 대한 열정으로 넘쳤던 점이 매우 인상적이었다.

이후 이들이 미래에 한국의 워런 버핏Warren Buffett이 될 것이라 확신을 가지고 그 행보를 쭉 지켜보았다. 가치투자를 증명하기 위한 'VIP펀드'를 출범해 포트폴리오를 공개하더니 가치투자를 한국 실정에 맞게 체계적으로 정리한 『한국형 가치투자 전략』을 내놓았다. 이세껏 보지 못한 훌륭한 책을 내놓는 것에도 성이 안 찼는지 이어 가치투자 전문지인 「대학투자저널」을 발행했다.

나도 가치투자를 원칙으로 하고 있지만 말 그대로 펀드매니저로서의 역할을 할 뿐이지 일반투자자들에게 체계적으로 지식을 전달하는 일은 시간상 하지 못하고 있었다. 게다가 마음 한 구석에는 이런 금과옥조를 알리는 순간 경쟁자를 양산해 주식을 비싸게 사게 될까봐 걱정스러운 마음에 서뜻 투자방법을 정리할 생각을 하지 못했다. 그런 까닭에 이들의 활동이 더욱 값져 보였다. 자기의 투자방법을 나눠주는 것은 큰 용기를 가져야만 가능한 일이다. 그리고 일찍부터 가치투자를 축으로 여러 가지 일을 전개해 나가는 젊음과 열정이 부러웠다.

특히 이 중에서도 『한국형 가치투자 전략』은 매우 의미 있는 작업이었다고 평가한다. 가치투자서로서 『현명한 투자자』 등이 있긴 하지만 우리나라 실정에 직접 적용하기에는 무리가 있었던 것이 사실이다. 그리고 자칫하면 일반투자자들에게 '가치투자는 어렵다'라는 인식을 심어줄 우려가 있었다. 하지만 『한국형 가치투자 전략』은 가치투자의 정의와 방법론을 잘 정리하면서도 쉽게 그 내용을 전달하는 매력이 있는 책이었다. 이 책으로 인해 가치투자의 저변이 크게 확대되었다고 생각한다.

같은 맥락에서 이들이 준비한 새로운 책도 일반투자자들에게 매우 반가운 희소식이다. 추천사를 부탁 받으며 최종 원고를 봤을 때 또 한번의 기분 좋은 충격을 받았다. 개념 자체도 새로울 뿐 아니라 무척 쉽게 풀어썼기 때문이다. 이 정도의 내용이 나오려면 가치투자에 대한 명확한 이해가 수다. 자기가 모르면 남들에게 쉽게 설명할 수 없는 법이다. 자기도 잘 모르면서 어설프게 투자자를 현혹하는 데 급급한 책들이 난무하는 주식투자 서적 시장에서 가치투자 돌풍을 또 한번 몰고 오리라 확신한다.

주식투자가 본업이 아닌 사람들에게 재무제표를 읽는다는 것은 필요한 일이긴 하지만 벅찬 감이 없지 않다. 특히 매 분기 재무제표를 뒤져 가며 기업 가치의 변화를 추적한다는 일이 쉽지 않을뿐더러 시간도 많이 소요되는 일이다. 하지만 이들이 개발한 V차트를 이용하면 기업가치의 변화를 한눈에 알 수 있다. 게다가 이 책은 V차트의 사용법뿐 아니라 기업 활동과 재무제표의 원리에 대해 명확한 이해를 전달해줄 수 있으리라 믿는다. 이제 가치투자나 기업발굴이 어렵다는 말은 옛 말이 되어버린 듯하다. 일반투자자들이 기술적 분석이나 데이트레이딩에서 눈을 돌려 좋은 기업을 찾는 투자를 했으면 하는 바람이다.

김민국, 최준철 대표는 이제 VIP투자자문의 대표로서 프로의 반열에 들어섰다. 투자자문을 시작하며 가치투자를 증명하고자 2년간 운용해온 VIP펀드를 정리했을 때 수익률은 무려 117%를 넘었다. 그 기간 동안 증시의 부침이 매우 심했다는 것을 감안하면 매우 놀라운 성적이다. 실력이 이미 증명되었고 아직 젊고 순수한 가치투자에 대한 열정이 넘치는 만큼 계속 정진한다면 기관투자가로서도 좋은 성과를 낼 것으로 생각한다. 꿋꿋이 원칙을 지킬 수만 있다면 가치투자는 시간이 흐를수록 더욱 빛을 발하는 법이기 때문이다.

10년 후 이들이 한국의 워런 버핏으로서 주식시장을 어떻게 바꿔 놓을지 우리나라 가치투자의 역사를 어떻게 다시 쓸지 기대가 크다. 이들의 앞날에 박수와 응원을 보내주고 싶다.

동원증권 자산운용실 상무

이채원

목차

※ 사례분석은 2003년 3분기까지의 자료를 바탕으로 만들어진 것으로 현재 시점의 투자 정보가 아니니 연습용으로 이용하시기 바랍니다.

제1부

V차트의 의미

1 가치투자란?

가치투자의 정의

부산에서 서울을 가고자 할 때 여행자는 여러 가지 방법 중 하나를 택할 수 있습니다. 비행기를 탈 수도 있고 기차를 탈 수도 있고 버스를 탈 수도 있으며 다리 힘이 좋다면 걸어갈 수도 있습니다. 그러나 방법이 다르더라도 목적은 서울에 도착한다는 것 단 한가지입니다.

주식시장에서도 많은 투자자들이 시장수익률을 초과하는 수익을 거두기 위한 단 하나의 목적을 가지고 다양한 방법을 동원합니다. 동양철학인 음양오행을 이용한 방법에서부터 컴퓨터를 이용한 시스템트레이딩까지 다양한 방법들이 공존하는 곳이 바로 주식시장입니다. 그러나 역시 대표적인 주식투자 방법을 꼽으라면 기술적 분석과 가치투자를 들 수 있습니다.

기술적 분석과 가치투자의 가장 큰 차이는 주가를 움직이는 주요한 요인이 무엇인가 하는 점입니다. 기술적 분석은 주식에 대한 수요와 공급이 주가를 결정한다고 여기고 주가의 움직임은 반복된다고 가정합니다. 따라서 기술적 분석가들은 차트에서 나타나는 시장참여자들의 움직임과 심리상태뿐 아니라 주가의 패턴을 연구해 이를 투자 판단의 근거로 사용합니다. 반대로 가치투자는 자산가치, 현금흐름 등 기업의 가치가 주가를 결정한다고 여깁니다. 따라서 가치투자자들은 기업이 매년 얼마만큼의 돈을 버는지, 시장지배력은 얼마나 되는지 등을 파악해 이를 투자 판단의 근거로 사용합니다.

이 두 가지 투자방법 중 어느 하나가 다른 것보다 낫다고 말하기는 힘듭니다. 부산에서 서울로 갈 때 꼭 비행기가 기차보다 낫다고 말할 수 없는 것과 같습니다. 중요한 것은 얼마나 투자자 본인 성향에 잘 맞는 방법이고 꾸준히 그 원칙을 지켜가는가 하는 것입니다. 물론 이 책에서는 가치투자를 다루게 됩니다. 수익을 낸다는 목적을 논외로 한다면 가치투자가 가장 올바른 투자방법이라 믿기 때문입니다.

가치투자Value Investing는 '주식은 기업에 대한 소유권의 일부다'라는 전제에서 출발합니다. 이것은 주식의 가치는 해당 기업의 가치와 연동하여 변한다는 말과도 일맥상통합니다. 여기에 '주가는 결국 기업가치를 반영한다'라는 믿음이 더해지면 가치투자가 되는 것입니다.

결국 기업가치보다 낮은 가격에서 거래되는 기업에 투자해 수익을 올리는 방법이 가치투자인데, 그 기회는 두 가지 면에서 나타납니다. 첫 번째는 시장이 비효율적이라는 점입니다. 여기에 대해 많은 논란과 이론이 있지만, 가치투자자는 정보의 완전한 흐름이 사실상 불가능한데다가 시장참여자들의 욕심과 투기 성향으로 인해 시장이 비효율적이라는 가정을 합니다. 그래서 기업가치와 주가 간의 괴리가 일어나 주가가 기업가치를 반영하지 못할 경우 기회가 생긴다고 여깁니다. 두 번째는 기업가치를 분석할 수 있는 투자자가 많지 않다는 점입니다. 기업가치를 분석하는 것은 그리 쉬운 일이 아닙니다. 삼성전자를 기술적 분석으로 접근한다면 차트를 보며 수급을 분석하면 그만이지만, 기업가치를 분석한다면 각 사업부문을 쪼개어 검토해야 하고 제품을 이해해야 하는 등 엄청난 시간을 투입해야 합니다. 그만큼 기업가치를 제대로 분석하는 사람들이 많지 않다 보니 기업가치에 비해 턱없이 낮은 가격에 거래되는 주식이 많은 편입니다.

따라서 비효율적인 시장에서 제 가치를 인정받지 못하고 있는 기업을 찾아 그 가치를 세밀히 분석한다면, 가치투자를 통해 수익을 낼 수 있는 기회가 분명 존재합니다. 지금까지 한국에서 가치투자가 제대로 이루어지지 않은 이유는 미국과 시장이 달라서 그런 것이 아니라 가치투자를 장기간에 걸쳐 실천하면서 이러한 기회를 제대로 살린 사람이 없었기 때문입니다.

가치투자의 창시자 벤 그레이엄

투자방법은 종교와도 같습니다. 앞서 언급한 것처럼 기술적 분석과 가치투자 중 어느 것이 더 나은 방법이냐를 명확히 증명할 방법은 없습니다. 다만 어느 것을 믿느냐는 것으로 개인적인 투자방법의 선호도를 가늠할 뿐입니다. 마치 '기독교가 불교보다 나은 종교인가?'라는 질문에 쉽게 대답할 수 없는 것과 같습니다. 그만큼 한 투자방법을 선호한다면 다른 방법을 받아들이기가 쉽지 않습니다. 자신이 믿는 투자방법을 바꾼다는 것은 개종하는 것만큼 어렵습니다.

벤저민 그레이엄

가치투자도 가치투자자에게는 일종의 종교와 같습니다. '주가는 결국 기업가치를 반영한다'라는 교리를 믿고 받아들이는 순간 가치투자자가 되는 것입니다. 그 기원과 역사도 어떻게 보면 종교와 유사합니다. 기독교의 창시자는 예수님, 불교의 창시자는 부처님인 것처럼 가치투자도 창시자가 존재합니다. 바로 『현명한 투자자』의 저자 벤저민 그레이엄Benjamin Graham이 가치투자의 창시자입니다.

벤저민 그레이엄은 주먹구구식 투자와 투기가 판을 치던 1946년에 저서 『현명한 투자자』를 통해 과학적인 투자방법을 선보였습니다. 그가 먼저 설파한 것이 바로 현재에도 가치투자의 교리가 되고 있는 '주가는 결국 기업가치를 반영한다'는 사실이었습니다. 그리고 그 세부적인 방법으로 제시한 것이 '안전마진Margin of Safety' 개념입니다. 시장은 비효율적이어서 주가가 기업가치의 이하로 거래되는 때가 있는데 이때 주가와 기업가치의 차이를 안전마진이라 불렀습니다.

예를 들어 한 기업의 시가총액(발행주식수×주가)이 100억인데 이 기업이 가진 순유동자산(유동자산-유동부채)이 150억이라면 안전마진은 50억이 됩니다. 따라서 안전마진이 높으면 높을수록 투자는 '안전'해지는 것이고, 큰 안전마진을 찾아내는 것이 가치투자자의 할 일이라고 정의했습니다.

혹자는 위의 예처럼 기업을 통째로 사면 100억이 드는데 그 순자산이 150억인 상황이 어떻게 가능하냐고 반문할 수도 있습니다. 그 기업을 사는 순간 50억이 그냥 생기는 비논리적인 상황설정이기 때문입니다. 하지만 실제로 이런 예는 당시 미국 시장에 널려 있었고 현재 한국시장에서도 얼마든지 찾아볼 수 있습니다. 그 해답을 주기 위해 그레이엄은 '미스터 마켓Mr. Market'이라는 개념을 도입했습니다.

미스터 마켓은 투자자의 이해를 돕기 위해 주식시장을 의인화시킨 개념으로 우리말로 '주가아저씨'라고 부를 수 있습니다. 미스터 마켓은 날마다 투자자에게 찾아와 주식 가격을 제시합니다. 그런데 이 주식 가격이 매번 다릅니다. 같은 코카콜라 주식이라도 오늘은 2달러를 불렀다가 내일은 갑자기 3달러를 부르기도 하고 그 다음날에는 1달러를 부르기도 합니다. 그건 미스터 마켓이 조울증 환자이기 때문입니다. 갑자기 높은 가격을 제시할 때는 조증에 걸려 있을 때고 갑자기 턱없이 낮은 가격을 제시할 때는 울증에 걸려 있을 때입니다. 한 마디로 단기적인 주가 흐름은 비이성적이라는 얘기입니다. 결국 미스터 마켓이 울증에 걸려 있을 때 샀다가 조증에 걸려 있을 때 파는 것이 수익을 내는 방법이고 이 가격의 범위는 결국 기업가치에 따라 움직인다는 것이 그레이엄의 설명입니다.

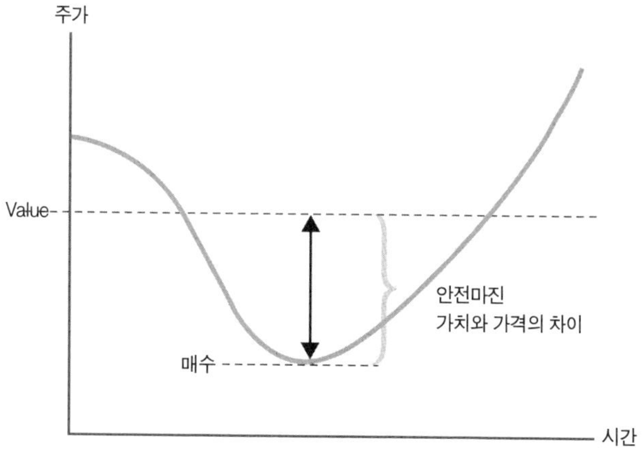

안전마진 개념도

그레이엄의 투자는 한마디로 '담배꽁초식 투자'라고 할 수 있습니다. 기업의 내용과는 상관없이 안전마진이 나오는 기업의 주식을 샀다가 안전마진이 없어질 만큼 주가가 오르면 기계적으로 파는 것이 그의 투자방법입니다. 마치 버려진 담배꽁초를 주워서 한 모금 피우고 버리는 것과 비슷하다 하여 담배꽁초식 투자라 불립니다.

가치투자의 실천자 워런 버핏

벤 그레이엄이 가치투자를 창시했을 때 많은 신도들이 그를 따랐는데 그 중에는 제자였던 워런 버핏도 있었습니다. 워런 버핏은 주식투자만으로 세계 2위의 부자가 된 인물로 스승이 설파한 가치투자를 실제 적용하고 그 유용성을 널리 알린 인물입니다.

워렌 버핏

그가 처음 파트너십(사모펀드)으로 투자를 시작했을 때는 철저히 그레이엄식 가치투자를 구사했습니다. 철도, 섬유 등 업종을 불문하고 안전마진이 나오는 종목을 공략했고, 그 결과 10년 동안 자신의 파트너십을 10배로 늘릴 수 있었습니다. 하지만 그의 방법이 널리 알려지고 더 이상 안전마진이 나오는 종목을 쉽게 찾을 수 없게 되면서부터 가치투자의 방법을 좀 더 정교하게 가다듬어 한 단계 발전시켰습니다. 그때부터 버핏은 담배꽁초식 투자를 뒤로하고 탁월한 가치를 가진 종목을 싸게 사서 장기보유하는 '탁월한 가치에 대한 투자'를 시작하게 됩니다.

탁월한 가치에 대한 투자는 단순히 자산과 주가를 비교하는 차원을 넘어 사업의 경쟁력, 시장지배력, CEO의 능력 등을 종합적으로 평가하는 방법입니다. 그가 이 방법으로 발굴한 대표적인 종목이 코카콜라, 질레트, 워싱턴포스트 등입니다. 버핏은 20~30년 전에 산 이 종목들을 아직도 보유하고 있으며 이들 기업의 가치 상승에 따라 자신의 기업인 버크셔 해서웨이Berkshire Hathaway의 가치도 크게 상승했습니다.

버핏은 "우리는 그레이엄이 심은 나무 밑에서 휴식을 취한다"라고 말하며 스승인 그레이엄을 높이 평가하지만, 정작 많은 가치투자자들이 버핏에 열광하는 이유는 실제로 오랜 기간 동안 가치투자가 가능하다는 것을 직접 보여줬기 때문입니다. 가치투자 하면 떠오르는 키워드인 복리의 마술, 소비자 독점력 등은 모두 버핏이 소개한 개념들입니다.

가치투자의 방법

그레이엄의 담배꽁초식 투자가 그저 그런 기업을 매우 싸게 사는 방식이라면, 버핏의 탁월한 가치에 대한 투자는 매우 좋은 기업을 적절한 가격에 사는 방식입니다. 이 또한 기술적 분석과 가치투자의 관계처럼 어느 쪽이 더 좋다고 말하기는 힘듭니다. 기독교 내의 교파인 장로교와 감리교 중 어느 쪽이 더 좋은가를 가리기 힘든 것과 마찬가지입니다. 결국 이 두 방법도 가치투자를 기본으로 한 분파이고 각각 장단점이 있습니다. 담배꽁초식 투자 방법과 탁월한 가치에 대한 투자 방법의 투자순서는 각각 아래와 같이 나타낼 수 있습니다.

| 담배꽁초식 투자 |

가치 → 이하로 거래되는 기업 발굴 → 매수 → 가치 이상으로 거래될 때까지 기다림 → 매도

| 탁월한 가치에 대한 투자 |

좋은 가치를 가진 기업 발굴 → 가치 이하로 거래될 때까지 기다림→ 매수 → 지속 보유

그러나 두 가지 방법 모두 공통적인 특징이 있습니다. 가격 이하에 거래되건 탁월한 가치를 가지고 있건 간에 투자할 대상인 기업을 발굴해야 한다는 점입니다. 가치투자에 있어 기업 발굴은 처음이자 끝이라 할 정도로 중요합니다. 시장 자체를 보기보다는 기업가치에 주목한 투자방법이기 때문입니다. 전작인 『한국형 가치투자 전략』에서 가장 많은 분량이 할애되었던 부분이 바로 기업 발굴이었을 정도입니다.

상장·등록된 많은 종목들 중에 가치투자의 대상이 되는 종목을 발굴하는 대표적인 방법으로 두 가지를 꼽을 수 있습니다.

첫째는 주변에서 투자 아이디어를 얻어 이를 숫자로 검증하는 방법입니다. 투자 아이디어를 얻을 수 있는 부분은 기업의 히트상품, 브랜드, 비즈니스 모델 등이 있습니다. 할인점에서 어떤 물건이 잘 팔리거나 특정 브랜드가 소비자를 흡입하는 능력이 뛰어난 것 같다는 판단 등이 모두 투자 아이디어에 포함됩니다. 이렇게 질적으로 우수한 기업을 주관적으로 판단한 후, 발견해낸 가치들이 재무제표 등에 객관적인 숫자로 나타나고 있는지를 검증하는 단계를 거칩니다. 예를 들어 백세주가 잘 팔리는 것을 보고 제조사인 국순당의 재무제표를 봤는데 실제로 매출과 순이익이 증가하고 있다는 것을 발견하는 식의 순서입니다.

둘째는 첫째의 경우와 반대의 순서를 가집니다. 즉 뛰어난 숫자를 보

여주는 기업을 찾아서 왜 그런 숫자가 나오는지를 질적인 면에서 검증하는 방법입니다. 예를 들어 한섬의 영업이익률이 20%인 것을 발견했는데 어떻게 패션업체가 이 정도의 높은 영업이익률을 올리는지 그 사업구조와 브랜드 경쟁력 등을 알아내는 식의 순서입니다. 재무지표 등의 숫자는 신용평가회사 책자 및 사이트, 증권정보 사이트, 전문 재무지표 제공회사의 자료 등에서 찾아볼 수 있습니다.

전작인 『한국형 가치투자 전략』이 기업의 질적인 부분을 알아볼 수 있는 '기업을 보는 눈'을 투자자들이 가질 수 있도록 하는 데 초점이 맞춰져 있다면, 이 책에서 소개하는 V차트는 숫자에서 먼저 투자 아이디어를 찾아낼 수 있는 방법을 제시한다고 생각하시면 됩니다. V차트를 이용해 투자 아이디어를 뽑아내는 방법은 제2부부터 설명하겠습니다.

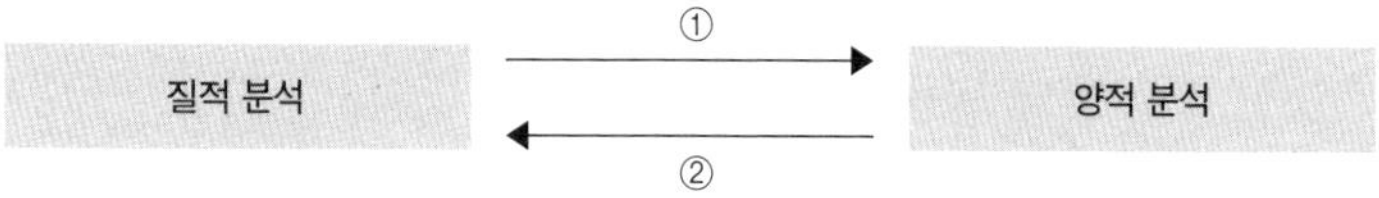

기업을 발굴하는 두 가지 방법

앞의 그림에서 첫째 방법은 ①번, 둘째 방법은 ②번으로 표현될 수 있습니다. 결국 양자를 병행해서 기업을 입체적으로 분석하는 것이 리스크를 줄이는 첩경입니다. 어느 한 만을 보게 될 경우 기업분석의 정확도가 떨어지게 됩니다. 기업을 보는 눈과 숫자를 보는 눈을 합친다면 가치투자의 반은 성공한 것과 마찬가지입니다.

| 오해와 진실 |

한국에서는 가치투자가 안 된다?

"미국은 효율적인 시장이라서 가치투자가 가능하고, 한국은 비효율적인 시장이라 가치투자가 불가능하다."

가치투자가 우리나라에서는 불가능하다고 여기는 사람들의 대표적인 논리입니다. 2000년과 2001년도에 들어 롯데칠성, 태평양 등의 사례가 나오면서 이런 얘기들은 많이 수그러들었지만 아직도 우리나라에서는 갈 길이 멀다고 여기는 사람들이 많은 것 같습니다. 하지만 이 얘기는 두 가지 면에서 틀린 것입니다.

첫째, 미국 시장도 효율적인 시장은 아닙니다. 1999년 세계를 강타했던 IT주 열풍과 2000년 IT 버블 붕괴의 진원지는 다름 아닌 미국 시장(나스닥)이었습니다. 미국 투자자들이 첨단 금융 기법으로 무장하고 냉철한 이성을 가지고 있다는 이미지가 있으나 그들도 인간의 욕심을 주체하지 못하기는 마찬가지입니다. 미국에서도 가치투자의 원칙을 꾸준히 지키는 기관은 손꼽을 정도입니다.

둘째, 가치투자는 기본적으로 시장의 비효율성을 전제로 합니다. 시장이 효율적이라 가격이 가치를 그대로 반영하면 가치투자자에게는 기회가 없습니다. 주식을 싸게 살 수가 없기 때문입니다. 역설적으로 한국 시장이 비효율적이라고 한다면 그것은 더 많은 기회가 있는 땅이라는 해석이 가능합니다. 미국 시장에서는 더 이상 PER가 3 이하, 배당수익률이

8% 이상인 주식을 만날 수 없습니다.

그렇다면 왜 사람들이 미국에서는 가치투자가 가능하다고 여기는 걸까요? 그 이유는 딱 한 가지입니다. 미국에는 워런 버핏, 피터 린치처럼 가치투자를 원칙으로 꾸준히 투자를 하면서 오랜 기간에 걸쳐 높은 수익률을 보여준 사람이 있다는 것입니다. 즉 가치투자를 증명한 투자자를 가지고 있기에 가치투자가 되는 곳이라는 이미지가 생겼습니다.

우리나라 주식시장은 가치투자자에게 매우 매력적인 시장입니다. 저금리 상태가 지속되고 있고 값싼 주식이 많이 있습니다. 앞으로 우리나라에서도 누군가 나타나 가치투자를 증명해서 가치투자가 되는 곳이라는 인식을 심어줄 수 있습니다. 하지만 더 중요한 것은 당신도 가치투자로 성공한 인물이 될 수 있다는 것입니다. 가치투자를 오랜 기간 증명한 인물이 등장할 때면 이미 기회는 남아있지 않습니다. 가치투자가 되느냐 안 되느냐를 논하기보다는 가치투자를 시작하고 그 방법을 익히는 편이 더 남는 장사일 것입니다.

2 V차트의 원리

V차트 개요

V차트는 가치차트를 의미하는 Value Chart에서 앞 자인 V를 따서 만든 이름으로, 기업가치를 그래프화한 새로운 개념의 차트입니다.

흔히 차트라고 하면 기술적 분석에 이용되는 것으로 가격과 거래량을 가지고 만드는 일봉, 주봉, 스톡캐스틱, MACD 등이 대표적입니다. 하지만 차트가 꼭 기술적 분석에만 이용되는 것은 아닙니다. 차트의 사전적 의미는 '내용을 알기 쉽게 정리한 일람표'로, 그 고유한 기능은 복잡한 수치나 표를 보기 좋게 만든 것을 의미합니다. V차트 또한 점과 선을 통해 기업가치의 변화를 한 눈에 알아볼 수 있도록 만든 것입니다. 다음의 요약손익계산서와 V차트를 비교해보시면 그 차이를 발견할 수 있습니다.

연월	2002.06	2002.09	2002.12	2003.03	2003.06
매출액	759.57	651.39	781.15	690.73	183.44
매출총이익	310.73	276.34	387.52	318.94	331.21
영업이익	127.62	76.69	148.18	95.99	129.57
영업외수익	103.74	91.39	110.73	120.51	109.98
영업외비용	57.52	15.52	59.03	27.30	40.74
경상이익	173.83	152.55	199.87	189.20	198.82
특별이익					
특별손실					
당기순이익	114.63	98.82	130.42	120.62	131.08

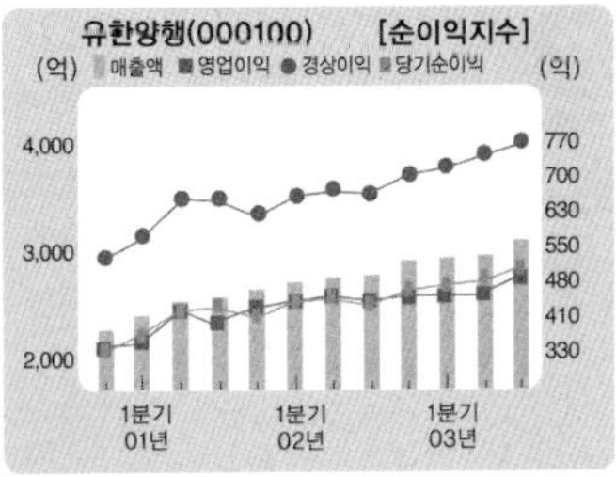

표와 차트 비교: 차트가 한눈에 알아보기 편하다!

V차트와 기술적 분석 차트는 눈으로 보기 좋게 표현되었다는 점을 제외하면 근본적인 차이가 있습니다. 기술적 분석 차트는 주가와 거래량을 토대로 차트가 만들어지고 거기서 나오는 신호와 패턴으로 미래의 주가를 예측합니다. 반면 V차트는 순이익, 매출액 등 기업의 가치지표를 토대로 차트가 만들어지고 그 흐름과 추세를 통해 미래의 기업가치 변화를 예측합니다.

기술적 분석 차트	V차트
· 기술적 분석 방법에 토대	· 가치투자 방법에 토대
· 주가와 거래량 변화를 표시	· 순이익 등 기업의 가치지표 변화를 표시
· 미래 주가 예측 목적	· 기업가치의 변화 추이 예측 목적
· HTS 및 증권정보 사이트에서 확인 가능	· itooza.com에서 확인 가능

기술적 분석 차트와 V차트의 차이점

물론 이전에도 이와 유사한 차트들이 있었습니다. 애널리스트들이 작성한 기업분석 리포트에 첨부되는 가치지표의 변화를 나타낸 그래프들이 대표적입니다. 하지만 여기에 사용되는 그래프들은 설명을 돕는 보조적인 지표에 불과하고 그 포맷 또한 가지각색입니다. 그리고 그래프를 만드는 방법도 재무수치를 넣어서 엑셀로 그려내는 식이었습니다.

개인투자자 입장에서는 각각의 재무수치를 구하는 것 자체가 힘들 뿐만 아니라 엑셀을 다루는 것도 따로 공부하지 않으면 쉬운 일이 아닙니다. 그래서 itooza.com에서는 누구라도 사용할 수 있도록 입력창에 종목코드만 넣으면 종류별로 V차트가 표시되도록 설계해놓았습니다. 그리고 설명을 보조하는 역할을 넘어서 여러 종목들 중에서 투자대상을 압축시켜주고 투자 아이디어의 결정적인 실마리를 제공하는 역할로 재정의했습니다.

종합하면, V차트는 눈에 보이는 기업의 실적(가치)을 '투자자의 눈에 더 잘 보이게끔 하는 차트'로 구현한 것이라 할 수 있습니다. 이외에도 V차트를 특별하게 만들어주는 핵심적인 개념들이 세 가지 있습니다. 각각에 대해서 계속 설명을 드리겠습니다.

V차트의 핵심 개념① — 연환산

2000년부터 상장기업의 재무제표는 분기별로 발표됩니다. 한 달 단위로 실적을 공개하는 곳도 있지만 상장·등록사라면 의무적으로 제출하는 기간 단위가 분기이므로 대부분 분기 단위로 발표된다고 보는 게 정확합니다.

V차트도 재무제표가 발표되는 최소 단위인 분기별 데이터를 이용합니다. 즉 분기별로 나오는 매출액, 영업이익, 당기순이익, 이익잉여금 등의 수치를 가지고 점과 선으로 표현한 차트를 만듭니다.

그러나 V차트는 분기별 자료를 단순 적용하는 것이 아니라 '연환산'을 해서 표시하게 됩니다. 연환산이란 최근 4분기 데이터를 합산해 1년으로 인식하는 것입니다. 예를 들어 2002년 1~4분기와 2003년 1, 2분기

데이터가 있을 때 2002년 1~4분기를 합쳐서 하나, 2002년 2~4분기와 2003년 1분기를 합쳐서 하나, 2002년 3, 4분기, 2003년 1, 2분기를 합쳐서 하나……, 이런 식으로 점을 찍어가는 방식입니다. 이렇게 연환산해서 차트를 그릴 경우 두 가지 장점이 있습니다.

첫째는 1년에 4번 의미 있는 연간 정보를 얻을 수 있다는 점입니다. 단순히 연 단위로 된 결산 자료만 보면 1년에 단 한 번만 기업의 변화 상황을 확인할 수 있습니다. 그러나 연환산을 하게 되면 각 분기마다 연 단위의 효과를 내는 자료를 통해 기업의 변화 상황을 미분해서 파악할 수 있습니다. 사람이 1년이라는 시간 단위를 사용하고 있고 기업이라는 법인도 이를 따라 결산을 하고 있지만, 2002년에 라면 장사를 하던 기업이 2003년에 반도체 장사를 하는 것이 아니듯이 기업가치 또한 결산일을 기준으로 급격히 변하는 것이 아닙니다. 다시 말해 기업은 연 단위와는 상관없이 연속적인 영업을 하고 있습니다. V차트는 연환산을 통해 연속적인 기업의 가치 변화를 분기별로 따라가게 됩니다.

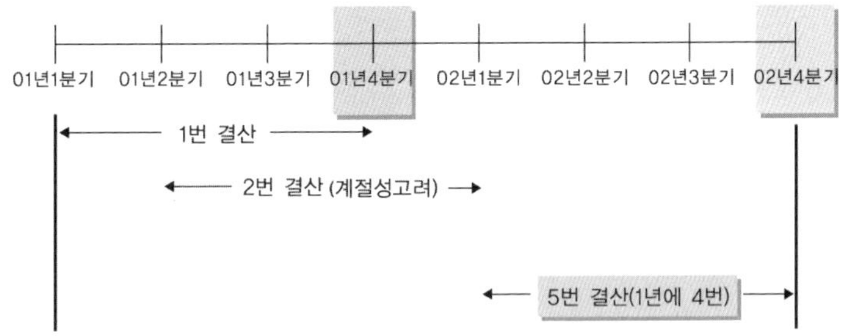

연환산 개념도

둘째는 고유한 사업영역에 따른 계절성을 제거할 수 있다는 점입니다. 여름에는 매출이 크게 늘고 겨울에는 매출이 줄어드는 대표적인 종목으

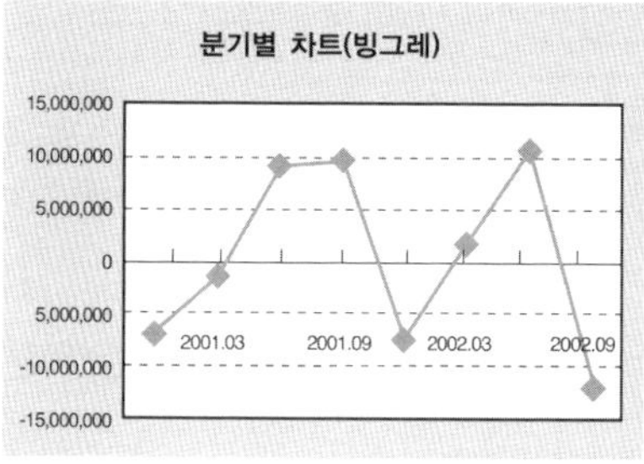

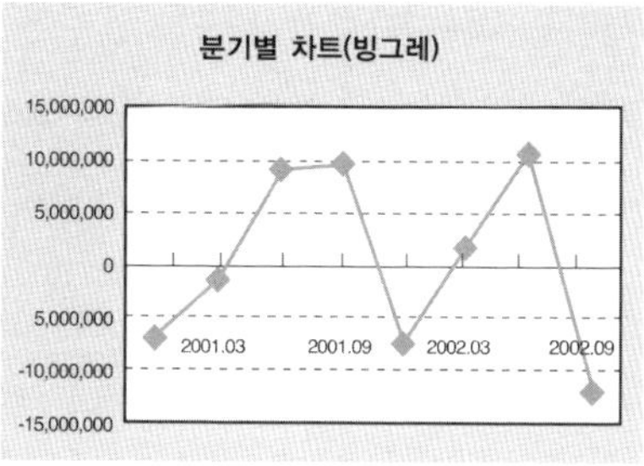

분기별 차트와 연환산 차트의 차이

로 빙과업체인 빙그레를 꼽을 수 있습니다. 빙그레의 순이익 추이를 단순히 분기별 차트로 나타내면 다음 페이지의 왼쪽 그래프처럼 심한 굴곡이 나타납니다. 이 경우 빙그레의 이익 추이가 개선되는지 악화되는지를 알기가 힘듭니다. 그러나 연환산을 하게 되면 최근 4분기의 합으로 표현되어 계절성이 희석되므로 부드러운 곡선을 얻을 수 있고 이익 추이를 쉽게 파악할 수 있습니다.

V차트의 핵심 개념② — 추세

기술적 분석에서 추세 분석은 주가가 일정 기간 일정한 추세를 보이며 움직이는 성질을 이용하는 분석법입니다. 반대로 V차트에서 연환산된 정보를 바탕으로 한 추세 분석은 기업가치가 일정 기간 일정한 추세를 보이며 움직이는 성질을 이용하는 분석법입니다. 이 둘을 비교해보면, 기술적 분석의 추세 분석은 주가가 한 방향으로 움직이면 계속 그 방향으로 움직이려고 하는 관성이 있다는 전제를 깔고 있고, V차트에서의 추세 분석은 기업가치가 한 방향으로 움직이면 계속 그 방향으로 움직이려고 하는 관성이 있다는 전제를 깔고 있다는 차이점이 있습니다. V차트에서의 추세를 이해하려면 기업에 대한 이해가 우선되어야 합니다.

기업은 살아 움직이는 생명체와도 같습니다. 법인法人이라는 단어에서도 알 수 있듯이 기업은 사회에서 개인과 유사한 권리들을 가지고 있습니다. 그러나 재무제표 혹은 주가차트로만 기업을 접하면 이런 사고를 갖기가 매우 힘듭니다. 기업은 숫자가 아니며 기업이 살아 움직이면서 만들어내는 결과물이 숫자일진대, 숫자놀음만을 하면 기업이 인간의 욕구를 충족시켜주기 위해서 사람으로 구성된 조직체라는 사실을 흔히 잊게 되기 때문입니다.

야구선수의 성적을 좌우하는 중요한 요소로 컨디션을 듭니다. 컨디션이 좋아 상승세를 타게 되면 며칠 연속 좋은 성적을 내곤 합니다. 좋은 성적이 다시 자신감 상승으로 이어져 그 기간이 더 길어지는 경우도 있습니다. 이런 결과물이 결국 타율이나 방어율과 같은 숫자로 나타납니다.

컨디션이 좋은 야구선수의
파인 플레이

기업도 야구선수와 비슷합니다. 숫자를 넘어 기업의 내부를 들여다보면 역시 사람들이 모인 '회사會社'라는 사실을 발견할 수 있습니다. 예를 들어 신사업을 개척하여 매출이 나오기 시작하면 그 효과는 상당 기간 지속됩니다. 내부 직원들의 사기 또한 올라가고 조직 전체가 활기를 띠게 됩니다. 좋은 것이 더 좋은 것을 만들어내는 선순환 구조가 나타나고, 이것은 곧 기업의 숫자로 나타나게 됩니다. 한마디로 기업 또한 사람처럼 컨디션이 있고 그 컨디션의 추세가 있다는 의미입니다.

이런 컨디션의 추세를 회사 내부로 들어가 발견한다면 그보다 좋은 투자 아이디어는 없겠지만 투자자의 입장에서는 사실상 불가능하기 때문에 겉으로 드러나는 숫자의 추세를 분석하는 것이 차선책이 될 수 있습니다. 기업 컨디션의 추세는 숫자의 추세로 이어져 V차트에서 그 방향성이 드러납니다. V차트를 보면 알 수 있듯이 기업가치의 추세가 이어질 때 급격히 그 추세를 이탈하는 경우는 많지 않습니다. 설사 이탈했다 하더라도 그 급격한 변화가 새로운 신호가 되어 의미 있는 정보가 될 수 있습니다.

이렇게 V차트는 살아 움직이는 생명체로서의 기업이 나타내는 추세를 보여줍니다. 이 추세를 투자 판단의 근거로 바꾸는 것은 투자자의 몫입니다. 물론 파악된 추세의 원인을 역추적하는 과정이 있으면 정보의 신뢰도가 높아질 것입니다.

V차트의 핵심 개념③
— 패턴

많은 투자자들이 기술적 분석에 매료되는 이유는 차트를 통해 매수·매도 시점을 잡을 수 있다는 매력 때문입니다. 가치투자 분야에서는 좋은 기업을 발굴하는 방법은 많이 제시되어 있지만 매매 타이밍을 잡는 방법은 명확히 나와 있는 것이 없습니다. 절대적 기준에서도 충분히 싸다면 타이밍을 잡기보다 매수해서 기다리는 것이 더 좋은 방법일 수 있습니다. 하지만 V차트는 기업가치의 변화를 토대로 매매 타이밍을 잡을 수 있는 방법을 제시해주는데 그 핵심은 바로 패턴입니다.

앞서 설명한 추세 분석은 V차트가 나타내는 방향성이 기업가치가 증진되는 이라면 매수하거나 계속 보유할 수 있는 근거를 제시해줍니다.

반면 패턴 분석은 추세를 이탈해 기업가치가 급격히 변하는 시점을 포착해서 투자 여부를 판단하는 근거로 사용됩니다.

다음의 그래프는 순이익이 어떤 시점을 변곡점으로 해서 급격히 하락하는 전형적인 반전형 패턴입니다. 상승 추세를 이루다가 반전이 된 후 다시 하락이 추세화되었다는 점에서 의미 있는 패턴입니다. 만약 순이익지수에서 이와 같은 패턴이 발견되었다면 매도 신호를 뜻합니다.

기업가치가 추세를 이루지 못하고 새로운 패턴을 만드는 데에는 여러 가지 요인이 있을 수 있습니다. 기업 조직 내부가 무너졌을 수도 있고, 시장상황이 갑자기 악화되었을 수도 있고, 원가가 급격히 상승했을 수도 있습니다. 물론 차트에서 이와 같은 요인들을 다 발견할 수는 없겠지만, 이런 패턴을 발견함으로써 기업 내부를 조사해볼 수 있는 실마리를 얻을 수 있습니다.

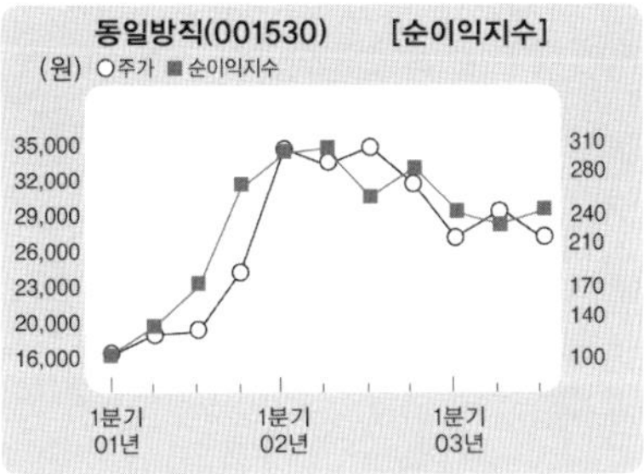

순이익추세가 꺾이는 반전형 패턴

V차트가 제공하는 패턴은 보 투자자에게 특히 유용합니다. 복잡한 재무제표를 들여다보지 않고 단지 여러 차트를 비교해 일정한 모양의 패턴만 찾아도 투자 판단의 근거로 사용할 수 있기 때문입니다.

이렇게 추세에서 볼 수 있는 지속성과 패턴에서 볼 수 있는 변동성은 V차트만이 제공하는 매력적인 특징입니다.

V차트의 종류

① 순이익 차트

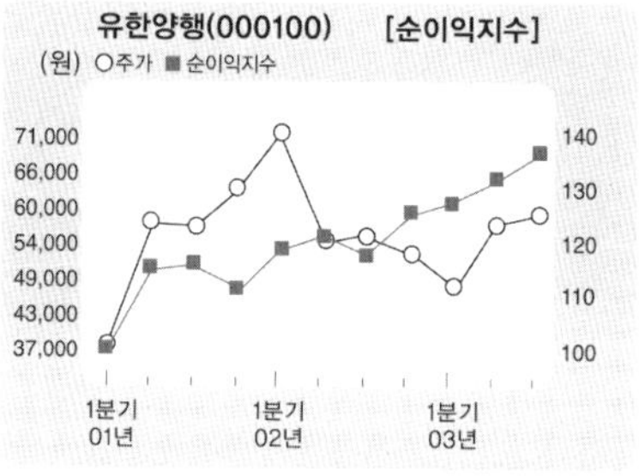

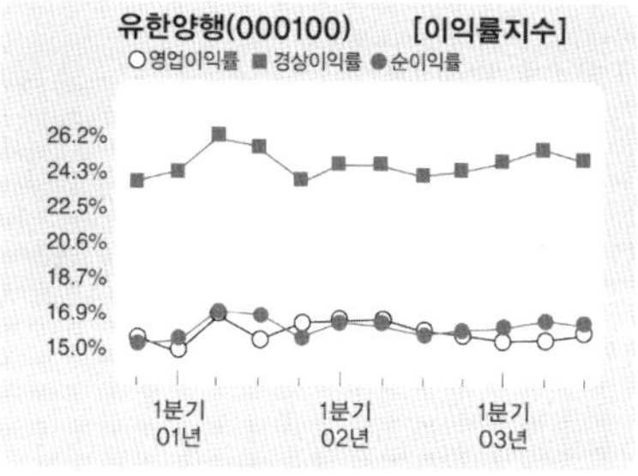

② 영업-재테크 차트

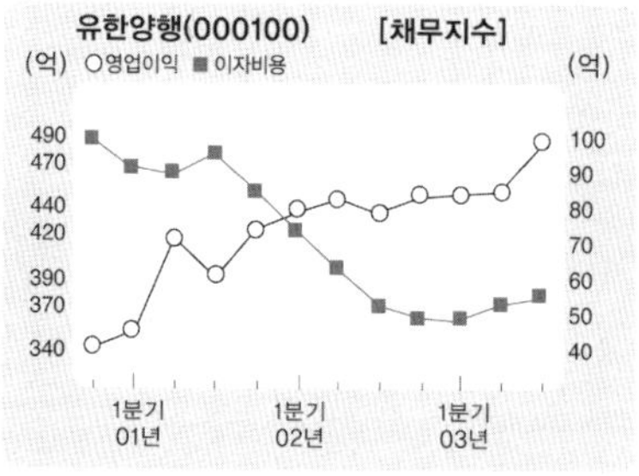

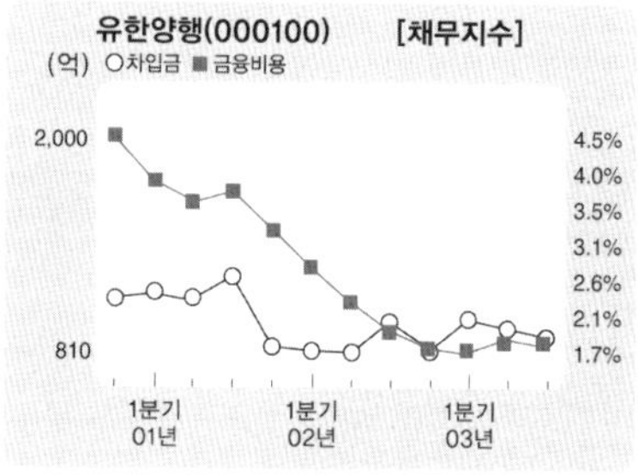

③ 자산가치 차트

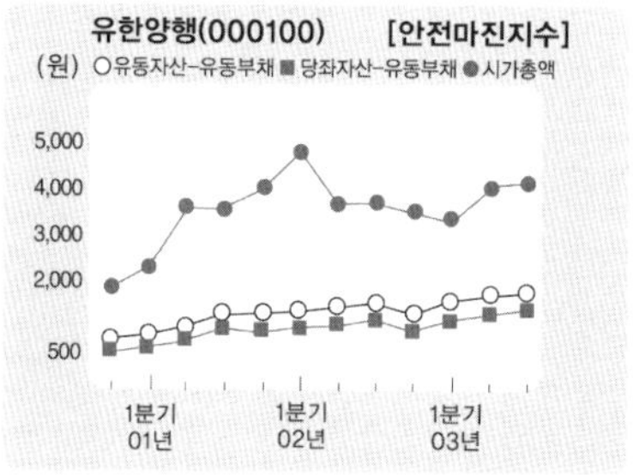

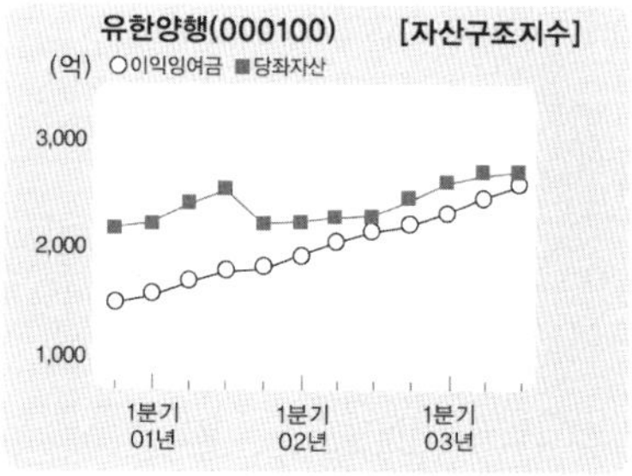

④ 효율성 차트

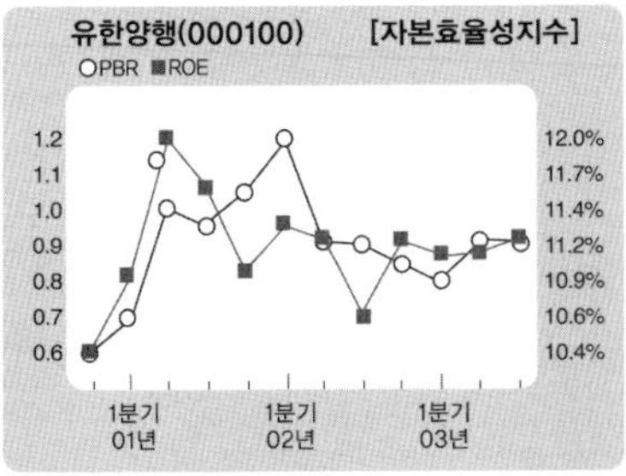
유한양행(000100) [자본효율성지수]
OPBR ■ROE
1.2
1.1
1.0
0.9
0.8
0.7
0.6
12.0%
11.7%
11.4%
11.2%
10.9%
10.6%
10.4%
1분기 01년
1분기 02년
1분기 03년

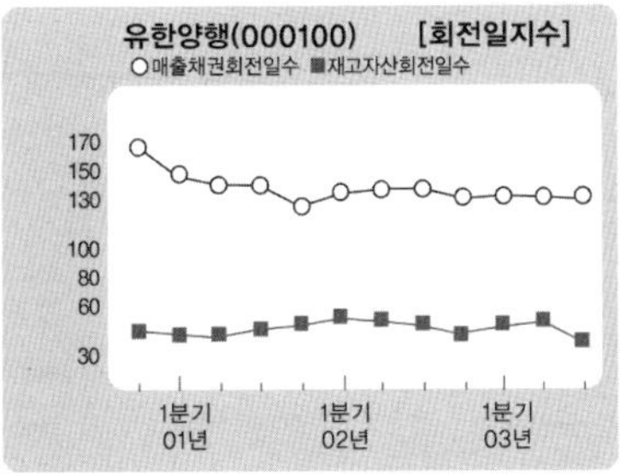
유한양행(000100) [회전일지수]
○매출채권회전일수 ■재고자산회전일수
170
150
130
100
80
60
30
1분기 01년
1분기 02년
1분기 03년

3 V차트의 사용방법

V차트 보기

V차트를 보는 방법은 두 가지가 있습니다. 하나는 재무자료를 기초로 직접 엑셀로 만드는 방법입니다. 분기별 재무자료에서 각 계정을 최근 4분기로 합산해 연환산한 후 차트마법사를 이용하면 V차트를 구할 수 있습니다. 다른 하나는 itooza.com에서 무료로 제공되는 V차트 솔루션을 이용하는 방법입니다.

이 책은 itooza.com에서 제공하는 V차트를 기초로 하고 있습니다. 개인투자자 입장에서 V차트를 하나하나 그린다는 것이 쉬운 일은 아닙니다. 또한 많은 종목의 V차트를 보고 분석할만한 좋은 기업을 걸러내는 것이 V차트의 목적인데 기업을 하나하나 V차트로 만든다면 본래의 목적에도 부합하지 않을 정도로 효율이 낮습니다. 따라서 개인투자자들 입장에서 itooza.com을 이용하는 것이 가장 효율적인 일이라고 생각합니다. 이 장에서 다룰 V차트 사용방법도 itooza.com을 이용하는 방법만을 집중적으로 설명토록 하겠습니다.

itooza.com(아이투자닷컴)은…

itooza.com은 가치투자 전문 월간지인 「대학투자저널」의 홈페이지로 2002년 7월에 개설되었습니다. 가치투자자의 벤치마크인 VIP펀드, 각종 기업분석 리포트들이 기사의 형태로 제공되었고, 현재는 「대학투자저널」의 제호가 바뀐 「대학경제신문」의 홈페이지로 변경되었습니다. itooza.com은 현재 국내 가치투자자들의 커뮤니티로 발돋움했으며, V차트 등 투자자들이 투자 판단을 할 수 있는 솔루션을 제공하고 있습니다.

웹브라우저 주소창에서 'www.itooza.com' 혹은 'itooza.com'이라고 입력하시면 아이투자닷컴 사이트로 이동하게 됩니다. 주소창을 이용하지 않고 네이버, 야후, 네이트 등 검색엔진을 통해 들어오시려면 검색창에 '아이투자' 혹은 '대학경제신문'이라고 입력하시면 됩니다.

메인 화면에는 주식, 차트, 펀드, 커뮤니티, 투자교실이라는 다섯 가지 메뉴가 있습니다. 주요 메뉴에 대한 설명은 다음과 같습니다.

- **주식**: 분석과 리서치, 가치투자뉴스 등이 제공됩니다. 워런 버핏 등의 투자 대가들이 한국에 투자했다면 어떤 기업을 샀을까를 보여주는 '투자대가의 가치주'도 있습니다.
- **차트**: 유망차트를 소개하며, V차트를 이용해서 투자자가 직접 종목을 찾아볼 수 있습니다.
- **펀드**: 펀드뉴스 등이 제공되며, 펀드 검색과 자금설계 서비스를 통

해 펀드 투자를 가이드합니다.

- **커뮤니티**: 가치투자자들이 직접 참여하여 생각을 서로 나눌 수 있습니다. 자신의 투자분석과 포트폴리오를 공개하고 토론합니다.
- **투자교실**: 가치투자를 공부할 수 있는 곳입니다. '투자 책꽂이' '투자 만화' '경진이가 간다' 등 인기 연재물도 볼 수 있습니다.

이 중에서 V차트를 보실 수 있는 메뉴는 '차트' 부분입니다. 상단의 메뉴를 클릭하면 아래와 같은 화면이 나타납니다.

화면 상단을 보면 'V차트'라는 문구와 함께 종목코드를 입력할 수 있는 입력창이 있습니다. 이 부분에 원하시는 종목코드 혹은 종목명을 입력하시면 아래와 같은 새로운 창이 뜹니다(사이트 개편 등의 이유로 화면은 다소 변경될 수 있습니다).

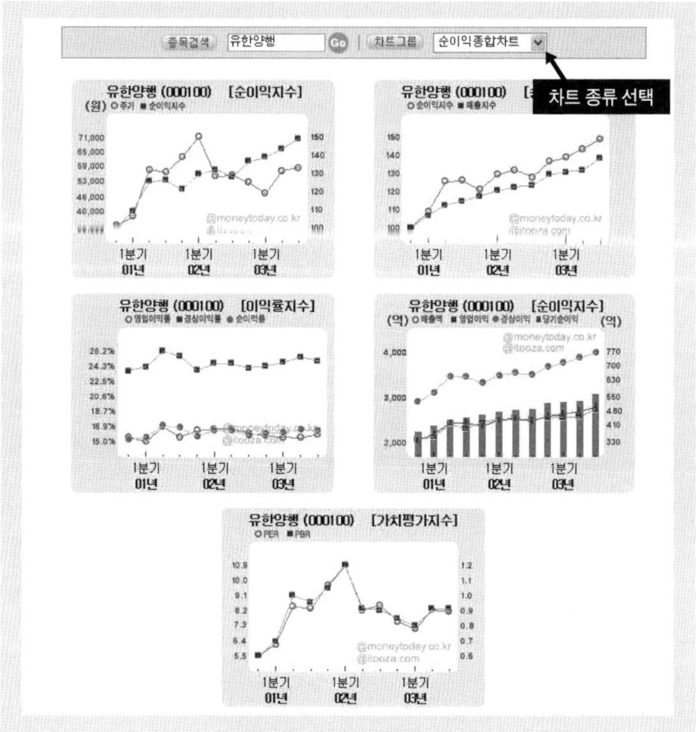

이 창이 바로 투자자가 V차트를 확인할 수 있는 곳입니다. 창이 뜨면 우선 '순이익종합차트'로 맞춰져서 관련 차트들이 나열됩니다. '순이익종합차트'라고 된 풀다운 메뉴를 누르게 되면 영업-재테크 차트, 자산가치 차트, 효율성 차트 등의 다른 차트를 보실 수 있습니다. 이렇게 나타난 차트를 가지고 투자 판단의 근거로 삼으시면 됩니다.

좋은 것 나쁜 것 구별하기

V차트 이용법의 기본은 어떤 차트 모양이 좋은 것이고 나쁜 것인지를 구별할 수 있어야 한다는 것입니다. V차트의 구성원리는 단순합니다. 가로축에는 시간이 연도와 분기별로 나타나 있으며 왼쪽에서 오른쪽으로 갈수록 최근 시간이 됩니다. 세로축에는 일정 시기에 해당하는 지표의 숫자가 표시되어 있으며 아래에서 위로 갈수록 큰 순입니다.

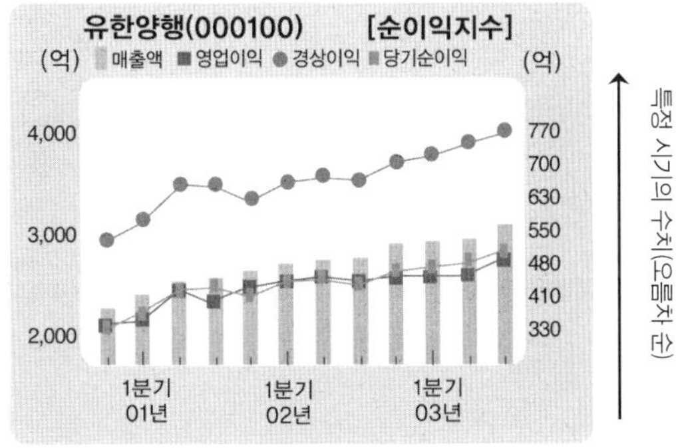

V차트의 구성원리

이런 구조 속에서 나타나는 점과 선의 추세를 읽고, 어떤 모양이 어떤 투자 판단 근거로 쓰이는지를 숙지하셔야 합니다. V차트라고 해서 완전히 새로운 지표를 사용하는 것은 아닙니다. 매출액, 순이익, 부채비율 등 이미 기존에 나와 있는 지표를 사용하기 때문에 이와 연관지어서 생각하시면 됩니다. 예를 들어 매출액이면 기업 입장에서는 증가하는 것이 일반적으로 좋은 것이므로 차트 모양이 오른 으로 갈수록 점점 크게 나타나는 것이 매수신호라는 식입니다. 대표적인 지표에 따른 신호 해석 방법은 위의 표와 같습니다. 신호 해석에 대한 연습은 앞으로 나올 사례를 통해 다지시기 바랍니다.

차트 종류	지수 종류	올라가는 것	내려가는 것
순이익 차트	매출액	Good	Bad
	순이익	Good	Bad
	영업이익률	Good	Bad
영업-재테크 차트	이자비용	Bad	Good
	지분법평가이익	Good	Bad
자산가치 차트	부채비율	Bad	Good
	안전마진	Good	Bad
	이익잉여금	Good	Bad
효율성 차트	ROE	Good	Bad
	회전일수	Bad	Good

각종 지수 판단법

이때 주의하셔야 할 것은 단순히 V차트만 보게 될 경우 지표가 어떻게 해서 나온 것인지를 알기가 힘들고 일시적인 왜곡현상이 숨어있을 수 있기 때문에 꼭 재무제표로 확인을 해야 한다는 점입니다. 재무제표에 나타난 현상을 질적인 면으로 해석하는 방법은 『한국형 가치투자 전략』을 참고하십시오.

신뢰도 높이기

우리는 세상을 살아가면서 많은 사람들을 만납니다. 새로운 사람을 만나게 되면 나름대로 그 사람에 대해서 평가를 하게 되고 그 평가를 바탕으로 본인만이 가지는 이미지를 형성하게 됩니다. 예를 들면 '그 사람은 성실해' '그 사람은 현명하지 못한 것 같아'와 같은 것을 이미지라 할 수 있습니다. 그런데 다른 사람으로부터 그 사람에 대한 평가를 들으면 본인만이 가졌던 이미지가 바뀌게 됩니다. 사람들은 오히려 자신이 가졌던 생각보다 제3자의 평가를 더 중요하게 생각하는 경향이 있습니다. 내가 어떤 사람에 대해 '똑똑하다'라고 생각했는데 제3자가 그 사람에 대해 '성실하다'라고 얘기하면 이미지가 똑똑하고 성실한 사람으로 갱신되고 그 이미지와 신뢰는 더욱 강화됩니다. 기업의 브랜드도 이와 같아서 여러 사람의 좋은 평가가 이어지면 사람들은 그 의견을 받아들여 브랜드에 대한 충성도를 강화하게 됩니다.

V차트도 이와 같이 여러 차트들을 꺼내놓고 비교·분석해 해당 종목과 그에 대한 투자 판단의 신뢰도를 강화시키는 과정을 거쳐야 합니다.

itooza.com에서 제공되는 V차트의 종류는 총 19가지입니다. 즉 한 기업에 대해서 나올 수 있는 차트가 19개라는 얘기입니다. 이 19개의 차트는 각각 그 기업의 상황에 대한 다면적인 정보를 제공하고 이것들이 모여 전체적인 기업의 상황을 조망할 수 있게 해줍니다.

매수할 만한 좋은 기업을 순이익 지수를 통해 찾았다고 해봅시다. 그러면 신뢰도가 1/19입니다. 여기에 부채비율이 떨어지는 차트까지 찾았습니다. 그러면 신뢰도가 1/19에서 2/19로 올라갑니다. 19개 차트 중 좋은 차트가 많이 겹칠수록 좋은 종목이라는 신뢰도가 상승하게 되는 것입니다.

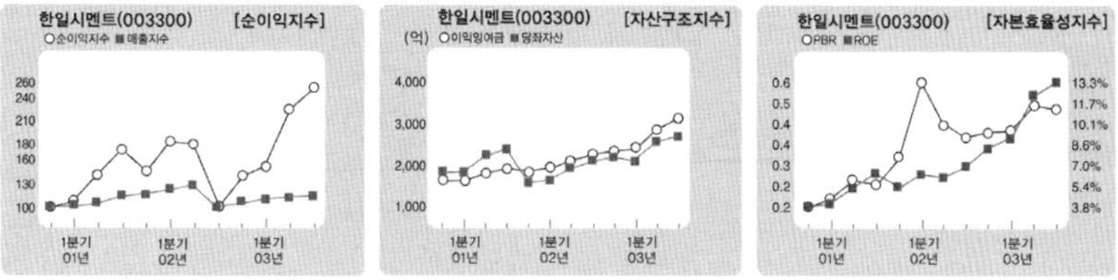

신뢰도가 높아지는 차트 구성의 예

V차트는 결국 숨은그림찾기입니다. V차트에 숨어 있는 모양을 찾아내어 이를 여러 개 겹쳐봄으로써 좋은 기업을 발견하고 이를 토대로 본격적인 기업분석까지 연결하는 것이 한 흐름입니다. 특히 수익가치 부분에서 하나, 자산가치 부분에서 하나, 무형가치(효율성)부분에서 하나, 이렇게 세 분야에서 공통적으로 좋은 신호가 나온다면 좋은 종목으로서의 신뢰도가 높다고 할 수 있습니다.

V차트의 이용순서

itooza.com 접속 → 차트분석 메뉴 → 종목코드 입력 → 순이익 종합차트 → 영업-재테크 차트 → 자산가치 차트 → 효율성 차트 → 그림 겹쳐보고 신뢰도 확인 → 종목 선택 → 본격적 기업분석

이 밖에도 준비된 자세를 통해 신뢰도를 높이는 방법이 있습니다. V차트를 보면 가장 최근 분기까지 연환산된 자료가 끝에 오게 됩니다. 여기서 차트를 해석하는 두 가지 방법이 있는데, 하나는 최근 자료까지만을 고려해서 추세와 패턴을 살핀 뒤 투자 판단을 하는 것입니다. 다른 하나

는 아직 차트에는 나오지 않은 부분이지만 다음 분기를 어느 정도 예측을 한 뒤 투자 판단을 하는 것으로 2003년 3분기까지 나온 자료만 놓고는 아직 확실한 추세를 알 수 없을 때 일단 판단을 유보하고 가설을 세우는 준비를 하는 것을 말합니다. 만약 2003년 4분기에 추세를 이어나간다면 기존의 판단을 유지하고, 추세가 꺾인다면 새로운 판단으로 방향을 돌리는 식입니다. 이렇게 V차트를 통해 미리 판단의 근거를 만들어놓고 시나리오를 세워 대비하고 있으면 다음 분기 실적이 나왔을 때 행동을 명확히 할 수 있다는 장점이 있습니다.

흔히 기대 이상의 실적이 나왔을 때 이를 '어닝 서프라이즈earning surprise'라 합니다. 실적에 놀란 주식시장은 그 기업의 가격을 높게 쳐줍니다. 그러나 V차트를 보고 미리 준비를 하는 투자자에게는 어닝 서프라이즈로 놀랄 까닭이 없습니다. 기존에 분석해 두었던 실적 추이를 바탕으로 새로 발표된 실적을 더해 분석하고 행동하면 그뿐입니다. 준비된 자에게는 기회가 따르는 법입니다.

| 어드바이스 |

언제 팔 것인가?

가치투자자에게는 매수가격과 매도가격 중 매수가격이 더 중요합니다. 벤저민 그레이엄식 가치투자를 구사하는 사람에게는 매수하기 전 내재가치가 곧 미래의 매도가격이 되는 것이고, 워런 버핏식 가치투자를 구사하는 사람에게는 내재가치가 감소하지 않는 이상 계속 보유를 하면 되는 것이기 때문입니다. 또한 매수가격이 낮으면 낮을수록 기대수익률이 높아지므로 싼값에 주식을 사는 것이 중요하지 제값보다 비싼 값에 주식을 파는 것이 중요한 것은 아니라고도 볼 수 있습니다.

하지만 투자자께서 굳이 주식을 언제 파는 것이 좋으냐고 묻는다면 "나의 신발은 파는 것이 아닙니다. 하지만 누군가 충분한 보상을 제의한다면 맨발로 집에 가겠습니다"라는 문장을 기억하면 도움이 될 듯합니다. 즉 주식을 사기 전에 영구보유한다는 생각으로 싼값에 사되 주식시장이 지나치게 높은 가격을 제시하면 팔 수도 있다는 것입니다. 이렇게 접근한다면 종목 선택 시 신중해질 수 있을 뿐 아니라 언제 주식을 팔아야 하는지에 대한 해답을 얻을 수 있습니다.

신발을 계속 신고 있든지 비싼 값에 팔든지 그것은 투자자가 결정할 사안입니다. 핵심은 어떤 마음가짐으로 주식을 대하느냐, 어떤 상황에서 주식을 팔아야 하느냐 하는 것입니다. 기계적인 공식이란 존재하지 습니다. 단지 주식투자의 결과는 이미 주식을 사기 전에 결정된다는 사실을 명심하십시오.

4 V차트의 유용성

모래사장에서 바늘 찾기

영화 「인디애나 존스」를 보면 고고학적 가치가 있는 보물이 숨겨진 보물지도를 차지하기 위해 목숨을 건 치열한 다툼을 벌입니다. 해적이 등장하는 고전적인 모험 소설에서도 보물지도를 가지기 위해 수단과 방법을 가리지 습니다. 그런데 그 지도들을 보면 엉성하기 짝이 없습니다. 위도, 경도 등이 표시되어 정확히 여기에 보물이 있다는 식이 아니라 산, 강, 길 등이 대충 그려져 있어 정확성이 떨어지는 지도입니다.

하지만 대충 보물이 묻혀있는 지역만 나와 있는 보물지도를 갖기 위해 영화나 소설의 주인공들이 노력하는 이유는 뭘까요? 보물을 찾더라도 일정 지역으로 압축해서 땅을 파야지 전세계 땅을 다 팔 수는 없는 노릇이기 때문입니다. 즉 넓은 전 세계의 땅에서 보물이 묻혀 있을 가능성이 높은 지역을 압축해주고 수고를 줄여준다는 면에서 보물지도가 의미를 가지는 것입니다.

V차트도 마찬가지입니다. V차트의 유용성은 보물지도처럼 모래사장에서 바늘을 찾을 때 바늘이 묻혀 있을 가능성이 높은 지역으로 압축해 준다는 점입니다.

가치투자의 핵심은 종목 선택입니다. 그런데 그 많은 상장·등록 기업 중에서 아무거나 덥석 살 수는 없습니다. 그렇다고 어떤 기업이 좋은지 일일이 모든 종목의 재무제표를 들여다볼 수도 없습니다. 따라서 종목코드만 넣으면 시각적으로 기업가치의 변화를 바로 확인할 수 있는 V차트를 통해 종목을 압축하는 과정을 거쳐서 종목에 대한 본격적인 분석 전에 소요되는 시간을 최소화해야 합니다.

물론 V차트만으로는 완벽하게 종목을 걸러주지 못해서 일부 좋은 기업들이 V차트라는 체 밖으로 빠져나갈 수도 있습니다. V차트는 재무적인 자료만을 기초로 만들어진 차트여서 기업의 정성적인 부분은 커버하지 못하기 때문입니다. 하지만 그 한계를 어느 정도 인정하고 종목 압축의 기능에 주목한다면 V차트를 통해 원하는 소기의 목적을 달성할 수 있을 것이라 생각합니다.

기업가치의 이해

가치투자의 전제는 주가가 결국에는 기업가치에 수렴한다는 것이라고 앞 부분에서 말씀드렸습니다. 다음의 그림은 주가가 기업가치에 수렴한 대표적 경우인 롯데칠성의 그래프입니다. 그래프 모양에서도 볼 수 있듯이 순이익의 증가에 후행해서 주가가 이를 반영하는 전형적인 패턴입니다. 실제 롯데칠성은 태평양과 함께 2001년 가치주 열풍을 이끌었던 주역입니다. 그렇다면 가치투자자가 찾아야 하는 기업가치란 도대체 무엇일까요?

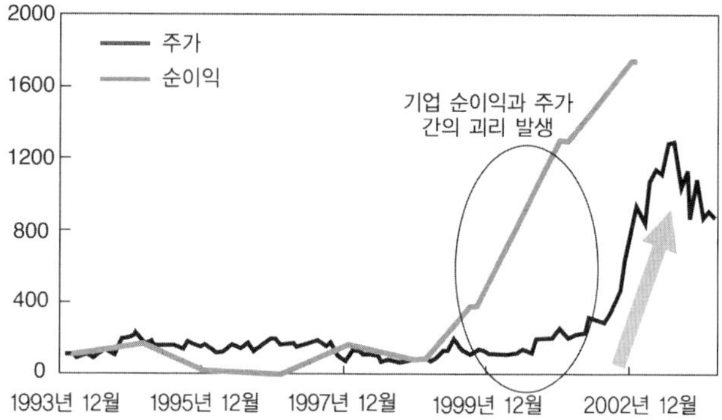

롯데칠성의 주가가 수익가치에 수렴하는 모습

기업가치는 일반적으로 자산가치, 수익가치, 무형가치로 이루어지며 이를 삼위일체로 표현하기도 합니다. 이 세 가지 가치에 대해 가중치를 매겨 합산을 하면 그것이 바로 기업가치평가, 또는 밸류에이션Valuation입니다.

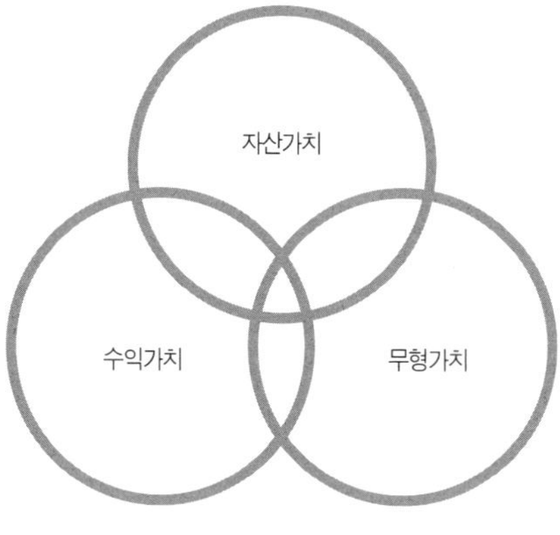

기업가치의 세 요소

수익가치는 미래에 기업이 벌어들일 것 중에서 주주의 몫을 말합니다. 기업이 벌어들이는 영업이익에서 채권자의 몫인 이자비용과 정부에 내는 세금 등을 차감해서 주주의 몫을 정확히 계산해야 합니다. 예를 들어 영업이익이 100억, 이자비용이 10억, 세금이 20억이라면 주주의 몫은 70억입니다. 하지만 수익가치에서는 현재 시점 내지 1년 단위가 전부는 아닙니다. 성장성까지 감안해서 5년 혹은 10년까지의 미래 수익을 현재가치로 환산해야 수익가치가 됩니다. 수익가치를 중요하게 여기고 미래 현금흐름 계산에 중점을 두는 대표적인 투자자가 워런 버핏입니다.

자산가치는 현재 기업이 가지고 있는 것 중에서 주주의 몫을 말합니다. 예를 들어 자산이 100억, 부채가 50억이라면 이 기업의 자산가치는 50억이 됩니다. 이 경우도 수익가치와 마찬가지로 자산 전체가 자산가치는 아니며 채권자의 몫인 부채를 자산에서 차감한 순자산을 자산가치로 인식합니다. 자산가치를 중시하는 대표적인 투자자가 벤저민 그레이엄입니다. 그는 자산가치와 시가총액 간의 차이를 안전마진으로 인식했습니다. 숲 속의 새보다 손 안의 새를 중요하게 여기는 스타일입니다.

자산가치와 수익가치의 차이는 다음과 같이 설명할 수 있습니다. 직업이 없어 현재 수입은 없지만 부동산 등을 포함해 100억 원대의 자산을 가진 사람에게 은행이 대출을 해준다면 이는 그 사람의 자산가치를 높게 평가했기 때문입니다. 반대로 신용카드 회사가 의대생에게 한도 2천만 원의 카드를 발급해주는 경우, 신용카드사는 의대생의 현재 재산 상태를 본 것이 아니라 졸업하고 개원을 했을 경우 발생할 미래 수입을 본 것입니다. 이때는 신용카드 회사가 자산가치가 아니라 수익가치를 높게 평가한 것입니다.

마지막으로 무형가치는 눈에 보이거나 계량화되지는 않지만 수익가치와 자산가치를 뒷받침해주는 요소를 말합니다. 브랜드, 유통망, 맨파워, 기술력 등이 이에 속합니다. 기업을 예로 들면 코카콜라의 브랜드 가치, 롯데칠성의 촘촘한 유통망, 삼성전자의 반도체 기술력을 꼽을 수 있습니다. 하지만 무형가치는 재무제표에 잘 드러나지 않기 때문에 자산가치나 수익가치에 비해 주관적인 판단이 개입되어야 합니다. 굳이 숫자에서 무형가치를 찾고자 한다면 이익률, ROE, 매출채권회전일수 등을 참고하면 됩니다. 이 수치들이 높다는 것은 그만큼 강력한 경쟁력을 가지고 있다고 볼 수 있기 때문입니다.

균형 잡힌 기업 발굴

지금까지 기업가치를 이루는 세 요소를 각각 알아봤습니다. 하지만 이 요소들은 따로 떨어진 것이 아니라 서로 연관이 되어 기업가치에 영향을 미치는 것입니다. 재무제표에서 자산가치와 수익가치를 가장 잘 드러내는 것이 각각 대차대조표와 손익계산서입니다. 그런데 대차대조표와 손익계산서도 서로 연결되어 있습니다. 손익계산서상에 수익이 발생하면 대차대조표상에 자산가치의 증대를 가져오고, 손실이 발생하면 그 반대의 결과를 가져오게 됩니다. 더 나아가 수익은 기업이 가진 자산(기계, 토지 등)에서 창출되는 것이고 수익은 발생하는 대로 현금이나 매출채권 등의 형태로 계속 자산으로 쌓이게 되는 순환 구조를 이룬다는 것을 알 수 있습니다. 이렇게 수익가치와 자산가치는 서로 영향을 주고 받습니다. 무형가치도 마찬가지입니다. 탁월한 브랜드가 있다면 적은 자산가치로도 많은 수익가치를 창출할 수 있는 것처럼 무형가치도 자산가치, 수익가치와 연결되어 있습니다.

결국 세 요소가 서로 영향을 주고받으면서 최종적인 기업가치를 만들어내는 것입니다. 따라서 기업가치를 판단할 때는 한 만 봐서는 안 되며 세 요소를 고루 살펴야 균형 잡힌 기업을 발굴할 수 있습니다. V차트는 바로 세 요소에 대한 정보를 제공해준다는 장점을 가집니다.

V차트는 크게 순이익 차트, 영업-재테크 차트, 자산가치 차트, 효율성(무형가치) 차트로 나뉩니다. 이중 순이익 차트와 영업-재테크 차트는 수익가치를, 자산가치 차트는 자산가치를 점검할 수 있게 해줍니다. 주지한 바와 같이 무형가치를 재무적으로 정확히 분석해낼 수는 없으나 순이익 차트 속의 이익률 지수, 그리고 효율성 차트를 통해 대략적인 경쟁력의 유무를 추정할 수 있습니다.

기업가치 요소	살펴봐야 할 V차트 종류
수익 가치	순이익 지수, 이익률 지수, 가치평가 지수, 채무 지수, 부자아들 지수
자산 가치	안정성 지수, 안전마진 지수, 자산구조 지수
무형 가치	자본효율성 지수, 회전일 지수

기업가치와 V차트

세 요소가 융합하여 이뤄내는 기업가치를 다면적으로 분석하기 위해서 가치투자자가 V차트로 해야 하는 일은 단 한가지입니다. V차트를 구성하는 모든 차트를 살펴보고 수익가치, 자산가치, 무형가치를 드러내는 차트가 모두 좋은 모습을 보이는지를 확인하는 것입니다. 만약 순이익 지수가 상승하고 있고 안전마진이 늘어나고 있으며 이익률 지수가 상승 추세라면 균형 잡힌 기업가치를 가지고 있다고 판단할 수 있습니다.

제2부

순이익 차트

| 서문 |

itooza.com에서 제공되는 순이익 차트는 모두 5개입니다. 순이익 차트에서 제공되는 지수는 다음과 같습니다.

1) 주가차트 - 순이익 지수
2) 순이익 - 매출 지수
3) 이익률 지수
4) 매출 - 이익 종합 지수
5) PER - PBR 지수

이것을 크게 나누면 1, 2, 4번은 순이익 지수, 3번은 이익률 지수, 5번은 가치평가 지수로 구분할 수 있습니다. 순이익 지수를 통해서는 기업의 수익가치를, 이익률 지수를 통해서는 기업의 무형가치를 측정할 수 있으며, 가치평가 지수를 통해서는 기업의 수익가치와 자산가치가 시장에서 어떤 평가를 받고 있는지를 알 수 있습니다.

기업에 있어 순이익은 처음이자 끝이라 할 수 있을 정도로 그 중요도가 높습니다. 2부에서는 순이익 차트의 추세와 패턴을 통해 어떤 투자 아이디어를 얻을 수 있고 이를 투자에 적용할 수 있는지를 설명합니다.

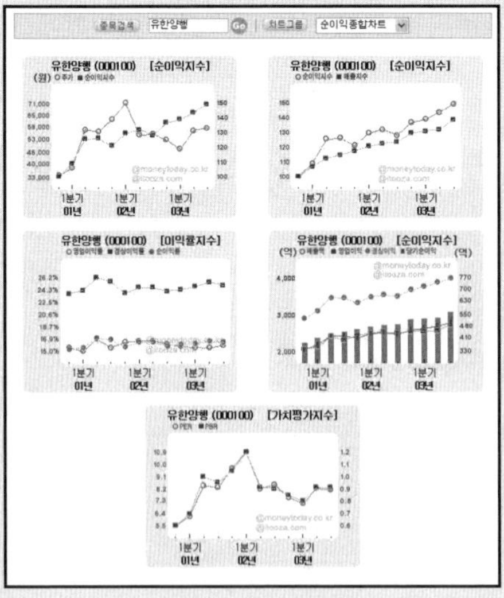

itooza의 순이익 차트

5 순이익 지수

기업의 존재 이유

기업가에게 '사업을 왜 하느냐'라는 질문을 하면 여러 가지 대답이 나올 수 있습니다. '사회와 국가를 위해서'처럼 거창한 이유가 나올 수도 있고, '돈 한번 실컷 벌어보려고'처럼 개인적인 이유가 나올 수도 있습니다. 기업가마다 자기 회사에 대한 비전Vision과 목표Goal가 다른 것은 너무나 당연합니다. 그러나 기업가 개인의 차원이 아니라 기업 자체의 존재 이유를 묻는다면 기업은 이윤을 추구하는 것이 1차적 존재 이유입니다.

기업가가 회사에 취직을 해 임금을 받지 않고 자기 돈과 노동력을 모두 걸고 기업의 형태로 사업을 시작할 때는 취직보다 사업이 주는 이윤이 더 크기 때문으로 해석이 가능합니다. 사업 아이템과 목표를 설정하고 거기에 걸맞은 조직체를 만들 때 돈을 더 많이 벌 수 있다는 가정이 실현 가능한 것이라면 사업가의 선택은 합리적인 것입니다. 예를 들어 10억 원을 가진 자산가는 은행에 넣어만 두어도 1년에 약 5천만 원의 수입을 올릴 수 있습니다. 그럼에도 불구하고 10억 원을 자본금으로 사업을 시작하는 이유는 기업활동에 드는 비용을 다 제하고도 5천만 원 이상의 이윤을 올릴 수 있다는 기대감이 작용하기 때문입니다.

이윤을 다른 말로 바꾼다면 순이익이라고 할 수 있습니다. 물건이나 서비스를 제공하고 받는 총액에서 원가와 인건비를 차감하고 다시 거기서 이자비용과 세금을 제하면 순이익이 나오게 됩니다. 이 순이익 중 일부를 배당하고 나머지를 다시 기업의 자산에 쌓아둠으로써 기업의 가치는 증대됩니다. 이런 순이익의 발생과 그 잉여로 이어지는 기업가치의 상승은 기업가들이 사업을 시작하고 지속하도록 만드는 원동력입니다

순이익이 나오는 과정을 보면 기업가들이 흔히 말하는 기업의 존재이유가 나타납니다. 매출원가에 인건비가 포함되므로 고용창출 효과가 나타나고, 원재료를 소비함으로써 다른 기업들의 생산활동을 돕고, 세금

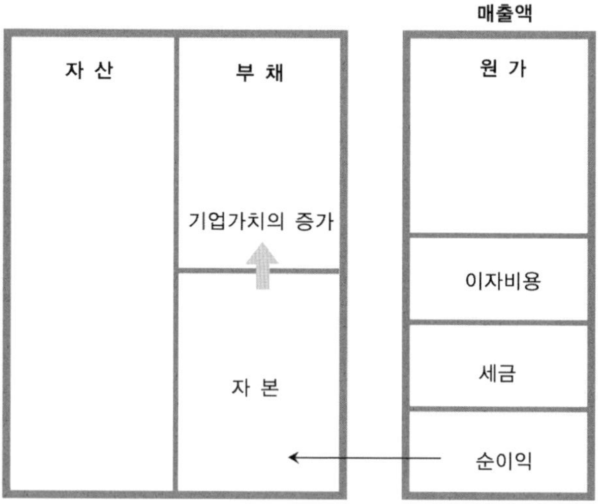

순이익을 통한 기업가치 증가 모형

납부를 통해 정부재정에 기여를 합니다. 그러나 이런 요소들은 순이익이라는 기업의 목표를 달성하는 과정에서 나타나는 부산물에 불과합니다. 순이익을 내겠다는 동력이 없다면 기업 활동 자체는 성립되지 않습니다. 결국 순이익은 사람들을 사업의 세계로 끌어들이는 요인이자 기업이 존재할 수 있도록 해주는 이유라 할 수 있습니다.

주식투자 왜 하는가

주식투자는 가치투자자의 관점에서 보면 기업의 소유권 중 일부를 획득해 주주가 되어서 자신의 지분만큼 기업의 이익과 자산에 대해 권리를 가지는 행위로 정의됩니다. 여기서 중요한 것이 매출도 법인세도 아닌 '이익'에 대해 권리를 가진다는 대목입니다. 앞서 설명한 바와 같이 처음부터 지분을 가지고 사업을 시작한 사업가도 순이익을 얻기 위해 사업을 한다면, 나중에 지분을 가져서 사업에 동참하게 되는 주주 역시 순이익을 얻기 위해 투자를 한다는 설명이 가능합니다.

아래 『한국형 가치투자 전략』에도 등장했던 김대리와 회계사의 이야기를 통해 주식투자의 의미를 다시 한번 새겨보겠습니다.

회계사: 자네 직접투자도 하지만 펀드에도 투자하지?

김대리: 응, 자산의 일부는 주식형 펀드로 가지고 있네. 물론 가치투자형 펀드지. 믿을 만한 펀드매니저가 운용하는 것이야.

회계사: 펀드에는 왜 투자하나?

김대리: 아, 당연히 펀드를 통해서 수익을 올리려고 하는 것이지. 펀드

매니저가 내 돈을 잘 맡아서 좋은 주식을 사고 팔면서 수익을 내면 결국 내가 산 지분만큼 재산이 늘어날 것 아닌가.

회계사: 그럼 주식투자는 왜 하지?

김대리: 수제자를 뭐로 보는 건가. 좋은 기업에 투자했는데 이 기업이 잘해서 주가가 오르면 산 가격보다 비싸게 팔 수 있지 않나. 아, 물론 배당수익도 기대할 수 있고 말이야.

회계사: 정답이네. 내가 기업에 투자한 돈은 그 기업의 자본금이야. 기업은 그 자본금으로 고유한 영역의 사업을 해서 이익을 만들어내고 그 이익을 주주에게 돌려주지. 그런데 주식투자, 즉 기업에 대한 투자를 펀드투자와 비교해서 이렇게 설명할 수도 있다네. 펀드매니저는 CEO가 되고 펀드자산은 기업자산이 되는 거야. 펀드매니저가 주식시장에 자본금을 투자해 돈을 버는 것처럼 CEO는 상품 혹은 서비스 시장에 자본금을 투자해 돈을 벌지.

김대리: 아하, 결국 기업에 대한 투자나 펀드에 대한 투자나 돈 버는 방법이 좀 다르다 뿐이지 그 원리는 똑같다는 뜻이군.

회계사: 결국 내가 하고 싶은 말은 펀드투자가 투자 수익을 얻기 위한 것이라면 주식투자는 기업의 수익을 얻기 위한 것이라는 걸세. 펀드매니저가 얼마만큼의 거래를 했건 결국 펀드투자자에게 돌아오는 것이 투자 수익인 것처럼 주주에게도 매출이나 원가가 얼마가 되었건 간에 결국 순이익만이 돌아온다는 것이지.

김대리: 그 얘기를 하니까 말인데, 펀드투자를 할 때는 어떤 펀드매니저가 운용하는지 꼼꼼히 살펴보면서 기업에 투자할 때는 어떤 CEO인지 확인을 하지 않는 사람들이 많은 것 같다는 생각이 드는군.

회계사: 펀드에 투자할 때는 펀드매니저가 내 돈을 맡아서 운용한다고

생각해서 주인의식이 강한데 오히려 기업의 CEO에게 맡기는 돈은 소홀한 경우가 많지. 주식투자는 내 돈을 더 많이 불려줄 수 있는 기업에 투자하는 행위라는 것을 잊지 말게.

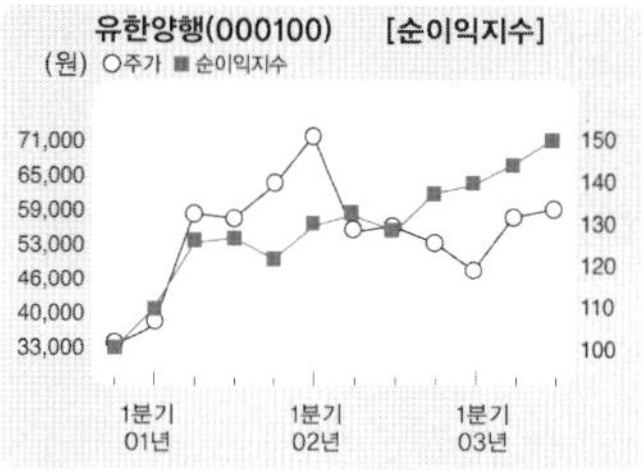

위의 대화에서도 볼 수 있듯이 주주는 매출이 아니라 이익을 얻습니다. 따라서 주주의 관점에서 본다면 어떤 기업과 CEO가 내 재산을 맡아서 가장 많은 순이익을 내줄 수 있는지 판단하는 것이 투자의 관건입니다. 순이익의 안정적인 성장과 적정한 규모는 가치투자자가 종목 발굴 시 가장 먼저 확인해야 할 부분입니다. V차트의 순이익 차트에서 순이익이 기업가치에 미치는 변화를 가장 잘 파악할 수 있는 지수는 '주가차트-순이익 지수'입니다.

매출과 이익의 상관관계

과거 고도성장기에 우리나라 기업들의 관심사는 '어떻게 하면 매출을 늘릴 수 있을까?' 하는 것이었습니다. 이를 반영하듯 우리나라 100대 기업을 뽑는 기준은 이익 규모가 아니라 매출 규모였습니다. 매출 지상주의가 절정에 달했을 때 기업들은 이익이 나지 않는 사업이라 하더라도 일단 진출하고 보자는 식이었고, 비관련 사업에도 과감히 진출하는 모습을 보였습니다.

그러나 IMF 금융위기를 겪으면서 기업들의 매출 지상주의는 상당 부분 이익 지상주의로 바뀌었습니다. 이익 없는 매출이란 신기루에 불과하다는 것을 깨달은 것입니다. 값비싼 수업료를 치렀지만 결국 기업의 본래 목적으로 되돌아온 셈입니다. 요즘 기업들을 탐방해보면 매출보다는 이익의 규모나 질을 더 강조하는 분위기가 느껴집니다.

앞서도 언급했듯이 주주는 매출이 아니라 이익을 얻습니다. 결국 우선되어야 할 것은 순이익입니다. 하지만 매출이 전혀 의미가 없다는 뜻은 아닙니다. 투자를 사업목적으로 하는 특수한 경우를 제외하면 일반적인 기업에 있어 순이익의 상한선은 매출입니다. 순이익은 매출에서 각종 비용을 차감해서 최종적으로 나오는 수치이기 때문에 순이익 규모가 매출 규모를 넘을 수 없습니다. 따라서 매출 자체가 커야 이익이 증가할 수 있는 여지가 커지게 됩니다.

순이익이 증가하는 기업의 매출과 순이익을 함께 차트에 표시해 보면 두 가지 형태로 나타납니다(매출과 순이익의 출발점을 모두 100으로 동일하게 놓았을 때 성장률을 나타낸 것입니다).

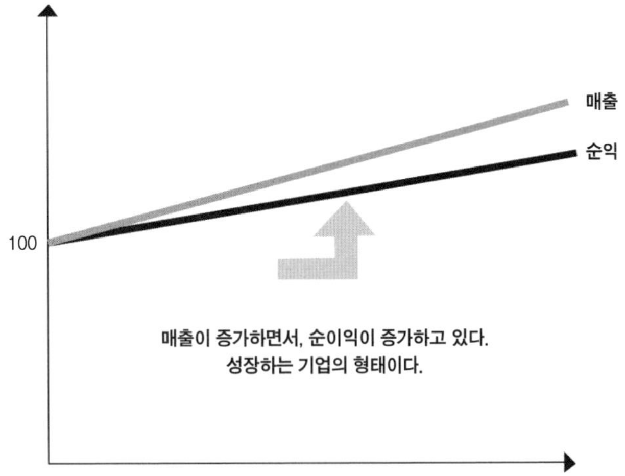

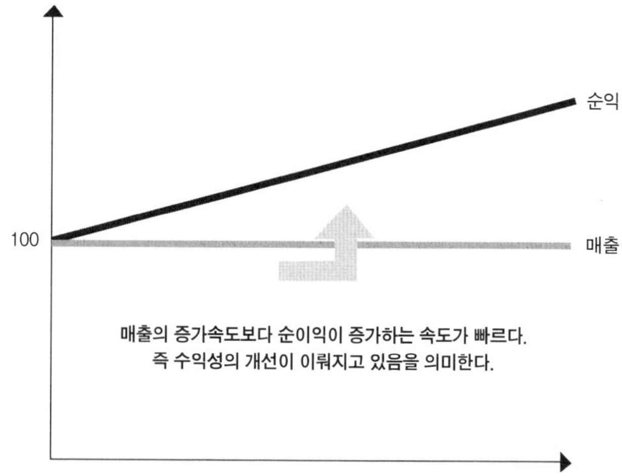

매출과 순이익비교 그래프

첫째는 매출이 증가하면서 순이익도 같이 증가하는 형태입니다. 이른바 성장주에서 찾아볼 수 있는 패턴입니다. 순이익의 성장곡선은 그 기업의 사업아이템과 관련이 있습니다. 예를 들면 한계비용이 체감하는 인터넷 서비스나 통신 사업의 경우 고정비용을 넘어서는 매출이 거의 모두 순이익으로 잡히므로 매출 증대에 따라 이익률이 크게 나타납니다. 반대로 한계비용이 매출과 비슷하게 증가하는 경우 기존 이익률을 그대로 따라가면서 이익의 절대치 규모가 증가하게 됩니다.

둘째는 매출은 정체 상태이지만 순이익이 증가하는 형태입니다. 이것은 재무구조의 개선이나 수익성의 개선이 이뤄졌을 때 나타나는 패턴입니다. 재무구조 개선의 대표적인 경우는 부채를 줄여 이자비용이 크게 감소되었을 때입니다. 매출은 변화가 없지만 채권자에게 갈 돈이 주주에게 넘어와 순이익이 증가하기 때문입니다. 수익성 개선의 대표적인 경우는 제품 단가를 높였을 때입니다. 제품 단가를 올렸는데 수요가 감소하지 않는 경우 매출 증기에 비해 수익 증가가 더 빨라 수익성이 개선되기 때문입니다.

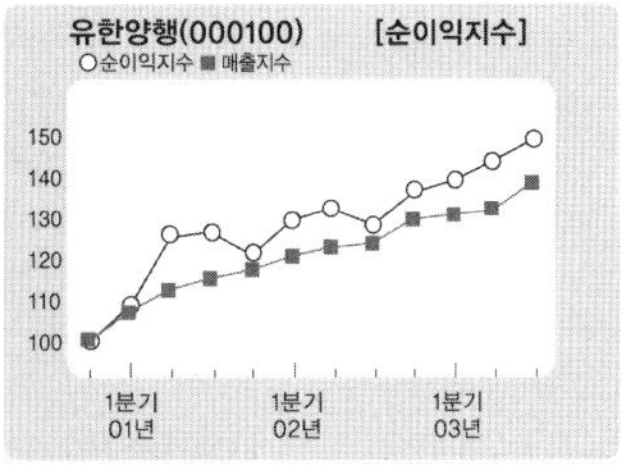

이렇게 매출 자체가 큰 의미를 제공한다고 볼 수는 없지만 순이익과 관련지어 생각하면 기업의 상태를 점검할 수 있고 새로운 투자 아이디어를 얻을 수 있습니다. V차트의 순이익 차트에서 매출과 순이익 관계를 잘 드러내어 주는 지수는 '순이익-매출 지수'입니다. 차트에 나타난 두 가지 지표를 비교해봄으로써 기업의 변화를 가늠해 볼 수 있습니다.

이익의 구성

지금까지 설명한 순이익은 회계 용어로 당기순이익입니다. 이익의 종류에는 이외에도 영업이익, 경상이익이 있습니다. 손익계산서를 보면 계정들이 매출액에서부터 당기순이익까지 위에서 아래로 열거되어 있습니다. 순서를 따라가다 보면 기업이 어떤 활동을 통해서 어떻게 최종적인 순이익을 만들어냈는지를 파악할 수 있습니다. 매출액에서 매출원가를 차감하면 매출총이익이 나오고, 여기서 다시 판관비를 차감하면 영업이익이 나옵니다. 영업이익에서 다시 영업외손익을 차감하면 경상이익이 나오고, 여기서 다시 특별손익을 차감하면 당기순이익이 도출됩니다.

이렇게 기업활동을 통해 최종적으로 주주에게 주어지는 이익이 순이익이고 가장 중요한 지표이지만, 영업이익과 경상이익도 기업의 체질과 이익의 질을 분석할 때 중요한 의미를 가집니다.

예를 들어 김 대리가 연봉으로 3,000만 원을 받았더라도 주택담보대출이자 500만 원과 세금 500만 원을 내야 한다면 당장 사용 가능한 실제적인 수입은 2,000만 원으로 봐야 합니다. 하지만 앞으로 김 대리가 얼마나 돈을 벌 수 있을 것인지를 계산하려고 한다면 항상수입이라 할 수 있는 3,000만 원은 중요한 숫자가 됩니다. 이자도 원금을 갚아버리면 없어지는 것이므로 원금상환일을 계산한다면 세금을 내기 전까지의 수입을 예측할 수 있을 것입니다.

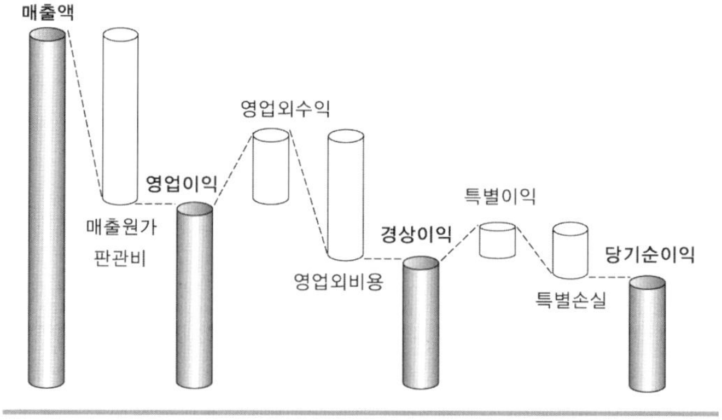

손익계산서상 이익 간의 관계

이를 기업에 대입시켜 보면, 김 대리의 월급 3,000만 원에 해당하는 것은 영업이익, 이자비용을 차감한 2,500만 원은 경상이익, 세금 500만 원을 차감한 2,000만 원은 당기순이익이 됩니다. 영업이익은 기업이 사업을 통해 벌어들이는 수입을 말합니다. 따라서 영업이익이 증가하면 본사업 자체가 확장일로에 있음을 알 수 있습니다. 경상이익은 이자비용, 이자수입, 지분법평가이익, 유가증권평가이익 등 비영업적인 부문의 상태까지를 포함한 이익을 말합니다. 경상이익을 보면 이 기업의 재무적인 능력과 성과를 파악할 수 있습니다. 영업이익과 경상이익을 연결시켜서 볼 때, 만약 영업이익이 증가하는데 경상이익은 많이 줄어들고 있다면 '본 사업은 호조이나 각종 영업외비용의 발생으로 순이익이 감소하고 있음'이라고 순이익을 분석할 수 있습니다.

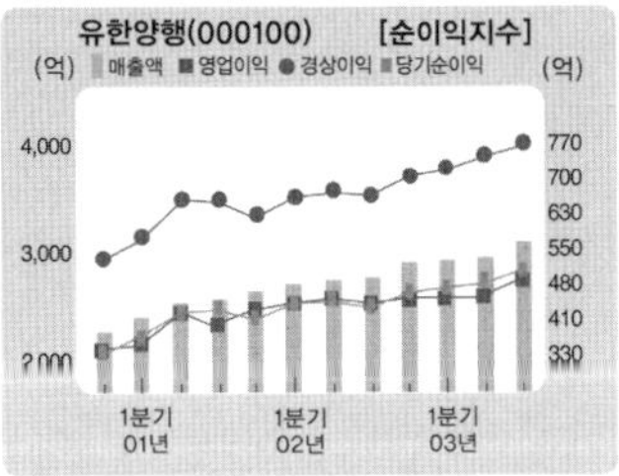

V차트의 순이익 차트에서 이익의 구성을 잘 드러내어 주는 지수는 '매출-이익 종합 지수'입니다. 이 차트에는 매출액, 영업이익, 경상이익, 당기순이익이 표시되어 있습니다. 이 네 가지 지표를 한꺼번에 비교해봄으로써 이익의 질을 가늠해볼 수 있습니다. 아래 유한양행 차트에서 영업이익보다 경상이익이 더 크게 나오는 것을 볼 수 있는데, 이것은 자회사인 유한킴벌리의 호조로 대규모 지분법평가이익이 영업이익에 추가되었기 때문입니다.

1) 주가차트 — 순이익 지수

순이익 지수의 구성 원리

순이익 지수는 일정시점의 순이익을 100이라고 할 때 미래순이익을 100에 대한 지수값으로 표현한 것입니다. 예를 들어 최근 4분기 합계기준(연환산)으로 2000년도 4분기의 순이익이 200억 원이고 2001년 1분기의 순이익 230억 원이면, 2000년 12월의 지수값을 100으로 두었을 때 2001년 1분기의 순이익 지수는 115 입니다. 차트의 왼쪽 Y축에는 주가가, 오른쪽 Y

축에는 기값 100을 기준으로 한 상대적인 지수값이 표시되어 있습니다.

순이익의 추세를 보면 기업의 성장이 지속되고 있는지 꺾이고 있는지 잘 알 수 있습니다. 순이익 지수의 상승은 기업가치가 증가하고 있다는 것을 뜻합니다. 따라서 투자자는 순이익 지수가 안정적으로 성장해왔고, 앞으로도 안정적으로 성장할 수 있는 기업에 투자하는 것이 좋습니다. 순이익 지수가 급격히 오르락내리락하는 기업은 투자자가 기업가치 변화를 예상하기 어렵기 때문에 투자대상에서 제외됩니다.

주가차트-순이익 지수에는 순이익과 주가가 비교되고 있어 그 관계를 파악하기가 용이합니다. 기업의 순이익이 증가하는데도 불구하고 단기적으로 기업에 대한 투자자의 오해, 비이성적인 시장의 폭락 등으로 주가가 하락하거나 제자리걸음을 할 때가 있습니다. 바로 이때가 투자자에게는 좋은 매수기회가 됩니다.

2) 순이익 — 매출 지수

순이익-매출 지수는 순이익과 매출을 동시에 비교하는 차트입니다. 한 시점의 매출과 순이익을 모두 100으로 놓고 이후 추이를 비교해 그래프를 그려나가는 원리입니다. 차트의 왼쪽 Y축에 초기값 100을 기준으로 한 상대적인 지수값이 표시되어 있습니다.

주의해야 할 점은 순이익과 매출이 '~억 원' 식의 절대수치로 표시된 것이 아니기 때문에 초기값에서 향후 순이익과 매출이 얼마나 증가했는지만을 알 수 있다는 것입니다. 즉 순이익 지수가 매출 지수보다 높다고 해서 순이익의 크기가 매출의 크기보다 크다고 해석하면 안 되고 '그 상승률이 높을 뿐이다'라고 해석을 해야 한다는 뜻입니다.

앞서도 언급한 바와 같이 순이익-매출 지수는 순이익의 증가 원인이 매출확대로 인한 외형 성장에 있는지, 수익성 개선에 의한 질적 성장에 있는지를 살펴볼 수 있는 차트입니다. 한 시점의 매출과 순이익을 모두 100이라는 같은 값을 두고 시작하는 것이므로 시간이 지남에 따라 나타나는 순이익 지수와 매출 지수의 기울기를 비교하면 됩니다.

3) 매출 — 이익 종합 지수

매출-이익 종합 지수는 기업의 매출과 이익을 상대값이 아닌 절대값으로 보여주는 차트입니다. 앞서의 두 차트가 처음 시작값을 100이라고 설정해 이후의 증감을 상대적인 값으로 보여줬다면, 매출-이익 종합 지수는 실제 기업의 매출과 이익 수준을 볼 수 있게 해줍니다. 차트의 왼쪽 Y축에는 매출액이, 오른쪽 Y축에는 이익이 표시되어 있습니다.

특히 다른 순이익 지수와는 달리 이익이 영업이익, 경상이익, 당기순이익으로 구별되어 표시된 점이 매출-이익 종합 지수의 특징입니다. 영업이익과 경상이익의 차이, 경상이익과 당기순이익의 차이가 클 경우 기업 수익 구조에 대한 투자 아이디어를 얻을 수 있습니다.

예를 들어 경상이익이 영업이익보다 현저하게 작은 기업은 이자비용이 많거나 부실 자회사로 인한 지분법평가손실, 대규모 대손상각이 발생했을 확률이 높습니다. 이때 영업외손익이 일회성에 그칠 것인지 아니면 지속적으로 발생할 것인지를 판단해야 합니다. 만약 영업이익과 경상이익의 차이가 갑작스럽게 커진다면 일회성일 가능성이 큽니다. 영업외손익이 일회성이라는 것이 파악된다면 향후 기업의 실적이 정상으로 회복되었을 때 일회성 비용만큼의 이익 증가 효과가 나타날 수 있습니다. 과거 이익 규모가 축소되었다가 정상적인 이익이 나왔을 때 증가율이 크게 나오는 것을 두고 기저효과Base Effect라고 합니다.

| 최준철의 한마디 |

가치투자에 대한 4가지 오해①

가치투자자들이 모이는 인터넷 게시판에서 이것이 가치투자냐 아니냐 또는 이런 행동을 하는 사람이 가치투자자가 맞느냐 아니냐를 놓고 설전이 벌어지는 모습을 종종 봅니다. 이런 논쟁의 바탕에는 투자자들이 가치투자에 대해 흔히 가지고 있는 몇 가지 오해들이 자리 잡고 있습니다.

오해 1. 좋은 기업의 주식을 사는 것이 가치투자다

흔히 대형우량주만을 한정해서 매매를 하는 투자자들이 본인의 투자 방법이 가치투자라고 하는 경우가 있습니다. 이런 주장의 바탕에는 좋은 기업의 주식을 사기만 하면 가치투자라는 생각이 깔려 있습니다.

하지만 정확하게 말하면 가치투자는 좋은 기업의 주식을 싼값에 사는 것입니다. 아무리 좋은 기업이라도 비싸게 사면 투자자 입장에서는 아무런 의미가 없습니다. 좋은 기업을 고르는 것만큼이나 주식이 싸게 거래될 때 사는 것도 중요합니다.

특히 가치투자 입문자들의 경우, 좋은 기업이라고 해서 샀는데 정작 손실을 보고 '역시 가치투자는 우리나라에서는 안 통하는 방법이야'라며 가치투자를 포기해버리는 모습을 보는데, 종목 선정 시 가격이라는 요인을 무시하는 과오를 범한 경우가 대부분입니다.

1. 이익증가 미반영형 (1) : 이건산업(008250)

순이익이 큰 폭으로 증가하고 있지만 주가가 이를 반영하지 못하는 이익증가 미반영형의 패턴이다. 순이익 지수가 2001년 3분기를 바닥으로 2003년 2분기까지 지속적으로 상승했음에도 불구하고 주가는 오랜 기간 횡보하고 있다. 2002년 1분기와 배당기산일을 앞둔 2003년 2분기에 일시적으로 주가가 순이익 지수 증가를 반영하기도 했지만 다시 제자리로 돌아감으로써 여전히 순이익 지수와 큰 괴리를 보이고 있다.

이건산업은 합판을 제조, 생산하는 업체다. 목재산업은 원래 수백 개의 군소 목재수입상과 종합상사가 난립한 시장이었지만, IMF를 지나면서 살아남은 상위 3개 업체가 시장을 지배하는 과점적 시장으로 변모했다. 이건산업은 국내 합판시장의 33%를 차지하고 있고 지속적인 구조조정으로 재무구조가 양호해지면서 2001년 이후 순이익이 크게 늘었다.

이와 같이 산업 내 구조조정과 자체 구조조정 이후 기업 체질의 개선과 수익 증가가 동시에 일어났음에도 불구하고 시장의 반응은 여전히 썰렁하기만 하다. 만약 시장이 단지 목재가 사양산업이라는 것만으로 순이익 증가를 무시하고 지나친 할인을 가한다면 가치투자자에게는 오히려 기회가 될 수 있다. 시장의 평가가 오해에 불과하다면 순이익 증가는 주가로 반영되기 마련이다.

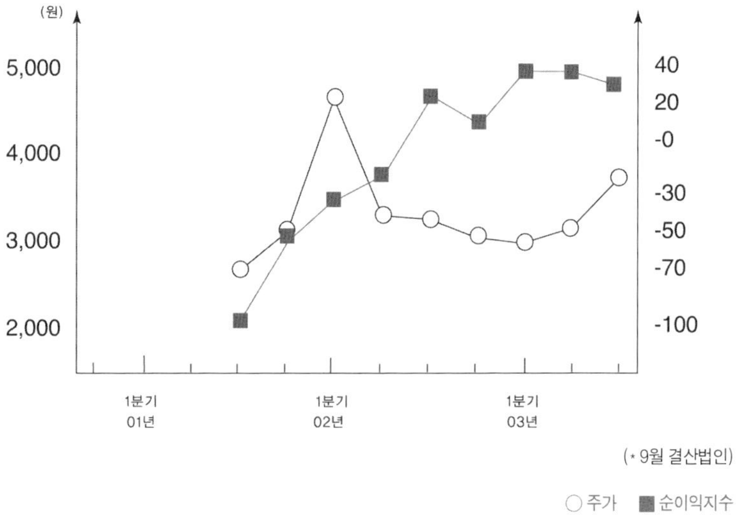

체크포인트

1. 목재시장을 과점하고 있는 이건산업, 선창산업, 성창기업을 서로 비교해보고, 이건산업만 순이익이 증가하고 있는지 아니면 산업 전체가 호황인지 살펴보자. 만약 이건산업만 순이익이 증가하고 있다면 그 원인이 어디 있는지 분석해보자.
2. 2003년 4분기에도 순이익 증가가 계속 될 것인지 살펴보고, 순이익 상승폭을 살펴보자.

2. 이익증가 미반영형 (2) : 에이스침대(003800)

순이익 지수가 2001년 2분기에 저점을 형성한 이후 2003년 3분기까지 지속적으로 상승했다. 2000년 4분기에서 2001년 3분기에 이르는 동안 순이익의 저점을 알려주는 원형바닥을 완성했고, 2002년 3분기에서 2003년 1분기까지의 눌림목 이후 추세적 상승을 이어가고 있다. 그러나 주가는 2002년 1분기 이후 지속적으로 하락하고 있어 순이익 증가를 전혀 반영하지 못하는 이익증가 미반영형의 모습을 보이고 있다.

에이스침대는 "침대는 가구가 아닙니다" 등 유명한 광고 카피를 만들어내며 40년 동안 침대 외길을 걸어온 기업이다. 에이스침대는 높은 브랜드 인지도를 앞세워 소규모업체들이 난립한 국내 침대시장에서 23%의 점유율을 보이고 있다. 2위인 대진침대와의 시장점유율 격차는 무려 18%에 달한다. 에이스침대의 경쟁력은 강력한 브랜드에 걸맞은 품질과 생산력을 갖고 있다는 점이다.

누구라도 다 아는 강력한 브랜드를 가지고 있을 뿐 아니라 순이익까지 꾸준히 증가하는데도 주가는 제자리걸음이다. 그 이유로 대주주 지분이 80%로 높아 유통주식수가 부족한 점과 배당이 전혀 지급되지 않고 있다는 점을 들 수 있다. 이러한 주가 할인 요소가 해소되면 시장에서 재평가를 받는 기간이 매우 앞당겨질 것으로 전망된다.

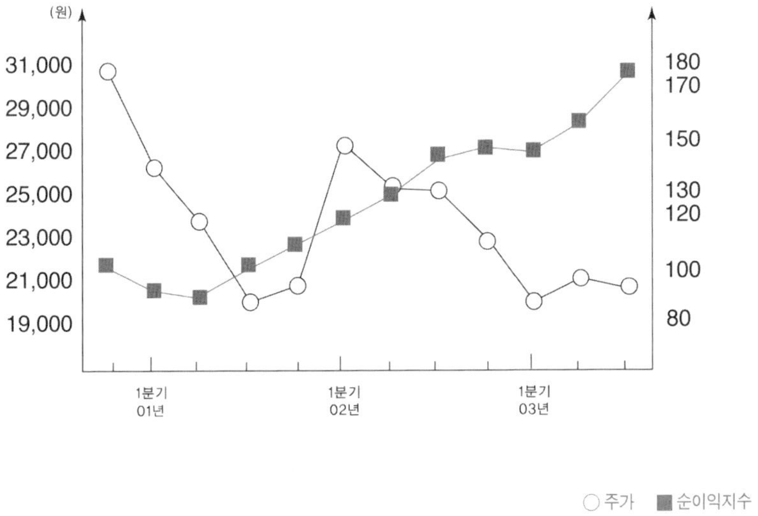

체크포인트

1. 순이익의 증가가 매출 증가를 수반한 것인지 비용의 감소를 통한 것인지 알아보자.
2. 주가 할인 요소가 유통물량 부족이나 무배당 외에 또 존재하는지 살펴보고, 순이익 증가에 따른 매력과 비교해보자.

3) 이익 반전형 (1) : INI스틸(004020)*

* 현대제철로 변경

2000년 4분기부터 2002년 1분기까지 순이익의 하락 속도가 완만해지면서 원형바닥을 완성했다. 순이익 지수가 원형바닥을 완성한 이후 2002년 2분기를 기점으로 상승으로 전환했다. 2002년에 접어들면서 전방산업인 건설경기 호조로 제품 가격이 상승하기 시작했기 때문이다. 제품 가격 상승은 매출액 증가와 마진율 상승으로 이어지면서 순이익을 증가시키는 주요한 원인이 되었다. 이 결과로 2001년 3분기 순이익 지수가 10선 대에서 2003년 3분기 380선 수준까지 수직 상승했다.

2002년 1분기에서 2003년 1분기까지 순이익과 주가가 상반되게 움직이다가 순이익지수가 원형바닥 이후 추세적으로 상승하자 주가 역시 이를 반영해 급격히 상승하면서 최고치를 갱신하는 모습이다. 순이익 지수 상승폭만큼 주가도 동반해서 상승한 이익 반전형 패턴이다.

원형바닥형의 특징은 바닥은 천천히 그리고 완만히 완성되지만 완성 후에는 증가폭이 상당히 커진다는 점이다. 이는 기업 자체의 체질 개선이 응축되어 결국 순이익으로 표출되는 것으로 이해할 수 있다. 2003년 4분기에도 순이익이 계속해서 상승한다면 원형바닥 이후 상승 추세는 지속되는 것으로 판단하여 매수 관점을 유지해야 할 것이다.

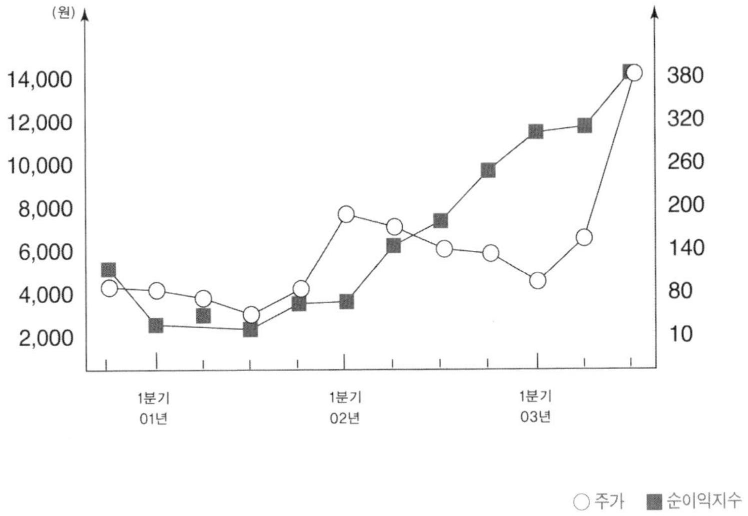

체크포인트

1. 자회사들의 실적을 점검해보고, 영업이익을 해치지 않는지 여부를 살펴보자.
2. 제품 가격을 얼마나 올렸는지 뉴스검색을 통해 확인해보고, 인상폭이 순이익에 미치는 영향을 체크해보자.

4) 이익 반전형 (2) : 경남에너지(008020)

이익 반전형 패턴 중 V자 반전형에 속하는 차트이다. V자 반전형은 하락 추세에서 상승 추세로의 전환이 급격히 일어나는 특징이 있다. 이익의 V자 반전은 신기술 개발이나 구조조정의 성공 등 기업 내부의 급격한 변화 혹은 환율, 유가 등 기업 외부 변수들의 급격한 변화에 의해 나타나는 경우가 많다.

경남에너지는 이익 반전형이면서 이익증가 미반영형의 모습을 보이고 있다. 경남에너지는 2001년 이후 장부상에 남아있는 무수익자산과 부실자산 등을 지속적으로 상각하면서 순이익이 2001년 3분기 고점 이후 2002년 3분기까지 급속히 감소했다. 그러나 2002년 2분기를 통과하면서 이러한 일련의 구조조정이 완료되고 안정적인 도시가스 영업이 유지되어 순이익이 급격히 상승하게 되었다. 반면 이러한 순이익의 급격한 반등에도 불구하고 주가는 오랜 기간 횡보의 모습을 보이고 있다. 시장에서 아직 급격한 순이익을 추세적인 것으로 받아들이지 못하거나 도시가스에 대해 저성장 사업이라는 시선을 보내기 때문이라 추측할 수 있다.

보통 V자 반전형 패턴의 경우 전고점 수준까지의 급반등 이후 전고점 부근에서 횡보 내지 소폭 하락한다. 따라서 V자 패턴의 완성은 전고점인 순이익지수 130을 돌파 시에 완성된다. 2003년 4분기에 순이익지수 130을 돌파한다면 주가 역시 상승 탄력을 받을 것으로 예상해 볼 수 있다.

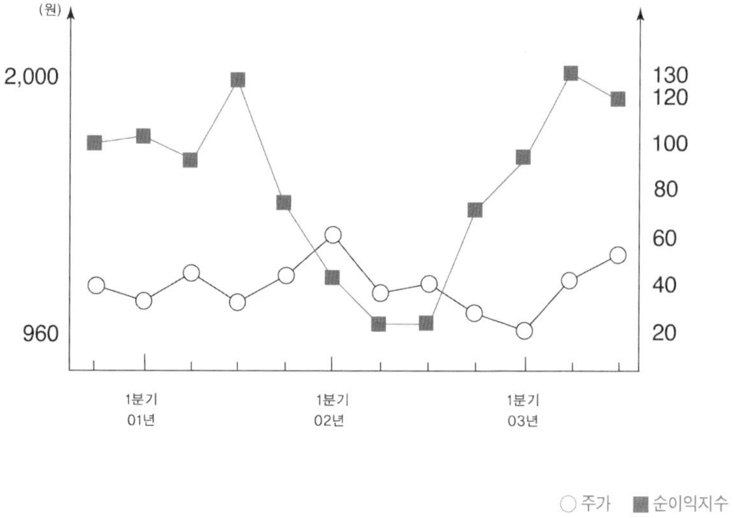

체크포인트

1. 무수익자산과 부실자산이 왜 생기게 되었는지 알아보고, 재발생 가능성이 있는지 점검해보자.
2. 경남에너지가 어느 지역을 권역으로 가지고 있는지 살펴보고, 보급률과 성장 가능성을 타진해보자.

5) 이익 반전형 (3) : 동아제약(000640)*

* 동아쏘시오홀딩스 변경

이익 반전형 중 순이익이 일정 시점에서 급락하는 역V자 패턴이다. 순이익 지수가 2000년 4분기부터 2002년 4분기까지 꾸준히 상승하다가 2002년 4분기를 고점으로 급락하면서 2001년 1분기 수준까지 하락하였다. 기업의 경쟁력 하락 등의 내부적 문제나 외부 환경의 급격한 악화 등이 발생할 때 주로 나타나는 패턴이다.

동아제약은 40년간 박카스로 사랑을 받아온 제약회사다. 박카스는 새우깡, 초코파이 등과 함께 몇 안 되는 장수 브랜드로 손꼽히고 있다. 그러나 2003년도 들어 박카스에 대한 소비자의 사랑이 예년만 못한 모습이다. 출고가 상승과 경기 침체, 그리고 건강에 대한 관심 고조로 박카스 수요가 급감했다. 이런 박카스 수요 부진이 동아제약의 순이익 감소로 그대로 이어지고 있다. 박카스가 매출에서 차지하는 비중이 워낙 높기 때문이다.

주가의 움직임도 순이익 급감을 그대로 반영하면서 2002년 1분기 고점에 비해 크게 하락했다. 특히 일시적이라고 보았던 순이익 감소세가 2분기 연속 이어지자 16,000원 수준까지 주가가 폭락했다. 순이익 감소가 급격히 일어났기 때문에 순이익 추이를 좀더 관찰할 필요가 있다. 만약 2003년 4분기까지 매출과 순이익의 부진이 동시에 이어진다면 주가는 당분간 약세를 보일 것으로 전망된다.

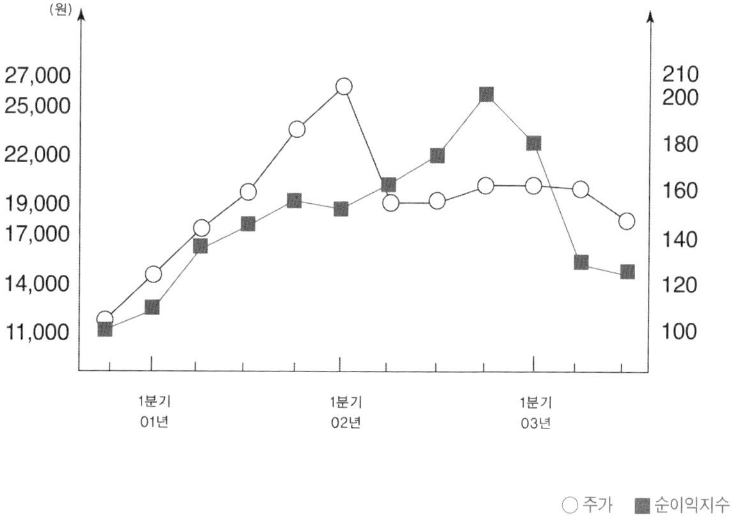

체크포인트

1. 박카스가 차지하는 매출 비중을 살펴보고, 박카스 수요 감소가 매출과 순이익에 얼마만큼 영향을 미칠지 계산해보자.
2. 영업 이외에 비영업 부문에서 손실이 발생하고 있는지 추가 점검해보자.

6) 이익 지속형 (1) : LG가스(017940)*

* E1으로 변경

이익이 지속적으로 증가하는 이익 지속형 패턴이다. 2000년 4분기부터 횡보하던 순이익 지수가 2001년 3분기를 기점으로 추세적으로 상승하고 있다. 2002년 4분기에 소폭 하락하는 모습을 보이기도 했지만 2003년 1분기에 2002년 3분기 실적을 넘어설 정도로 강하게 반등하면서 기존의 상승 추세를 이어가고 있다.

주가는 큰 폭으로 오른 적이 없지만 대체로 순이익 지수와 연동되어 추세적으로 상승하는 이익 반영의 모습을 보이고 있다. 2003년 1분기에 2002년 4분기 순이익 감소 영향과 배당락 효과로 큰 폭으로 하락했지만 순이익 증가로 다시 가파르게 상승하면서 최고가를 갱신했다.

LG가스는 SK가스와 함께 LPG시장을 과점하고 있는 기업이다. 10년 이상 순이익이 연속 증가했으며 높은 진입장벽과 가격결정력을 바탕으로 향후에도 이러한 추세가 지속될 것으로 예상된다. 또한 거대 설비에 대한 공격적인 감가상각으로 회계상 비용을 미리 반영해 놓았기 때문에 미래에 추가로 발생할 비용이 없을 것으로 예상된다.

사업구조가 단순하고 과점적 지위를 누리는 기업의 경우 이익의 추세가 길게 이어지는 특징이 있다. 물론 LPG 수요 감소 등 위험 요인이 없는 것은 아니지만 주가 상승폭이 이익 상승폭보다 적어 어느 정도 이런 요인이 주가에 영향을 주고 있는 것으로 판단된다.

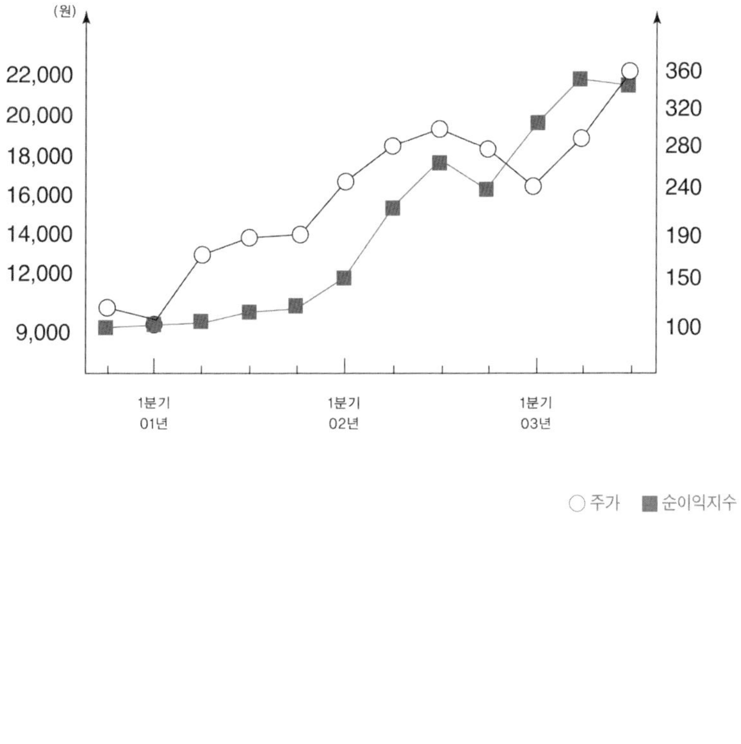

체크포인트

1. 경쟁업체인 SK가스와 각종 지표를 비교해보자.
2. 2002년 1분기부터 순이익 지수가 급격히 올라가게 된 배경을 파악해보자.

7) 이익 지속형 (2) : 풀무원(017810)

2000년 4분기 이후부터 증가하기 시작한 순이익이 2003년 2분기까지 단 한 번의 감소 없이 추세적으로 상승하는 전형적인 이익 지속형의 모습이다. 풀무원이라는 확고한 브랜드 파워를 바탕으로 높은 마진을 유지하고 있는데다가 건강에 대한 관심으로 수요가 계속 증가하고 있기 때문이다.

주가 역시 순이익 증가 추세를 반영하면서 꾸준히 상승하고 있다. 시장 상황에 따라 약간의 등락은 있었으나 추세적으로는 결국 주가가 기업가치에 수렴한다는 것을 보여주는 대표적인 경우다. 순이익이 추세적으로 상승하고 있는 가운데 기업가치 이외의 변수로 주가가 급락한 2002년 4분기가 매수 적기였다고 판단된다.

풀무원은 2000년까지만 해도 이른바 비인기주였다. 두부, 콩나물 팔아서 이익이 나봐야 얼마나 나겠느냐는 것이 시장의 의견이었다. 하지만 이미 그때부터 소비자의 욕구 변화는 일어나고 있었고, 풀무원은 성장하는 시장의 중심에 계속 서 있었다. 폭발적인 순이익 증가를 3분기 동안 보여주자 풀무원은 시장의 인기주로 거듭났다. 기업은 결국 이익으로 말한다. 이익이 증가하는 한 영원한 비인기주는 없다.

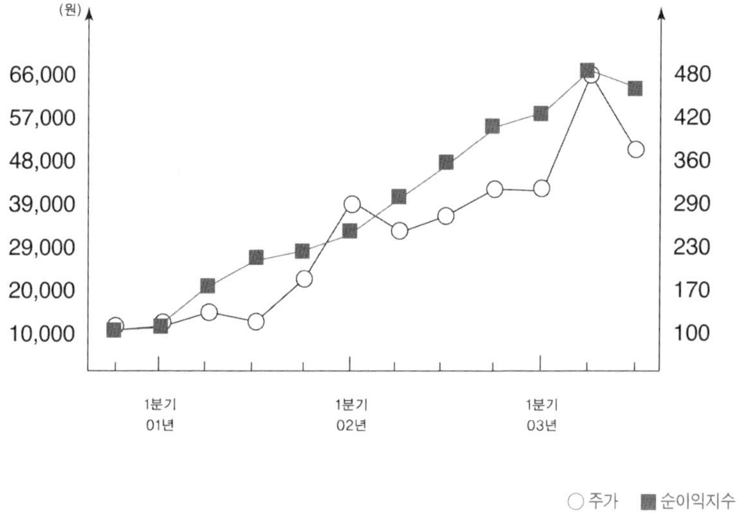

체크포인트

1. 풀무원의 순이익이 꾸준히 증가할 수 있는 원동력은 무엇인지 살펴보고, 어떤 제품군이 있는지 파악해보자.
2. 순이익 증가에도 불구하고 2002년 4분기에 주가가 큰 폭 하락했는데 어떤 외부변수가 발생했는지 기업 뉴스를 통해 그 원인을 알아보자.

8) 이익 지속형 (3) : 캠브리지(004620)

이익이 지속적으로 감소하면서 주가 또한 큰 폭의 내림세로 이어지는 전형적인 패턴이다. 순이익 지수가 2000년 4분기를 고점으로 계속 미끄러져 2003년 3분기에는 순이익 지수가 50 이하로 떨어졌다. 2002년 1분기부터 3분기까지 순이익 지수의 하락이 진정되는 듯 보였으나 지지에 실패하면서 결국 주가도 버티지 못하고 말았다.

캠브리지는 신사복 전문업체로 2002년부터 이어져온 내수경기 침체로 인해 매출이 감소세로 접어든데다가 재고 처리를 위한 할인판매율의 증가로 원가율이 급상승해 수익성이 대폭 저하되었다. 강력한 구조조정 이후 안정적 재무구조를 유지하고 있어 업계 최고 수준의 재무안정성은 강점으로 볼 수 있으나, 거대 장치산업인데다가 1위 브랜드가 없어 불황에 대한 내성이 없다는 결정적인 한계를 안고 있다.

순이익 감소가 일찍 나타났음에도 불구하고 주가가 상당 기간 일정 수준에서 유지된 이유는 탄탄한 자산가치가 브레이크의 역할을 해주었기 때문이다. 주가가 크게 하락한 2003년 2분기에도 5,000원 이하로는 떨어지지 않았다. 그러나 아무리 자산가치가 받쳐준다 하더라도 순이익이라는 촉매가 없는 이상 주가가 단기간에 오를 여지는 크지 않아 보인다.

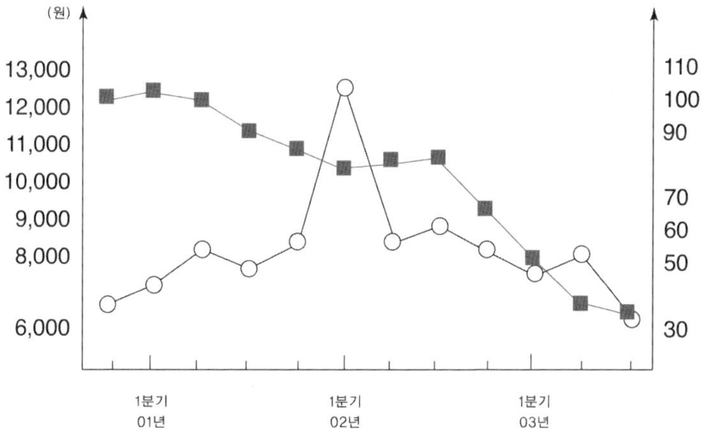

체크포인트

1. 정장이 캐주얼 혹은 숙녀복과 어떤 다른 특성이 있는지 알아보자.
2. 2003년 회계기준의 변경이 의류업에 미치는 영향을 살펴보고, 캠브리지의 경우 회계기준 변경이 순이익에 어느 정도의 영향을 미쳤는지 점검해보자.

CASE 9 순이익 — 매출지수

1) 이익 매출 성장형 (1) : 현대모비스(012330)

매출의 증가와 함께 순이익이 비례해서 오르는 이익 매출 성장형의 전형적인 패턴이다. 2000년 4분기부터 매출과 순이익이 단 한 번도 꺾이지 않는 폭발적인 성장의 모습을 보여주고 있다.

현대모비스는 현대차와 기아차의 A/S 부품 판매 및 차량제조용 부품을 제조·유통하는 회사로, 전방산업인 현대차와 기아차의 판매 증가로 인해 매출이 꾸준히 증가하고 있다. 모비스의 성장을 이끄는 또 다른 동력은 A/S 부품사업이다. 자동차 부품시장의 독점적 지위를 바탕으로 진출한 A/S 부품사업 부문의 영업이익률은 20% 이상이다. A/S 부품은 반복구매 상품이기 때문에 매출이 꾸준한 장점도 있다.

이와 같은 특징을 순이익-매출 지수에서 그대로 파악할 수 있다. 기존 사업이 호조를 보이고 있고 고마진 사업 부문이 추가되면서 매출 지수보다 순이익 지수의 증가폭이 더 가파르게 나타나고 있다. 이와 같은 모양은 특히 고정비용 수준을 넘기면 모두 다 순이익으로 남는 네트워크 효과를 가진 기업들이 매출 호조를 보일 때 자주 나타난다.

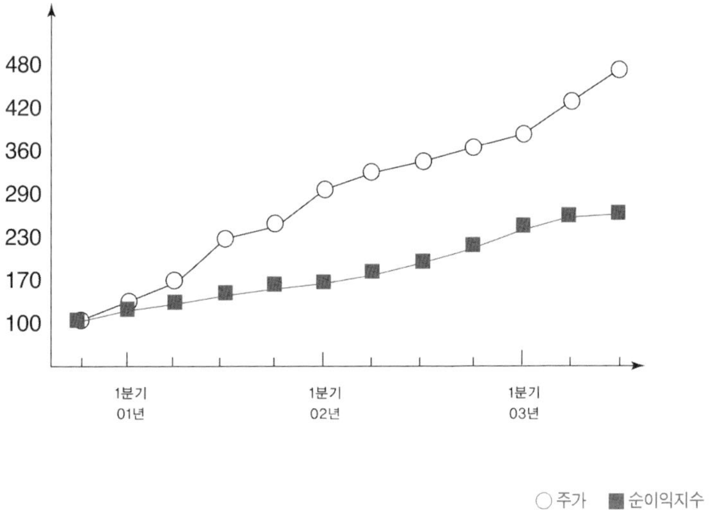

체크포인트

1. 2001년 3분기를 기점으로 매출 증가율보다 순이익 증가율이 더 높게 나타나기 시작했는데 그 이유를 알아보자.
2. 모듈과 A/S 부품사업 부문이 매출에서 차지하는 비중이 각각 얼마인지 살펴보고, 성장가능성과 이익률을 각 사업부문별로 분리해서 파악해보자.

2) 이익 매출 성장형 (2) : 신세계 I&C(035510)

순이익 지수가 2000년 4분기부터 2001년 4분기에 걸쳐 이중바닥형을 완성하고 추세적으로 상승하고 있다. 2001년 1분기, 지수 60을 바닥으로 2003년 2분기에 310까지 상승했다. 이러한 순이익 지수 상승에는 매출 지수의 추세적 상승이 크게 작용하고 있다. 매출 지수는 2000년 4분기 이후 완만한 속도로 꾸준히 증가해 2003년 2분기, 170 수준까지 상승했다. 매출 지수와 순이익 지수 모두 안정적인 모습이다.

신세계I&C는 신세계 계열의 SI업체다. 기존 SI사업이 호조를 보이는데다가 추가 사업부문인 EC사업, SW유통사업의 약진으로 안정적이고 수익성 높은 사업포트폴리오를 구축하게 되었다. 계열사인 신세계의 이마트 점포 수의 증가가 매출 증대에 기여를 하고 있으며, 실질적인 외형 성장에 따른 고정비 부담 완화로 영업이익 규모가 증가하는 가운데 이자비용 등 영업외수지도 안정되어 경상이익 규모도 증가하고 있다.

2003년 1분기부터 매출 지수가 다소 하락하고 있는데 이것은 유통업의 회계기준이 변경되었기 때문이다. 즉 매출 인식이 매출총액 기준에서 수수료 기준으로 바뀌어서 인터넷 쇼핑몰 부문의 매출액이 감소했다. 이때 매출이 감소했음에도 불구하고 이익이 감소하지 않은 이유도 여기에 있다.

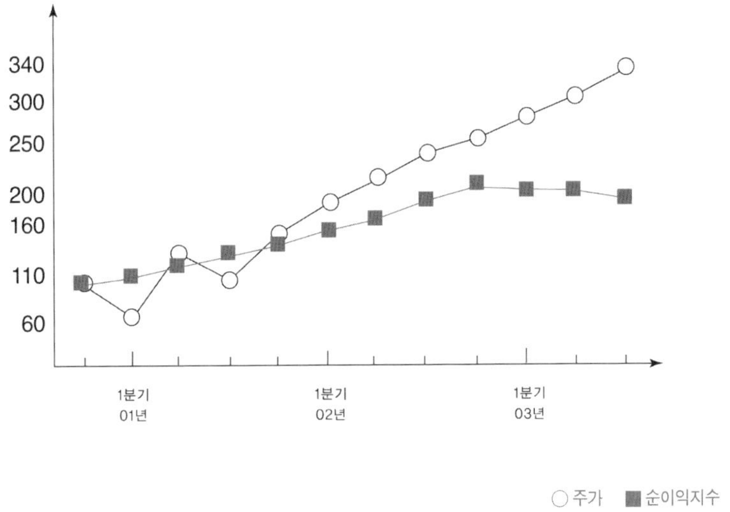

체크포인트

1. 이마트의 점포수 증가가 신세계I&C에 미치는 실질적인 영향을 살펴보자.

2. 2001년 4분기에 순이익 지수가 매출 지수를 뚫고 올라간 이유를 찾아보자.

3) 수익성 개선형 (1) : 한국철강(001940)*

* KISCO홀딩스로 변경

수익성 개선형은 매출이 고정되어 있는 가운데 순이익이 큰 폭으로 증가하는 패턴을 말한다. 한국철강은 전형적인 수익성 개선형의 모습을 보이고 있다. 3년간 매출액이 정체된 가운데 순이익은 꾸준히 늘고 있고 특히 2003년 1분기에 급격한 순이익 증가를 이뤘다.

한국철강은 원재료인 고철을 이용하여 철근 등을 제조·판매하는 제강업체다. 매출이 일정한 이유는 고성장 산업이 아닌 대신 수요가 꾸준하기 때문이고, 순이익이 증가한 이유는 구조조정의 성공으로 재무구조가 획기적으로 개선된 데 이어 제품 가격의 인상이 이뤄졌기 때문이다.

일단 구조조정의 일환으로 효율이 낮은 마산 공장과 창원 공장을 매각했고 매각대금으로 차입금을 줄였다. 이것은 재무구조의 개선과 함께 이자비용이 줄어 순이익 증가로 연결되었다. 또한 풍부한 현금을 바탕으로 알짜 회사이지만 단기적으로 자금 압박을 받고 있었던 환영철강을 싼값에 인수함으로써 지분법평가이익이 발생해 순이익이 급격히 늘어났다. 영업 면에서는 건설경기 호황으로 건설 자재인 철근에 대한 수요가 늘어 판매 단가가 상승한 점도 순이익 증가에 일조했다.

매출이 정체하고 있다고 해서 이익까지 정체한다는 편견은 버려야 한다. 제품 단가의 인상, 구조조정 등 매출이 일정하더라도 순이익을 올릴 수 있는 방법은 매우 많다.

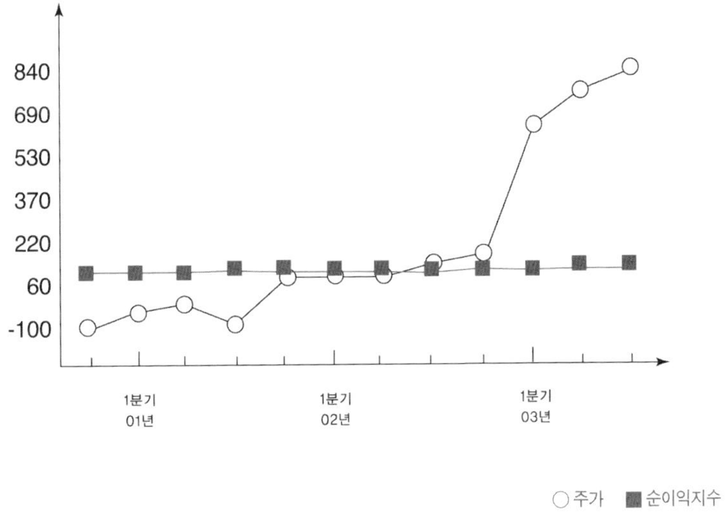

체크포인트

1. 수익성 증가 요인이 영업 부문의 영향인지 비영업 부문의 영향인지 살펴보자.
2. 다른 기업을 인수한 경우 가격이 적당하게 치러졌는지 살펴보고, 지분법평가이익에 얼마나 기여할 수 있는지 예측해보자.

4) 수익성 개선형 (2) : 선창산업(002820)*

* SUN&L로 변경

매출 지수가 완만한 증가세를 이루는 가운데 순이익이 적자에서 흑자로 반전해 이후 추세적으로 증가하는 수익성 개선형 패턴이다. 매출지수가 2001년 3분기, 90 수준에서 지속적으로 상승하면서 2003년 2분기, 140 수준에 이르렀다. 이런 매출 지수의 증대가 순이익 지수 상승으로 이어지면서 2001년 3분기, -100에서 2003년 2분기, +40까지 상승했다.

선창산업은 합판 및 MDF를 전문 생산하는 업체로 국내 도시민들의 생활수준 향상과 노령화 인구의 증가로 인해 목재 수요가 늘어나면서 매출액이 꾸준히 증가하고 있다. 앞서 언급된 이건산업의 경우와 마찬가지로 목재 산업의 재편 과정에서 끝까지 살아남은 선창산업도 살아남은 자의 기쁨을 누리고 있다.

선창산업의 수익성 개선에 있어 특징은 몇 년에 걸친 공격적인 감가상각으로 더 이상 털어낼 자산이 없는 상황에 들어서면서 회계상의 이익이 증가했다는 데 있다. 선창산업의 순이익 지수가 2001년과 2002년 상반기까지 마이너스를 기록한 이유는 설비증대에 따른 감가상각비를 공격적으로 반영했기 때문이다. 이 상황이 종료되고 감가상각이 마무리되었던 2002년 하반기 이후부터는 순이익 지수가 플러스로 전환되면서 순이익이 지속적으로 증가하는 모습을 볼 수 있다.

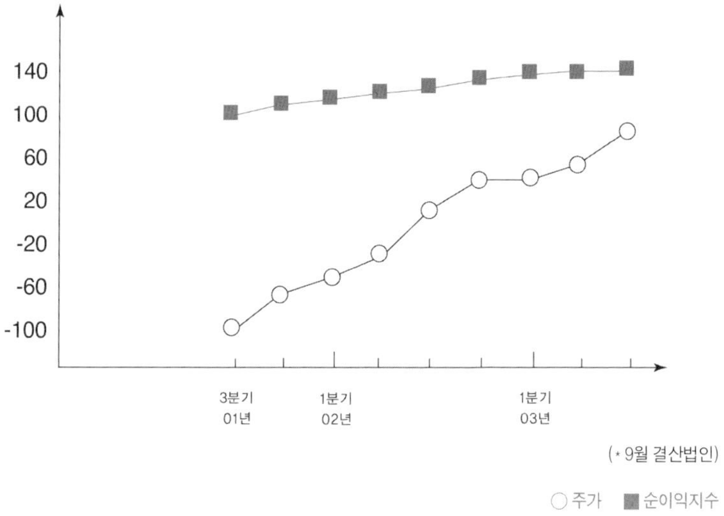

체크포인트

1. 감가상각 방법이 정액법인지 정률법인지 살펴보고, 감가상각 추이가 이익에 미치는 영향을 계산해보자.
2. 추가적인 설비투자로 대규모 감가상각이 또 발생할 여지가 있는지 알아보자.

CASE 13 순이익 — 매출지수

5) 이익 매출 반전형 (1) : SJM(025530)*

* SJM홀딩스로 변경

매출과 이익이 일정 시점을 기점으로 증가세로 돌아서는 이익 매출 반전형 패턴이다. 그 중에서도 원형바닥형의 모습에 가깝다. 매출 지수는 2002년 4분기에 원형바닥형을 완성하면서 증가 추세로 전환했고, 순이익 지수는 2001년 3분기 이후 지속적인 하락세를 나타냈으나 2002년 2분기와 2003년 1분기를 통해 이중바닥형을 완성하면서 순이익 지수가 상승 추세로 반전되었다.

SJM은 세계적 경쟁력을 보유한 자동차용 벨로우즈 생산업체로 벨로우즈 분야에서 세계 최고의 경쟁력을 보유하고 있다. 매출 지수와 순이익 지수가 상승 추세로 반전될 수 있었던 결정적인 이유는 경쟁력 있는 제품을 국내 완성차업체에 납품하는 것 외에도 중국과 미국 등 매출처를 다변화해 직수출 물량을 확대했기 때문이다. 또한 매출 확대와 함께 한국칼소닉, SJM Flex 등 자회사의 지분법평가이익이 증가하면서 순이익도 크게 증가했다.

무차입 상태로 이자비용 등 영업외비용이 발생하지 아 매출 증대를 통한 영업이익 증가가 순이익 증가로 그대로 연결되는 선순환 구조를 가지고 있는 점도 매력적이다. 단, 자동차부품업체의 태생적 한계이기도 한데, 이익률이 낮을 뿐 아니라 완성차업체로부터 지속적인 이익률 하락 압력을 받는다는 점은 디스카운트 요인으로 지적된다.

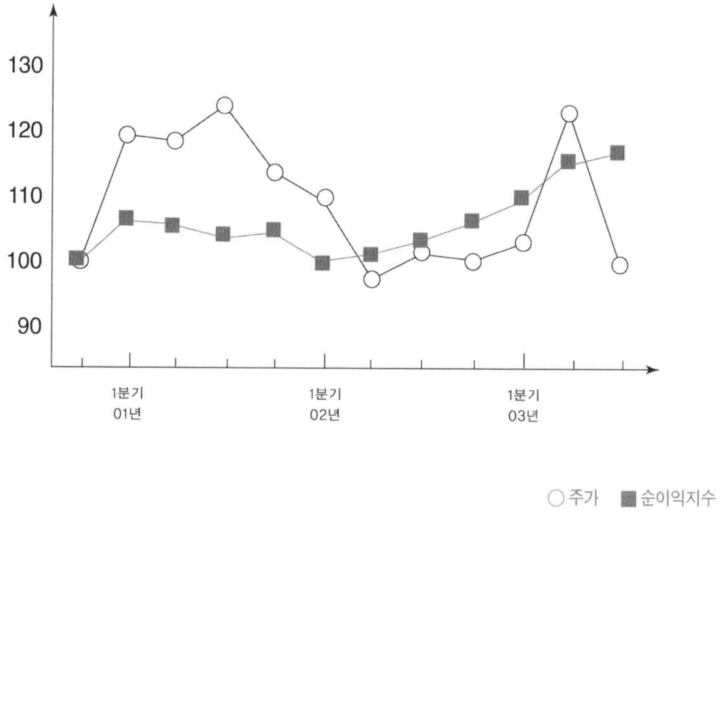

체크포인트

1. 완성차업체와 거래를 계속 유지할 수 있는지의 여부를 살펴보자.
2. 전방 산업인 완성차의 업황이 어떠한지 지속적으로 점검하자.

6) 이익 매출 반전형 (2) : 코리아나(027050)

이익 매출 반전형 패턴 중에서도 매출과 순이익이 하락하는 원형천장형의 모습이다. 2001년 4분기까지 정체되던 매출액이 매출액지수 118을 고점으로 서서히 줄어들면서 원형천장을 완성했다. 순이익 지수는 2002년 2분기를 기점으로 매출액 지수 하락폭보다 훨씬 큰 폭으로 떨어지면서 적자를 시현했다.

코리아나는 화장품업체로 한때 일련의 히트상품으로 호황을 누렸으나, 2002년부터 불어 닥친 본격적인 경기불황으로 인한 수요 감소, 직접판매 중심의 비효율적인 유통망, 마케팅 능력 부재, 브랜드 파워 부재 등의 여러 가지 복합적인 악재로 매출이 감소했다. 또한 매년 일정하게 소요되는 고정비 부담으로 순이익은 더 큰 폭으로 하락한 상태다.

원형천장의 완성은 서서히 이뤄지지만 완성 후에는 급격한 움직임을 나타내는 특징이 있다. 코리아나도 마찬가지로 원형천장형 완성 이후 매출액 감소가 크게 나타나고 있다. 화장품업계의 과당 경쟁이 지속되고 강력한 1, 2위 업체가 후발주자와의 격차를 더 벌림으로써 당분간 매출액 감소세가 이어질 것으로 예상된다.

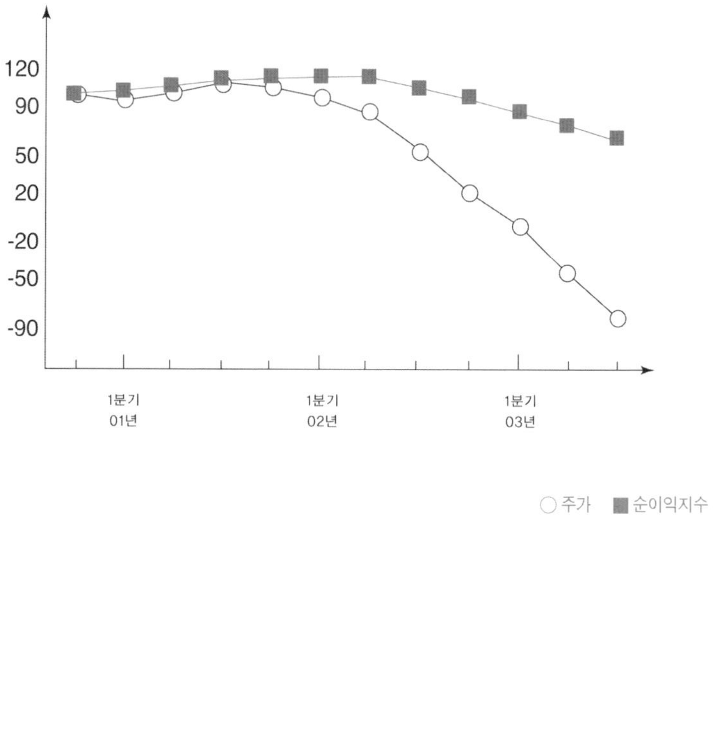

체크포인트

1. 매출액 감소율 보다 순이익의 감소율이 더 큰 이유가 무엇인지 매출원가, 판관비 등의 계정을 통해 알아보자.
2. 매출액과 순이익을 끌어올릴 히트상품이 나올 수 있는지 지속적으로 점검해보자.

7) 이익 매출 지속형 (1) : 계룡건설(013580)

매출액 지수가 지속적으로 상승하면서 순이익 지수 또한 한 단계 레벨업 되는 이익 매출 지속형 패턴이다. 2001년 상반기까지는 순이익 지수와 매출 지수의 차가 크지 않았으나 2002년 하반기부터 순이익 증가율이 매출 증가율을 앞서기 시작한 후 그 차가 벌어지기 시작해 2002년 4분기에 절정을 이루고 있다.

계룡건설은 대전 지역에 기반을 둔 지역 건설업체다. 지역 기반 기업이라는 것이 디스카운트 요인이 될 수도 있으나, 역으로 지역독점형 업체에 가깝다는 점에서 매출과 이익이 꾸준하다는 장점이 있다. 특히 계룡건설은 건설업체 중 재무구조가 우량하기로 유명하다. 우량한 재무구조로 IMF를 무사히 넘긴 이후 2001년 하반기 건설업의 활황을 만나 급격한 매출, 이익 증가세를 보였다.

일반적으로 건설업은 매우 위험한 업종으로 여겨지는 경향이 있는데 토목을 위주로 하는 건설업체들은 일반적인 생각과는 달리 안정적인 영업 기반을 가지고 있다. 2000년 4분기부터 보여준 계룡건설의 실적은 건설업에 대한 부정적인 편견을 날리기에 충분하다.

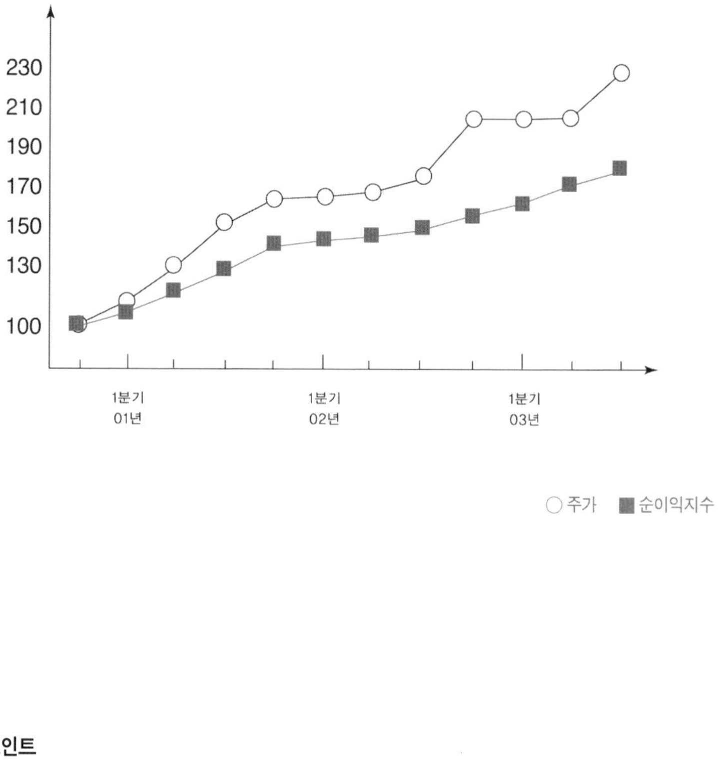

체크포인트

1. 전자공시에서 수주잔고를 체크해 매출의 지속 가능 여부를 타진해보자. 건설업체는 매출과 이익도 중요하지만 수주잔고도 유심히 살펴봐야 한다.
2. 대전 지역에서 계룡건설이 가진 인지도와 경쟁력을 알아보자.

8) 이익 매출 지속형 (2) : 유진종합개발(023420)

매출 지수가 2001년 2분기 이후 점진적인 상승을 지속하면서 추세적으로 상승하고 있다. 순이익 지수는 2001년 1분기를 바닥으로 계단식으로 상승해가면서 이익 매출 지속형의 패턴을 유지하고 있다.

유진종합개발은 레미콘 및 아스콘을 생산하는 업체로서 수도권에 기반하고 있다. 레미콘 사업은 지역별로 업체가 시장을 분할하고 있다. 레미콘은 시간이 지나면 굳어버려 장거리 운반을 할 수 없기 때문이다. 또한 레미콘은 전방산업인 건설경기에 아주 민감하게 반응하는 업종이다. 2000년 이후 유진종합개발의 매출과 이익이 증가한 이유는 건설 경기의 호조세에 기인한다.

다만 레미콘의 주원료인 시멘트를 몇 개 업체가 과점하고 있어 공급이 불안할 수 있다는 한계가 있다. 2003년 2분기부터 매출과 이익이 정체하는 모습을 보이는 것도 시멘트 공급이 원활치 못했기 때문이다. 건설 경기의 추이와 함께 시멘트 공급의 안정성까지 점검해야 하는 이유가 여기에 있다.

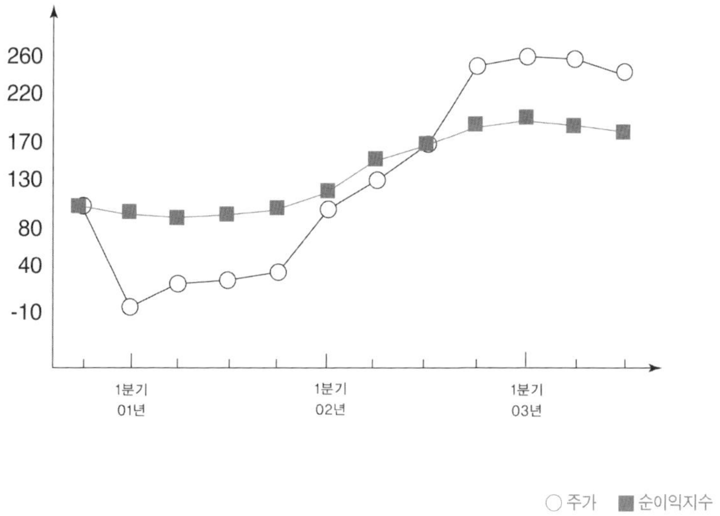

체크포인트

1. 2003년에 시멘트 업체와 어떤 분쟁이 있었는지 기업 뉴스를 통해 살펴보자.
2. 유진종합개발의 레미콘 기지가 어디에 위치해 있는지 살펴보고 주위에 대규모 공사가 진행 중인지 점검해보자.

1) 동시성장형 (1) : 한일시멘트(003300)*

* 한일홀딩스로 변경

매출액과 영업이익, 경상이익, 당기순이익이 지속적으로 증가하는 이상적인 패턴이다. 매출액이 단 한 분기의 예외도 없이 증가하면서 외형이 증가하고 있다. 영업이익과 경상이익 또한 매출액 증가와 더불어 추세적으로 상승하고 있다.

한일시멘트와 같이 매출액 및 각종 이익이 지속적으로 상승하는 경우는 그리 흔치 않다. 이는 기업이 속해 있는 업종이 호황이고 기업의 재무구조가 양호하며 가격결정력을 가져야 하는 등 삼박자가 모두 맞아 떨어져야 가능한 일이다.

차트의 모양상 특징적인 것은 경상이익이 영업이익에 못 미치는 상태가 지속되다가 2003년 들어서면서부터 이 격차가 급격히 줄어들고 있다는 점이다. 이것은 이자비용, 지분법평가손실 등 과다한 영업외손실이 점차 줄어들고 있다는 신호다. 시멘트업체들은 풍부한 현금흐름을 바탕으로 비관련사업으로 진출했다가 쓴 잔을 마셨다는 공통점이 있는데 이런 약점이 해소되고 있는 점이 긍정적이다. 경상이익이 영업이익 수준에 근접하면 기업가치의 한 단계 업그레이드가 가능해 보인다.

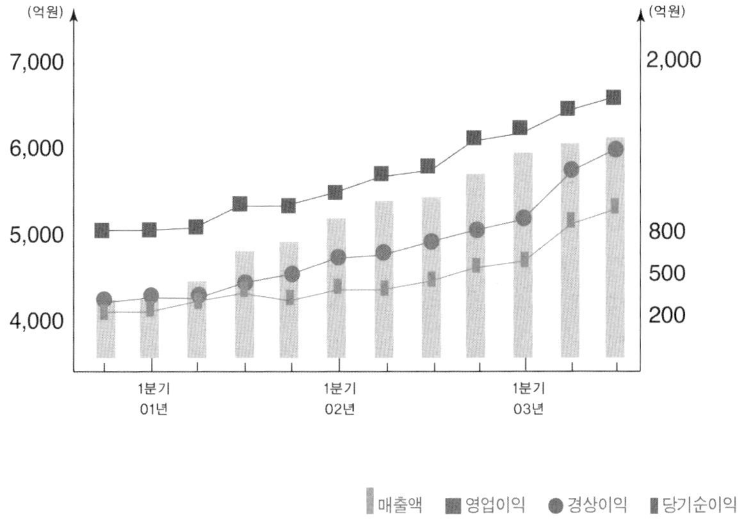

체크포인트

1. 비관련사업 다각화가 합리적인 수준에서 진행되는지 점검해보자.
2. 이자비용과 지분법평가손실 등을 감안해 향후 경상이익이 얼마나 증가할 수 있는지 계산해 보자.

2) 동시성장형 (2) : 동양고속건설(005900)

매출액이 2000년 4분기 이후 꾸준히 증가하는 가운데 영업이익 등 각 부문의 이익이 추세적으로 상승하고 있다. 이익은 전체적으로 2002년 3분기에 소폭 하락하였지만 다음 분기에 바로 상승하면서 추세적 상승을 이어가고 있는 동시성장형의 모습이다.

동양고속건설은 토목사업을 위주로 하는 중견 건설회사다. 사명에서도 알 수 있듯이 고속버스사업도 같이 영위하고 있지만 매출액 대비 11% 수준에 불과하다. 동양고속건설은 2001년 주택시장이 활황을 보이자 수익성이 상대적으로 뛰어난 자체공사의 비중을 늘리면서 매출액과 각 이익 부문이 급성장세를 보이고 있다.

토목이나 도급공사는 꾸준하고 안정적인 매출을 올릴 수 있다는 장점이 있지만 수익성은 그리 좋지 않다. 반면 자체공사는 회사 자체적으로 토지의 구입부터 시공, 분양까지 책임을 지기 때문에 수익성이 높지만 그만큼 위험부담이 있다. 따라서 사업포트폴리오의 안정성과 시기에 따른 포트폴리오 조정 능력이 매우 중요하다.

동양고속건설은 운송 부문, 자체공사, 도급 및 토목 부문이 고루 균형이 잡혀 있어 어느 중소형 건설회사보다 사업의 안정성이 뛰어나다고 평가받고 있다. 다만 일련의 사건으로 인한 지배구조의 취약성이 단점으로 지적된다.

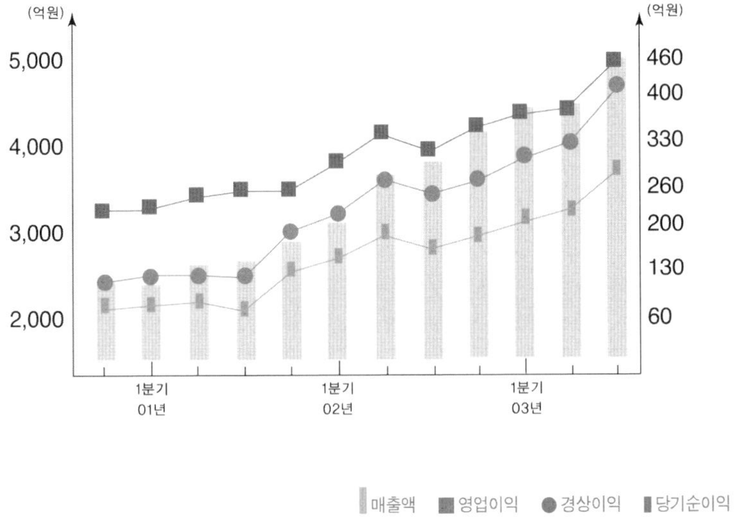

체크포인트

1. 경상이익과 영업이익의 괴리가 점차 줄어들고 있는 원인을 알아보자.

2. 주택시장 경기변화에 따른 동양고속건설의 대응력을 평가해보자.

3) 영업이익 우위형 : 삼화왕관(004450)

영업이익 우위형은 한마디로 영업으로 벌고 영업외로 까먹어서 경상이익이 영업이익보다 적게 나오는 패턴을 말한다. 다음의 차트는 전형적인 영업이익 우위형이다. 2002년 4분기 대규모 일회성 비용의 발생으로 영업이익과 경상이익이 큰 괴리를 보이고 있다.

두산그룹 계열사인 삼화왕관은 지배구조상 다른 두산그룹 계열사를 자회사로 두고 있다. 자회사가 잘만 했다면 지분법평가이익이 발생했겠지만 불행하게도 자회사인 두산건설이 대규모 적자를 내면서 삼화왕관 역시 대규모의 지분법평가손실과 투자유가증권 처분손실을 안게 되었다. 2002년 4분기 순이익이 적자로 반전한 이유도 영업이익보다 이자비용과 지분법평가손실이 더 컸던 탓이다.

삼화왕관은 병뚜껑을 제조하는데, 병뚜껑은 아무나 만들 수 없다는 특징이 있다. 국세청에서 지정한 업체만이 제조 권한을 가지기 때문이다. 따라서 매출과 영업이익이 급격히 늘어나지는 지만 꾸준하다는 장점이 있다. 따라서 일회성 비용이 발생하지 아 경상이익이 영업이익 수준으로 원상회복된다면 폭락한 주가를 만회할 수 있는 가능성이 있다.

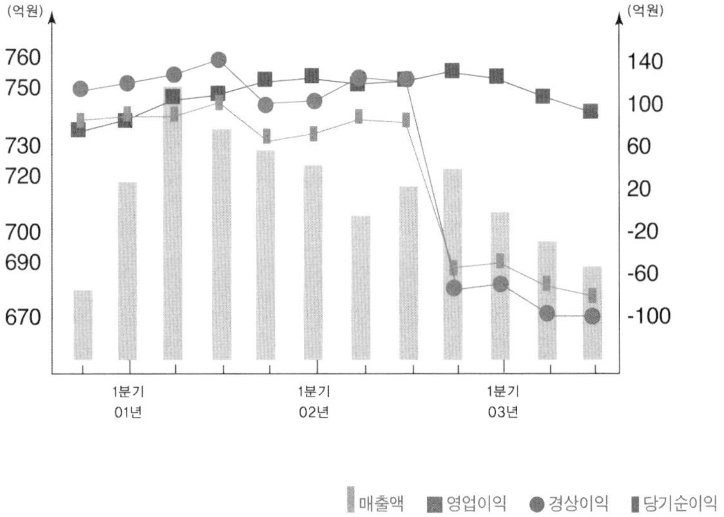

체크포인트

1. 삼화왕관의 전방산업인 음료 및 주류의 업황을 살펴보자.

2. 자회사가 흑자 반전될 수 있는지의 여부를 예측해보자.

4) 경상이익 우위형 : 선광(003100)

영업이익 우위형과는 반대로 경상이익이 영업이익보다 더 크게 나오는 경상이익 우위형 패턴이다. 2002년 4분기를 기점으로 영업이익은 줄어드는 반면 경상이익과 순이익은 지속적으로 증가하고 있다. 영업 이외의 부문에서 꾸준히 이익이 증가하고 있다는 신호다.

경상이익이 갑자기 증가한 시점이 2002년 2분기인 것으로 미루어 이즈음에 영업외 부문에서 큰 변화가 생겼던 것으로 보인다. 통상적으로 영업이익보다 경상이익이 크게 나오는 경우는 세 가지 정도다. 첫째, 이자수익이 크게 일어나는 경우, 둘째, 취득원가 이상으로 투자자산을 매각하는 경우, 셋째, 우량 자회사가 영업을 잘해 모회사에게 지분법평가이익을 안겨줄 때에 나타나게 된다. 이중 선광은 세번째 경우에 해당한다.

선광의 본 사업은 항만하역이다. 그러나 사업다각화의 일환으로 금융사를 연달아 인수했다. 가장 큰 자회사는 썬캐피탈로 추가 인수를 통해 개발리스, 주은리스 등을 다시 자회사로 거느리고 있다. 이 부문이 큰 이익을 창출하면서 선광에 대규모 지분법평가이익을 안겨주고 있다. 비관련사업이 이익에 미치는 영향이 크다는 면에서 부정적일 수도 있지만, 어쨌든 이익이 창출되고 있기 때문에 기업가치가 증가하고 있다는 점은 부정할 수 없는 사실이다.

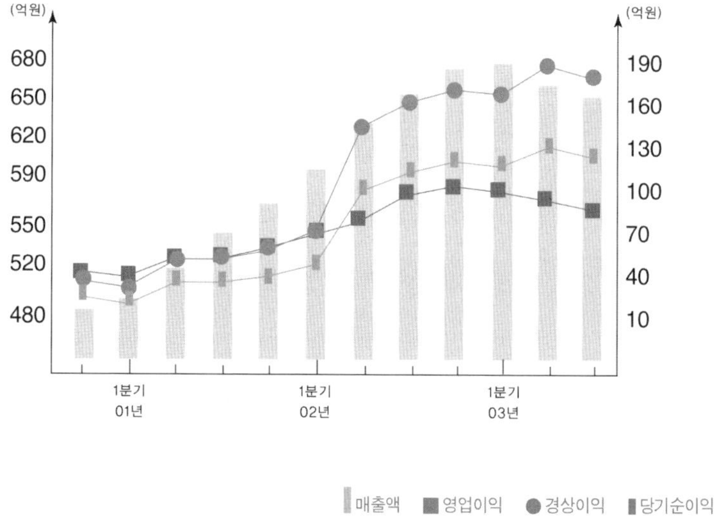

체크포인트

1. 선광의 항만하역 위치가 어디인지 파악해보고, 영업이익이 증가할 가능성이 있는지 살펴보자.
2. 자회사로 있는 리스회사들이 대규모 이익을 올리는 이유가 무엇인지 알아보자.

5) 종합 반전형 (1) : POSCO(005490)

매출액, 영업이익, 경상이익, 당기순이익 모두 2002년 2분기를 기점으로 원형바닥을 완성하면서 추세적 반전에 성공하였다. 매출액의 경우 2002년 4분기에 2000년, 2001년 4분기 수준 이상을 기록하면서 업황의 개선을 예고하였다. 매출액 증가폭만큼 각 부문의 이익이 증가하여 가격경쟁력도 유지되고 있는 것으로 풀이된다.

원형바닥형의 특징은 추세의 형성은 천천히 그리고 완만히 완성되지만 완성 후에는 증가 폭이 상당히 커진다는 점이다. 앞의 INI스틸의 예와 같이 POSCO의 경우도 원형바닥 완성 이후 증가폭이 커짐을 알 수 있다.

POSCO는 고로 생산방식의 일관종합제철소로 세계 1위의 제철회사다. 2000년 이후 지속된 세계 경기의 하강과 국내 경기의 불황으로 철강의 수요 감소가 이어졌다. 그러나 2002년 2분기를 고비로 중국 경제 성장과 동북 3성 프로젝트로 중국의 철강 수요가 폭발적으로 증가하면서 매출이 극적으로 증가하였다. 중국의 폭발적인 원재료 수입으로 철광석과 니켈 가격이 급등하면서 원가 부담이 증가하고 있지만, 압도적인 시장지위로 원가 상승을 빠르게 제품 단가로 전이하면서 영업 마진을 유지하고 있다.

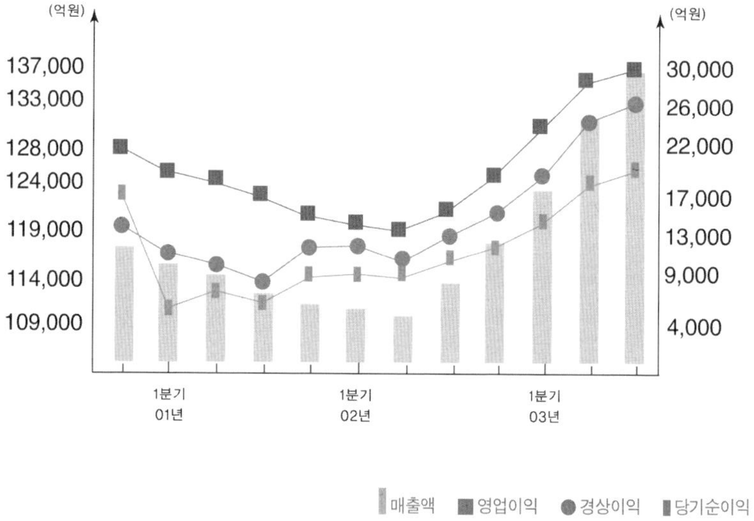

체크포인트

1. POSCO가 중국에 수출하는 비중이 어느 정도인지 살펴보고, 수출 단가 추이를 살펴보자.

2. 철강석, 니켈 등의 가격 동향과 POSCO의 제품 단가 추이를 비교하여 보자.

6) 종합 반전형 (2) : 동일방직(001530)*

* DI동일로 변경

매출액, 영업이익, 경상이익, 당기순이익 모두가 하락세로 반전하는 이중천장형의 모습을 보여

주고 있다. 매출액은 2002년 4분기에 전고점인 1,600억 원 돌파에 실패하면서 이중천장이 완성되었고, 영업이익, 경상이익, 당기순이익 역시 2002년 4분기에 전고점 돌파에 실패해 이중천장이 만들어졌다.

이중천장형은 기존의 상승 추세에서 하락 추세로의 전환을 시사하는 것으로 매우 부정적인 신호다. 매출액이 반전되었다는 것은 성장세가 멈추고 외형이 축소됨을 의미하고, 각종 이익이 반전되었다는 것은 주주에게 돌려줄 재원이 축소됨을 의미한다. 게다가 3분기 이상 하락세가 지속됨으로써 하나의 추세를 이뤘다는 점이 향후 전망을 밝게 볼 수 없는 이유다.

동일방직은 면사를 만드는 업체로 동일레나운, 동일패브릭 등 자회사를 통한 지분법평가이익이 손익에 결정적인 영향을 미치는 특징을 가지고 있는데, 2002년 들어 내수 침체로 인해 패션 자회사의 실적이 악화일로에 접어들었다. 경상이익 하락률이 매출액과 영업이익 하락률보다 상대적으로 크게 나타나는 이유도 여기에 있다. 실적이 줄어들었을 뿐 대규모 적자를 내지는 않았다는 점은 불행 중 다행이다.

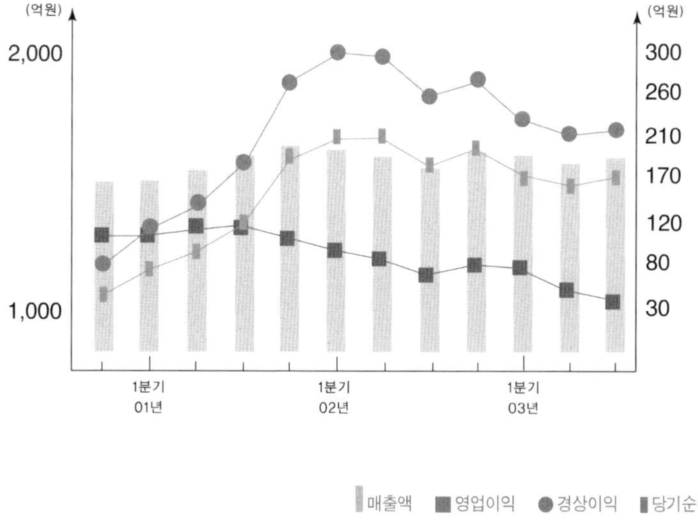

체크포인트

1. 자회사의 실적과 지분율을 파악해 지분법평가이익이 동일방직에 미치는 영향을 알아보자.
2. 매출액과 이익이 감소한다면 이것이 지속될 것인지 일시적인 감소로 끝날 것인지를 예측해 보자.

7) 종합 지속형 (1) : 한독약품(002390) *

* 한독으로 변경

매출액, 영업이익, 경상이익, 당기순이익 모두가 한 번의 감소도 없이 지속적으로 상승하고 있는 종합 지속형 패턴이다. 특이한 점은 매출액이 올라가는 것과 비례해서 영업이익, 경상이익, 당기순이익이 거의 같은 비율로 상승하고 있다는 점이다.

매출액 증가가 동등한 비율의 이익 증가로 이어진다는 것은 재무구조가 매우 우량하고 부실 자회사나 부실화된 투자가 거의 없다는 것을 의미한다. 또한 제약 업황이 좋지 않았던 2003년에도 매출액이 꾸준히 상승하고 있는데, 한독약품이 강점을 가지는 부문인 오리지널 의약품 시장에서 한독약품의 영향력이 점차 확대되고 있음을 짐작할 수 있다.

종합 지속형은 기업이 전체적으로 올바른 방향으로 가고 있음을 알려주는 가장 좋은 패턴이다. 3년간 외부 환경의 변화가 다양하게 일어나고 있음에도 불구하고 지속적인 성장을 하고 있는 것은 한독약품의 탄탄한 경쟁력을 알려주는 좋은 신호다. 특히 한독약품의 차트는 2003년 3분기까지 같은 기울기로 성장하다가 2003년 4분기에 기울기가 더 가팔라졌다. 이익이 한 단계 더 업그레이드되는 전환점이 된다면 기업가치는 더 빠른 속도로 재평가를 받을 수 있을 것이다.

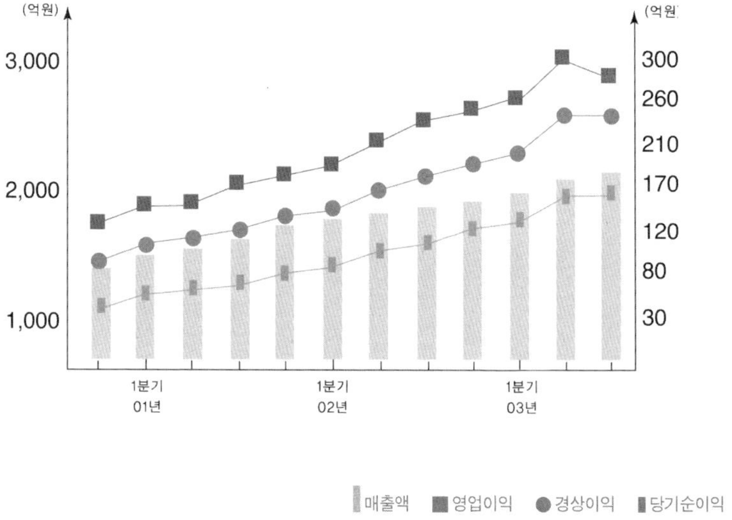

체크포인트

1. 한독약품의 제품들을 이해해보자.

2. 한독약품이 오리지널 약품을 다수 보유하고 있는 이유를 대주주와 연관지어 생각해보자.

8) 종합 지속형 (2) : 부산산업(011390)

매출액이 2000년 4분기부터 2002년 3분기까지 저성장 국면에 머물렀으나 2002년 4분기를 기점으로 급격히 증가하는 모습을 보이고 있다. 매출의 증가로 영업이익, 경상이익, 당기순이익 모두 매출액 증가폭만큼 증가하였다. 주목할 점은 각 부문의 이익의 차이가 거의 없이 같은 폭으로 증가하고 있다는 점이다.

각 이익의 차이가 없이 증가한다는 것은 영업으로 벌어들인 수익이 이자나 기타 영업외적 비용으로 새어 나가지 않고 순이익으로 고스란히 쌓인다는 것이다. 이런 모습을 나타내는 기업의 특징은 재무구조가 아주 견실하여 차입금이 낮거나 거의 없으며 비영업 관련 부문에 투자를 하지 않고 있다는 점이다. 한 우물을 파는 기업에 많이 나타나는 모습이다.

부산산업은 부산 및 경남지역을 대상으로 레미콘을 제조·공급하는 업체다. 레미콘사업은 전방산업인 건설 경기에 매우 민감하게 반응한다. 2000년 이후 하락했던 부산지역 건설 경기가 2001년 이후 조금씩 살아났고, 2002년 부산 아시안게임을 거치면서 본격적으로 상승 국면을 맞이했다. 전방산업의 호조와 맞물리면서 레미콘의 수요도 증가해서 지역 독점업체인 부산산업의 매출이 급증하기 시작했다. 부산산업은 차입금을 꾸준히 줄여 낮은 부채비율을 유지하고 있으며 비영업관련 분야에 투자를 하지 않고 있는 전문업체다.

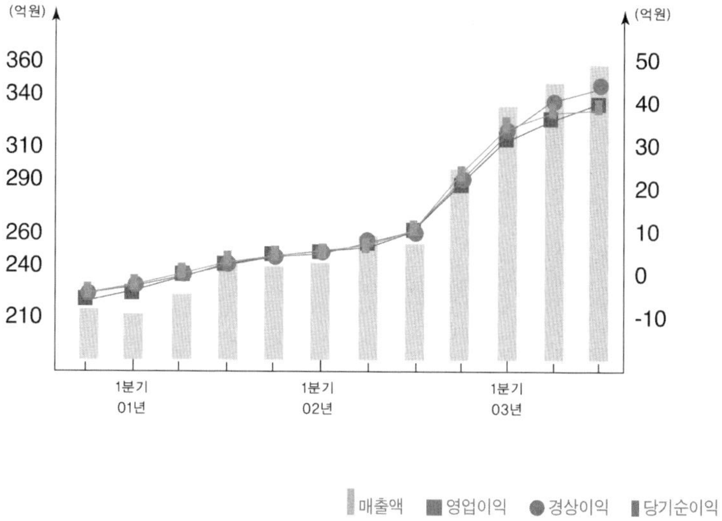

체크포인트

1. 시멘트 공급이 원활하게 이루어지고 있는지 알아보자.

2. 부산산업의 부산 지역 레미콘 시장 점유율이 어느 정도인지 살펴보자.

| 알아봅시다 |

성장에 대한 오해

투자자들은 '성장'이라는 말을 좋아합니다. 성장이 가장 확실한 기업 가치 상승의 동력인 것은 누구나 다 아는 사실입니다. 주식시장도 성장주를 좋아합니다. 성장을 구가하는 회사는 높은 PER와 PBR를 적용받습니다. 그래서 투자자들은 매출과 이익이 폭발적으로 늘 수 있는 아이템을 가진 성장주를 찾고자 노력합니다.

그러나 성장을 너무 단순하게 보는 것도 투자자들의 오해 중 하나입니다. 많은 투자자들이 대단한 히트상품, 신사업, 신시장 개척 등에서만 성장이 나올 수 있다고 생각합니다. 그러다 보니 이제 막 시장을 개척해 상품을 내놓고 1~2년 반짝 폭발적인 성장률을 보여주는 기술주가 성장주와 혼동되기도 합니다. 반면 오랜 업력과 시장지배력을 가진 소위 가치주들은 이제 시장을 차지할 만큼 차지해서 더 이상 성장할 여력이 없다고 여겨지기도 합니다. 하지만 성장이 꼭 새로운 시도에서 나오는 것만은 아닙니다.

기업이 성장할 수 있는 방법은 세 가지입니다. 첫째는 대부분의 투자자들이 생각하는 것처럼 새롭게 시도한 것이 성공할 때 나타나는 성장입니다. 히트상품 선정, 중국시장 진출 성공 등의 뉴스는 기업을 성장주로 재정의해줍니다.

둘째는 제품 가격을 올려서 나타나는 성장입니다. 판매량은 그대로이더라도 제품단가가 올라갔는데 수요가 줄어들지 않으면 전체 매출액은 증가합니다. 그리고 투입량이 그대로이기 때문에 순이익의 증가는 매출액 증가보다 크게 나타납니다. 이 경우는 기업이 소비자에 대해 독점력을 가질 때만 가능합니다.

셋째는 남의 떡을 빼앗아서 나타나는 성장입니다. 예를 들어 A회사와 B회사가 시장을 양분하고 있었는데 B회사가 무너지면 B회사가 점유하던 시장을 A회사가 그대로 가져와 성장을 구가할 수 있습니다. 남의 불행이 곧 나의 행복인 셈입니다. 이 경우는 오랫동안 몇몇 회사가 균형을 이루어 오던 시장에서 가끔 일어납니다.

가치투자자가 주목해야 할 성장은 둘째, 셋째 경우입니다. 첫째 경우를 발견하면 좋겠지만 예측이 쉽지 않을 뿐만 아니라 새로운 일을 추진하는 것은 위험을 수반합니다. 그 위험을 같이 떠안는 것은 무모한 시도입니다. 반대로 둘째, 셋째 경우는 예측 가능하고 효과가 즉시 나타난다는 장점이 있습니다. 투자자 입장에서는 첫째 경우보다 훨씬 안전한 선택입니다. 이러한 성장의 여러 가지 속성을 고려한다면 가치주는 성장주의 반대 개념이 아니라 할 수 있습니다.

성장이라는 단어를 한 가지 틀에 넣어 보지 않고 넓은 안목을 유지하는 투자자에게는 보다 많은, 안전한 기회가 기다리고 있습니다. 두번째 성장의 의미를 알고 있는 투자자는 농심을 발굴할 수 있었을 것이고, 세번째 성장의 의미를 알고 있는 투자자는 롯데칠성과 롯데제과를 발굴할 수 있었을 것입니다.

6 이익률 지수

마진의 이해

세상에서 믿어서는 안 되는 세 가지 거짓말이 있다고 합니다. 돈이 싫다는 말, 노인의 빨리 죽어야 한다는 말, 장사꾼의 밑지고 판다는 말이 그것인데, 특히 장사꾼의 말은 믿을 것이 못 되어서 남지 않는 장사를 한다고 하면서도 매일 그 자리에서 열심히 물건을 파는 모습을 보게 됩니다.

김정태 행장이 자신을 장사꾼이라고 표현한 적이 있는 것처럼 기업활동이라는 것도 장사와 마찬가지입니다. 물건을 만들든지, 유통시키든지, 아니면 서비스를 제공하고 대가를 받든지 모두 장사의 범주에 속합니다. 차이가 있다면 기업의 자료는 공개가 되기 때문에 장사꾼들이 흔히 얘기하는 '남지 않는다'는 거짓말이 통하지 않는다는 점입니다.

일단 기업의 존재 이유가 '이익을 남기는 것'이라면, 문제는 '얼마나 남기느냐'하는 것입니다. 이것을 마진margin이라고 합니다. 마진은 매출액 대비해서 얼마의 이익이 나느냐를 나타내며, 이익 기준에 따라 영업이익률, 경상이익률, (당기)순이익률 등으로 표현됩니다. 예를 들어 이익률이 10%라면 100원짜리를 팔았을 때 10원을 남겼다는 의미입니다. 통상적으로는 제품이나 서비스의 단가가 높고 저비용 구조를 가진 기업을 고마진 기업이라고 부릅니다.

기업들은 높은 마진을 확보하기 위해 혼신의 노력을 다합니다. 독보적인 기술력을 확보해 자기만의 제품을 만들려고 하는 것도 높은 마진 때문이요, 경쟁자를 없애고 혼자 살아남으려고 하는 것도 높은 마진 때문이요, 고객들이 호감을 갖는 브랜드를 구축하려고 하는 것도 높은 마진 때문입니다. 그리고 유통회사나 납품회사와 치열한 협상을 하는 것도 높은 마진을 확보하기 위해서입니다.

그렇다면 기업에게 높은 마진이 왜 이렇게 중요한 것일까요? 첫째, 당연히 이익을 많이 낼 수 있기 때문입니다. 같은 수량을 팔아도 더 많은 이익을 내려면 제품 단가가 높아져야 합니다. 게다가 단가가 높은 상태에서 판매량이 늘면 이익의 상승폭이 크게 나타납니다. 높은 마진은 기업의 주머니를 두둑하게 해줍니다. 둘째, 이익이 날 수 있는 여지를 크게 만들어두면 돌발 상황에 대처할 수 있기 때문입니다. 기업의 이익은 매출에서 비용을 제한 것입니다. 매출은 그대로인데 원가가 갑자기 크게 늘어 비용이 증가하게 되면 거꾸로 적자가 날 수 있습니다. 따라서 마진을 크게 가져가면 돌발적인 경우에라도 이익을 낼 수 있으므로 기업의 생존에 위협을 받지 않습니다.

무형가치를 재는 잣대

기업이 높은 마진을 얻기 위해 노력한다는 것을 안다면 투자자는 다음과 같이 질문할 수 있습니다. "높은 마진을 확보하려면 제품 가격을 계속 올리면 되지 않을까요?"

그러나 제품 가격을 계속 올릴 수 없는 결정적인 이유는 경제학의 수요공급의 법칙 때문입니다. 한 기업이 가격을 올리면 소비자는 가격이 싸면서 비슷한 제품을 만드는 다른 기업을 찾아갑니다. 이렇게 되면 가격을 올린 기업은 판매량이 줄어들므로 다시 가격을 내릴 수 밖에 없습니다. 이 과정에서 시장가격이 자연스레 형성됩니다. 한마디로 가격이 올라가면 수요는 그만큼 감소한다는 수요공급의 법칙이 가격을 마음대로 올리면서 마진을 확보하려는 기업의 희망을 산산조각냅니다.

하지만 교과서 밖의 현실에서는 경제학 법칙에 역행하는 기업들이 존재합니다. 즉 가격을 올려도 수요가 줄어들지 않는 막강한 기업들이 있습니다. 이런 기업들의 특징은 두 가지입니다. 첫째는 영업이익률 등의 이익률이 높게 나온다는 점, 둘째는 강력한 무형가치를 가지고 있다는 점입니다. 다시 말해 강력한 무형가치가 높은 마진으로 이어져 높은 이익률의 결과로 돌아온다는 것입니다.

무형가치는 강력한 브랜드, 촘촘한 유통망, 탁월한 기술력 등을 꼽을 수 있는데, 앞의 장에서도 말씀드린 것처럼 숫자로 무형가치를 발견하기란 쉽지 않습니다. 하지만 이익률을 살피면 대략적인 무형가치의 크기를 가늠해볼 수 있습니다. 즉 이익률은 무형가치를 재는 잣대가 됩니다. 『한국형 가치투자 전략』에 소개된 기업 유형 중 높은 무형가치를 가지고 있어 높은 마진을 얻을 수 있는 기업 유형을 추려보면 위와 같습니다.

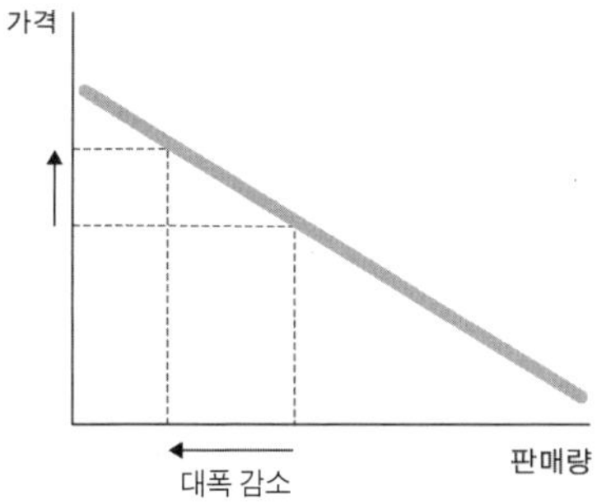

무형가치를 가지지 못한 기업

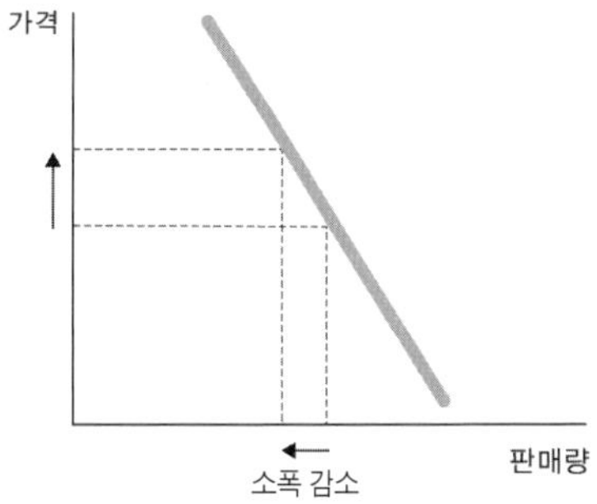

무형가치를 가진 기업

연월	특징
매출액	① 충성도 있는 고객으로 인해 가격을 올려도 수요가 떨어지지 않는다 ② 동일 제품이라도 브랜드가 없는 경쟁사의 제품에 비해 가격이 비싸다 ③ 영업이익률이 높게 나타난다
매출총이익	① 매출이 증가할수록 순이익 증가폭이 더 크게 나타난다 ② 순이익이 자산으로 그대로 쌓이며 자본지출이 크게 일어나지 않는다 ③ 경상이익률이 높게 나타난다
영업이익	① 경쟁자가 없어 가격을 마음대로 결정할 수 있다 ② 소비자에게 선택권이 없어 가격을 올려도 수요가 떨어지지 않는다 ③ 영업이익률이 높게 나타난다

무형가치를 갖는 기업 유형

반대로 무형가치가 작아 이익률이 크지 않은 유형도 있습니다. 자동차 부품업, 전자부품업 등 전방산업에 크게 의존해서 가격결정력이 없는 기업, 도시가스업 등 정부가 가격을 직접 결정해주는 기업이 대표적인 예입니다. 여기에 속하는 기업들은 이익이 많이 나면 날수록 가격하락 압력을 받기 때문에 낮은 이익률이 일정하게 오랜 기간 동안 유지되는 경향이 있습니다. 또한 경쟁자가 너무 많은 반면 차별화가 힘든 제품을 만드는 기업도 이익률이 낮게 나타납니다. 이들 기업들은 경쟁 중에서도 최악이라 할 수 있는 가격 경쟁을 펼치기 때문에 높은 마진을 확보하기 어렵습니다.

무형가치는 기업을 적들로부터 안전하게 보호해주는 성벽과 같습니다. 그리고 그 결과는 높은 이익률로 나타납니다. 투자자는 내가 맡긴 돈을 크게 불려줄 수 있는 기업을 찾아야 합니다. 고마진 기업은 소비자에게는 미운 존재일지 모르지만 주주에게는 힘세고 든든한 친구입니다.

이익률의 종류

영업이익률은 영업이익을 매출로 나눈 값으로 순전히 기업의 영업 활동을 통해 얼마나 이익을 남기는지를 보여줍니다. 강한 브랜드가 있거나 독점력을 가진 기업은 가격을 결정할 수 있는 힘이 있어 영업이익률이 높습니다.

경상이익률은 경상이익을 매출로 나눈 값입니다. 경상이익이 영업이익에 기업의 재무활동, 투자활동 등 부가적으로 발생한 이익 및 손실을 더하고 빼서 산출되기 때문에 경상이익률은 기업의 실질적인 수익성을 뜻합니다. 기업이 아무리 영업 활동을 잘해 영업이익률이 높더라도 높은 이자비용을 물거나 부실자회사의 손실로 영업이익을 까먹어 경상이익률은 영업이익률보다 급격히 낮아질 수 있습니다.

순이익률은 순이익을 매출로 나눈 값으로 기업의 실질적인 수익성을 보여줍니다. 순이익은 경상이익에 특별이익을 더하고 특별손실과 법인세를 빼서 산출됩니다. 보통, 특별이익과 손실은 거의 발생하지 않고 법인세는 법인세율에 의해 경상이익에 따라 달라지기 때문에 실질적으로 기업의 수익성을 결정하는 요인은 '경상이익률'이라고 할 수 있습니다.

이익률 지수의 구성 원리

이익률 지수는 영업이익률, 경상이익률, 순이익률을 한 차트에 나타내어서 각 부문별로 이익의 질을 분석할 수 있게 해줍니다. 차트의 왼쪽 Y축에는 이익률의 퍼센트 단위가 표시되어 있습니다.

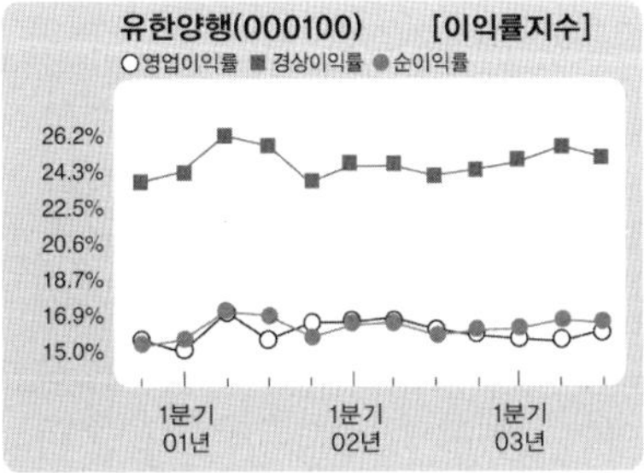

이익률 지수는 순이익 지수와 함께 쓰면 그 효용이 높아집니다. 예를 들어 순이익이 매 분기 증가하는 추세인데 이익률까지 개선되고 있다면 이익의 양적, 질적 측면이 모두 개선되고 있다고 추정할 수 있습니다. 만약 순이익은 증가하는데 이익률이 떨어지고 있다면 수익성이 상대적으로 떨어지는 부문의 이익이 증가하고 있다고 판단할 수 있습니다. 이처럼 이익률 지수 자체보다는 순이익 지수와 연동될 때 수익가치와 무형가치라는 두 마리 토끼를 잡을 수 있고 그 해석의 폭이 넓어집니다.

| 최준철의 한마디 |

가치투자에 대한 4가지 오해②

오해 2. 가치투자는 주식을 한번 사면 절대로 팔지 않는다.

워런 버핏이 코카콜라, 질레트 등의 영구보유를 선언하는 바람에 가치투자는 주식을 한번 사면 절대로 팔지 않는다는 믿음이 널리 퍼진 듯합니다. 그러나 버핏의 경우는 투자한 회사에 대해 많은 지분을 가지고 있어 통제권을 발휘할 수 있고 장기투자를 할 수 있는 자금을 확보하고 있다는 특수성이 있습니다. 실제로 그도 US에어, 맥도널드, 살로먼 브라더스 등 많은 종목을 사고 팔았습니다. 영구보유 대상 종목의 수는 그가 지금까지 투자한 기업들의 수에 비하면 미미한 수준입니다.

가치투자자도 주식이 제 가치에 이르면 팔고 떠날 수 있습니다. 더 싸고 좋은 또 다른 가치주를 찾아 떠나기도 합니다. 매매 기술이나 타이밍을 기술적 분석만큼 중요하게 여기지 않을 뿐이지 매매를 하지 않는 것이 가치투자는 아닙니다.

"팔지 않을 주식을 사는 것이 최선"라는 버핏의 말은 주식을 영구보유하라는 말이 아니라 최대한 신중을 기해 탁월한 기업을 찾으라는 뜻입니다. 즉 행동강령이라기보다는 태도에 관한 충고입니다. 만약 주가가 제 가치를 넘어서 급등하는데 "나는 영구보유할 거야"라고 주식을 계속 쥐고 있는 것은 철학이라기보다는 아집에 가깝습니다.

1) 영업이익률 우위형 : 현대엘리베이터(017800)

영업이익률이 경상이익률보다 높게 나오는 영업이익률 우위형의 패턴이다. 영업이익률은 2002년 2분기부터 꾸준히 상승하고 있으며 수치도 10% 이상으로 승강기 사업부문이 안정적인 호조를 보이고 있는 것으로 판단된다. 그러나 경상이익률과 순이익률은 2002년 3분기 10%를 고점으로 2002년 4분기에 -16% 수준까지 하락하였는데, 이는 그동안 보유하고 있었던 적자 자회사인 하이닉스반도체 지분을 모두 정리하면서 발생한 유가증권 처분손실로 경상이익이 급감했기 때문이다.

현대엘리베이터는 국내 2위의 승강기(엘리베이터, 에스컬레이터) 제조업체다. 2001년 이후 건설 경기가 호황을 이루면서 마감재 성격을 가진 승강기사업도 동반 호조를 보여왔다. 또한 기업의 물류자동화 수요가 증가하고 SUV 차량의 증가로 자동차 승강기의 교체 수요도 발생해 영업이익이 꾸준히 증가하고 있다. 영업이익률은 2001년 2분기 이후 9% 수준에서 2003년 2분기에는 14% 수준까지 상승했다.

영업이익률 우위형 패턴이 나타나면 향후 경상이익률이 얼마나 영업이익률 수준에 근접할 것인가를 점검해야 한다. 2002년 4분기에 바닥을 친 경상이익률이 점차 고개를 들고 있는 점은 긍정적이다.

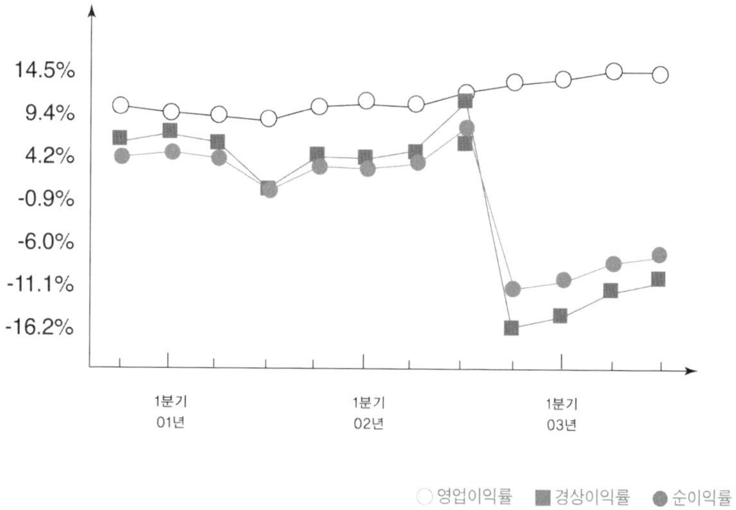

체크포인트

1. 하이닉스반도체 외에 추가 부실을 가져올 수 있는 자회사가 있는지 점검해보자.
2. 승강기 사업이 건설 경기에 얼마나 영향을 받는지 영업적 특성을 살펴보자.

2) 경상이익률 우위형 : 동서(026960)

경상이익률이 영업이익률보다 큰 경상이익률 우위형 패턴이다. 경상이익률이 단 한 번의 예외도 없이 영업이익률보다 높다. 그만큼 경상이익이 꾸준하다는 의미이므로 이런 경우는 우량한 자회사를 가지고 있을 확률이 높다. 유가증권 처분이익 등 일회성 이익은 경상이익률을 꾸준히 유지시키기에 미흡하기 때문이다.

동서는 동서식품의 모기업으로 식품포장용기 및 유지류 판매업체다. 자회사인 동서식품에 모든 포장용기와 유지류를 판매하고 있어 동서식품의 매출 증가가 동서의 매출 증가로 바로 이어지는 구조다. 또한 동서식품의 지분 43%를 보유하고 있어 동서식품의 순이익 증가는 동서의 지분법평가이익으로 연결돼 동서의 순이익 증가로 이어진다. 곧 동서의 순이익은 동서식품의 영업·비영업 부문 모두와 밀접하게 연결되어 있는 셈이다.

경상이익률이 영업이익률보다 높을 뿐 아니라 절대치도 매우 높은 편이다. 경상이익률은 30~40%에 이르는데 이는 거의 찾아보기 힘든 수치다. 그만큼 동서식품의 이익 규모가 크고 마진이 매우 높은 사업을 영위하고 있다는 뜻이다. 영업이익률도 꾸준히 유지되는 편인데 납품처의 힘이 막강할 때는 이런 패턴을 보이기가 힘들다. 납품처인 동서식품이 동서의 통제권 하에 있기 때문에 납품가를 일정 수준으로 유지하는 것으로 판단된다.

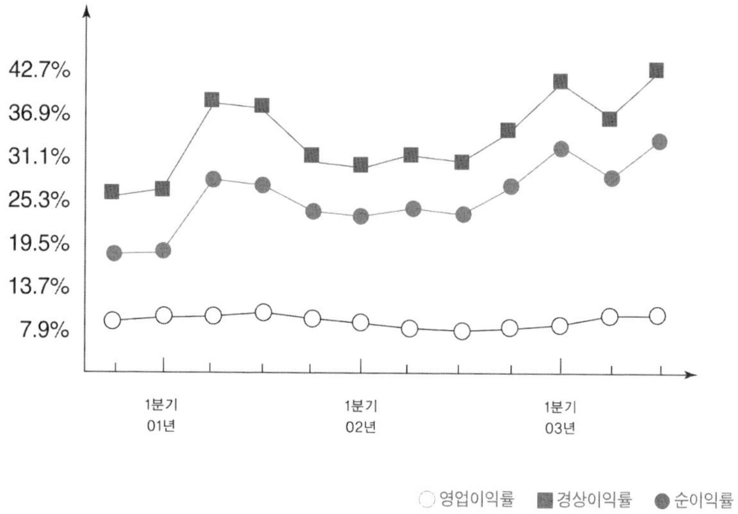

체크포인트

1. 자회사인 동서식품의 경쟁력을 알아보자.

2. 자회사로부터 지분법평가이익 외에 배당수익이 발생하고 있는지 점검해보자.

3) 이익률 반전형 : 네오위즈(042420)*

* 네오위즈홀딩스로 변경

이익률이 상승으로 급반전하는 전형적인 V자 반전형 패턴이다. 2001년부터 지속적으로 감소하던 과정 이익률이 2002년 3분기를 기점으로 괄목할만한 성장세로 돌아서는 모습을 보여주고 있다.

2001년부터 2002년 3분기까지 이익률이 급감한 이유는 기존의 주 사업부문이었던 원클릭 서비스에서 세이클럽 서비스로 사업의 축이 넘어가는 과정 중에 있었기 때문이다. 2002년 3분기가 원클릭의 이익 감소를 세이클럽의 이익 증가가 상쇄하는 전환점이었다. 이후 이익률이 30%에 이르게 된 배경에는 세이클럽의 트래픽을 바탕으로 진출한 게임서비스 피망 등 신규 사업이 성공을 거뒀기 때문으로 풀이된다.

사업구조 전환이 완료되자 네오위즈의 비즈니스 모델이 서로 상승작용을 일으켜 이익률이 매우 높게 나타나고 있다. 인터넷 사업은 경쟁이 치열하고 진입장벽이 낮은 대신 트래픽을 확보하고 유료화에 성공하게 되면 급격한 이익률의 개선이 일어난다.

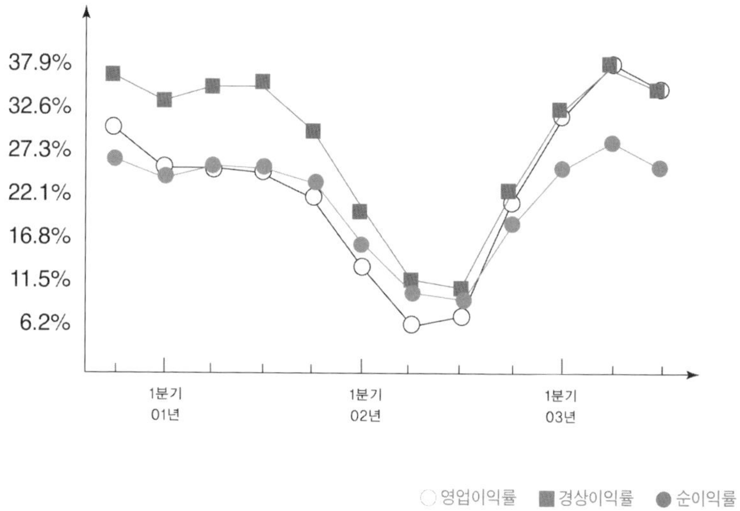

체크포인트

1. 세이클럽과 피망 서비스의 인기 비결을 알아보자.
2. NHN, 다음 등 다른 인터넷 업체들과 비교하여 네오위즈만의 강점과 약점을 살펴보자.

4) 이익률 지속형 : 신세계(004170)

각 이익률이 추세적으로 상승하는 이익률 지속형 패턴이다. 사업의 수익성을 나타내는 영업이익률의 경우, 2000년 4분기 6% 수준에서 매 분기 증가하여 2003년 2분기에는 7% 수준까지 상승하고 있다. 유통업치고는 매우 높은 영업이익률 수치다.

신세계는 이마트로 대표되는 할인점업계의 대표주자다. 원래는 백화점사업이 주력이었으나 현재 이마트 부문이 매출과 이익의 대부분을 차지하고 있다. 게다가 확고한 시장지배력으로 이마트를 추가 출점하면서 매출과 이익을 늘려가고 있다. 할인점의 고성장기가 어느 정도 지나고 성숙기에 접어들면서 규모의 경제가 더 중요해지고 있어 이마트의 시장지배 추세는 지속될 것으로 예상된다.

영업이익률과 함께 경상이익률도 큰 차이 없이 증가한다는 것은 재무구조가 우량하고 영업외비용으로 인한 영업이익 누수 현상이 발생하지 않고 있다는 뜻이다. 2001년 3분기부터 경상이익률과 영업이익률의 차이가 크게 줄었는데, 이마트 출점을 위한 자금 조달 방법을 부채에서 자체 보유 현금으로 변경했기 때문으로 추정된다.

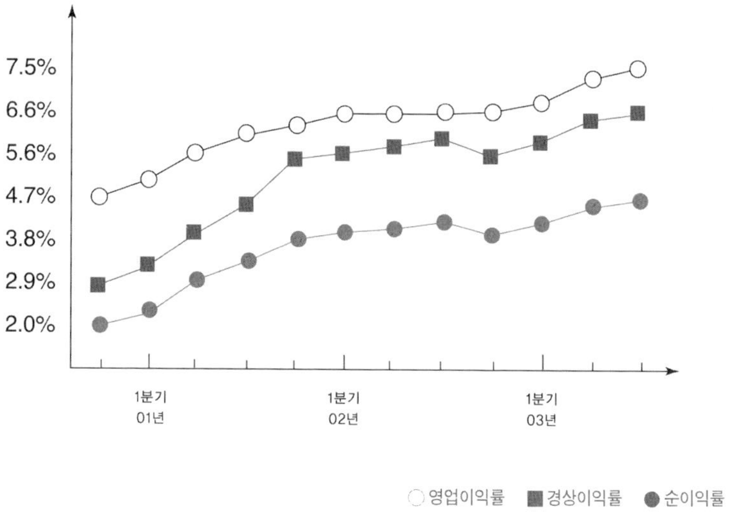

체크포인트

1. 신세계가 지속적인 영업이익률을 유지할 수 있었던 비결은 무엇인지 점검해보자.
2. 매출이 같이 늘고 있는지 이익률과 함께 살펴보자.

7 가치평가 지수

싼 주식 감별법

"가치투자를 할 때 가장 어려운 부분이 무엇입니까?"라고 물으면 많은 투자자들이 "재무제표를 잘 이해하지 못해 밸류에이션이 어렵고 그래서 적정가 산출이 힘듭니다"라고 얘기합니다. 아마도 애널리스트들의 리포트에 담긴 내용이 복잡해 이를 보고 가치투자에는 적정가가 수적이라는 생각과 적정가 산출은 어렵다는 생각을 가지기 때문이 아닌가 합니다.

그러나 가치투자에서 중요한 것은 적정가 산출이 아닙니다. 워런 버핏도 "영구보유종목으로 선언한 코카콜라를 99년에 팔았어야 했다"라고 술회한 적이 있습니다. 이를 보면 아무리 가치투자의 대가라 하더라도 정확히 적정가를 산출하고 그 가격에 팔 수 있는 것은 아니라는 사실을 알 수 있습니다. 적정가는 다분히 투자자의 주관적인 의견이 개입될 수밖에 없습니다. 또한 기업가치와 주가는 계속 살아 움직이는 것이니만큼 정확한 적정가와 타이밍을 알기란 쉽지 습니다.

다만 인간의 범위에서 할 수 있는 것은 좋은 기업과 좋은 주식의 교집합에 있는 주식을 골라 싸게 사서 비싸게 파는 것뿐입니다. 즉 주식을 사야 되느냐 말아야 되느냐를 판별하는 기준은 '적정가에서 얼마나 차이가 나는가?' 보다는 '싸게 거래되고 있는가?'하는 것입니다. 반대로 주식을 팔아야 하느냐 말아야 하느냐를 판별하는 기준은 '적정가에 도달했는가?'보다는 '비싸게 거래되고 있는가?'입니다. 이것이 싼 주식이 아직 많이 남아있는 한국 시장의 실정에 잘 맞는 방법입니다.

그렇다면 싼 주식이냐 비싼 주식이냐를 판별하는 방법에는 무엇이 있을까요? 벤저민 그레이엄이 과학적인 투자 방법을 선보인 이후 많은 가치평가 방법이 나왔지만, 역시 간단하면서도 효과가 있는 방법은 PER와 PBR를 이용하는 것입니다. PER는 순이익을, PBR는 자본총계(자산-부채)를 이용한다는 점에서 다소의 오류가 있을 수 있다는 단점이 있지만, 이 두 가지만 잘 살펴도 주식투자의 위험이 50% 이상 감소합니다. 즉 이 두 가지 지표만으로 완벽하게 가치평가를 하기에는 한계가 있지만 최소한 비싼 주식을 피하도록 해주는 훌륭한 나침반의 역할을 해줍니다. 홈트레이딩시스템HTS에 종목마다 PER와 PBR가 표시되어 있는 것이 일반적이므로 실시간으로 파악하기에도 매우 용이합니다.

PER의 이해

PER은 "P-E-R(피이아르)"라고 읽기도 하고 붙여서 "퍼"라고도 부르기도 합니다. PER는 '시가총액을 당기순이익으로 나눈 값' 혹은 '주가를 주당순이익으로 나눈 값'입니다. 즉 현재 시장에서 거래되고 있는 기업의 가치(주가)가

1년간 벌어들이는 순이익의 몇 배인가를 나타냅니다. 달리 표현한다면 '이 기업을 통째로 샀을 때 순이익이 동일하게 유지된다면 몇 년 안에 기업매수대금을 회수할 수 있나'라고도 할 수 있습니다. 만약 시가총액이 500억인데 순이익이 50억이라면 이 기업의 PER는 10입니다.

PER는 순이익을 기준으로 하기 때문에 기업의 세 가지 가치 중 수익가치를 측정하는 도구가 됩니다. 기업의 수익창출 능력이 기업의 시장가격에 얼마나 반영되어 있는가를 나타내주는 지표입니다. 이해를 돕기 위해 빌딩을 예로 들어 PER를 설명해보겠습니다. 1,000억 원에 거래되는 빌딩이 있는데 이 빌딩에서 나오는 임대료에서 관리비용을 차감한 이익이 200억 원이라면 이 빌딩의 PER는 5가 됩니다. 즉, 이 빌딩을 1,000억 원 주고 사는 사람은 임대료가 일정하게 들어온다고 가정하면 5년 만에 원금을 회수하는 셈입니다.

PER가 어느 정도면 싸다고 할 수 있느냐에는 여러 가지 논란이 있지만 통상적으로 PER의 역수, 즉 1/PER이 금리보다 높으면 적절하다고 합니다. 예를 들어 PER가 20이면 1/20=5%이므로 시중 금리 수준이 됩니다. 시가총액이 1,000억이고 순이익이 50억이면 PER가 20이 되는데 이는 5%짜리 채권과 비교될 수 있습니다. 1,000억짜리 물건에서 매년 50억의 수익이 발생하기 때문입니다. 하지만 주식은 시세의 변동에 따른 위험이 상존하고 우리나라에는 워낙 PER가 낮은 기업이 많으므로 보수적 기준을 적용하여 5 미만이면 "싸다"라고 얘기할 수 있습니다.

PBR의 이해

PBR는 "P-B-R(피비아르)"라고 읽으며 계산식은 '시가총액을 순자산(자본총계=자산-부채)으로 나눈 값' 혹은 '주가를 주당순자산으로 나눈 값'입니다. 즉 현재 시장에서 거래되고 있는 기업의 가치가 기업이 보유한 자산의 몇 배인가를 나타냅니다. 달리 표현하면 '이 기업을 통째로 사자마자 얼마의 자산을 손에 쥘 수 있나'라고 할 수 있습니다. 만약 시가총액이 500억인데 순자산이 250억이라면 이 기업의 PBR는 2입니다.

PER가 수익가치를 측정한다면 PBR는 자산가치를 측정하는 도구입니다. 즉 기업이 현재 가지고 있는 자산이 얼마나 기업의 시장가격에 반영되어 있는가를 나타내주는 지표입니다. 예를 들어 시가 1,000억 원짜리 빌딩의 경우 건물, 토지 및 각종 내장재를 합친 장부가에서 빚을 뺀 순자산이 1,000억 원이라면 이 빌딩의 PBR는 1입니다.

정상적인 영업활동을 통해 흑자를 내는 기업이라면 시가총액이 순자산보다 높아야 합니다. 벤저민 그레이엄도 시가총액이 순자산보다 낮은 상태를 비이성적인 것으로 규정했습니다. 그러나 실제로는 시장이 비효율적이기 때문에 흑자임에도 자산가치 이하에서 버젓이 거래되는 기업이 많습니다. 이것은 시장의 비효율성이 특히 높은 한국시장에서 일어나는 상황으로 미국시장에서는 PBR 1 이하의 기업을 사실상 찾을 수가 없습니다. PBR가 1보다 낮다면 기업을 통째로 가지게 되는 순간 자산 취득상의 이익이 발생하기 때문에 M&A를 노리는 세력이 들어와 가격을 다시 자산 수준으로 맞춰놓기 때문입니다.

이렇게 PBR 1 이하의 기업은 일단 싼 주식으로 규정할 수 있으며, 시가총액과 순자산 사이의 괴리가 크면 클수록 안전마진이 높다고 얘기합니다. 하지만 우리나라 기업들 중 상당수가 대주주 지분이 높아 M&A 가능성이 낮고 자산의 비효율성이 빈번히 발생하기 때문에 PBR 1 미만에서 거래되는 것이 현실입니다. 따라서 보수적 기준을 적용했을 때 PBR가 0.5보다 낮으면 자산가치 기준으로 '매우 싸다'고 판단합니다.

저PER-저PBR의 해석

통화라는 것은 말 그대로 어디서나 통용되고 같은 가치를 가집니다. 부산에서의 1만 원은 서울에서의 1만 원과 똑같다는 얘기입니다. 마찬가지로 기업도 자동차를 파나 라면을 파나 벌어들인 1만 원은 똑같은 1만 원입니다. 기업의 가치를 평가할 수 있는 것도 결국에는 '원'이라는 통화단위로 순이익과 자산이 계산될 수 있기 때문입니다.

그러나 순이익 100억, 자산가치 1,000억으로 똑같은 수치를 가진 기업이라도 시장에서 매겨지는 가치에는 차이가 있습니다. 달리 얘기하면 어떤 기업에는 낮은 PER와 PBR가 적용되는 반면 어떤 기업에는 높은 PER와 PBR가 적용된다는 얘기입니다. 이 차이가 발생하는 요인으로 몇 가지를 들 수 있습니다.

첫째는 미래에 대한 기대 때문입니다. 계속 성장할 것으로 기대되는 기업이 있는가 하면 그렇지 못한 기업이 있습니다. 이것은 원래 그렇다라기보다는 'IT기업은 미래가 밝다' '철강기업은 사양산업이다' 등과 같이 시장참여자들의 기대에 근거한 것입니다.

둘째는 이익과 자산의 질 차이 때문입니다. 기업의 이익은 변수에 따라서 해마다 변동될 수 있는 부분입니다. 이익의 변동폭이 큰 사업이냐

이익이 꾸준한 사업이냐에 따라서 가치평가는 달라질 수 있습니다. 전자는 낮은 PER를 적용받고 후자는 높은 PER를 적용받습니다. 자산은 기업에 여러 가지 형태로 남아 있을 수 있습니다. 즉시 사용이 가능한 현금이 많을 경우는 높은 PBR를 적용받지만, 현금 회수 기간이 긴 재고가 많을 경우는 낮은 PBR를 적용받습니다.

투자자가 해야 할 일은 시장에서 주가에 적용하는 PER와 PBR가 합당한 것인가를 가리는 것입니다. 낮은 PER와 PBR를 적용받는 주식이 있는데 그것이 상당 부분 오해에 근거한 것이라면 오해가 풀리는 시점에서 가치평가가 호의적으로 바뀌고 이에 따라 주가가 상승하게 됩니다. 따라서 기업에 대한 정확한 이해를 바탕으로 시장보다 먼저 오해인가 아닌가를 먼저 밝혀낼 수 있으면 주가 상승의 열매를 맛 볼 수 있습니다. 가치투자자는 저PER, 저PBR라고 무조건 사는 것이 아니라 이들 중에서 불합리한 대우를 받는 기업들의 오해를 풀어주는 역할을 합니다.

PER-PBR의 한계

PER, PBR는 이해하기 쉬운 단순한 지표로, 관심 대상 종목을 압축해주는 유용한 기능을 합니다. 그러나 저PER, 저PBR 종목을 뽑아보면 납득하기 힘든 종목들이 리스트에 올라가는 경우가 있습니다. 이것은 PER와 PBR가 단순한 지표인 만큼 한계도 가지기 때문입니다.

PER는 순이익을 기준으로 계산됩니다. 그런데 순이익은 토지 매각, 유가증권 매각, 채무 면제를 통해 얻은 일시적 이익도 포함되어 있어 가끔 비정상적인 저PER 종목을 만들어내는 경우가 있습니다. 이때 영업이익, 경상이익, 순이익을 분리해서 보지 않고 PER만 보면 가치보다 과대평가된 기업을 사게 되는 불상사가 발생합니다.

PBR도 PER와 유사한 한계점을 가집니다. 기업은 항상 적절한 유동성을 가지고 있어야 외부환경에 대처할 수 있습니다. 만약 자산 중에서 땅이 지나치게 많다거나 재고가 지나치게 많으면 일시적인 유동성 위기 때 부도를 맞을 수도 있습니다. PBR는 단순히 자산에서 부채를 차감한 순자산을 사용하므로 세밀하게 분리된 자산가치를 반영하지 못합니다. 또한 토지, 건물, 유가증권 등의 장부가치가 지나치게 높거나 낮게 잡혀 있을 경우에도 순자산가치의 오류가 발생합니다. 따라서 단순히 PBR만으로 접근하면 원하는 안전마진을 확보하지 못하게 되는 수가 있습니다.

PER와 PBR의 한계를 극복하기 위해서는 이익과 자산의 질을 면밀히 분석하는 작업이 뒤따라야 합니다. 예를 들면 '이익 증가가 일시적으로 일어나 저PER 상태가 된 것은 아닌가?' '고정자산이 많아 저PBR 상태가 된 것은 아닌가?' '장부가치와 실제가치 사이에 괴리가 크지는 은가?' 등의 질문을 던져보아야 합니다. 비싼 것 같아도 실제로 비싸지 않은 것이 있고 싼 것 같아도 실제로 싸지 않은 것이 있다는 사실을 명심하십시오.

가치평가 지수의 구성 원리

가치평가 지수는 PER와 PBR를 함께 나타내 수익가치와 자산가치에 대한 시장의 평가를 동시에 살펴볼 수 있게 해줍니다. 차트의 왼쪽 Y축에는 PER가, 오른쪽 Y축에는 PBR가 표시되어 있습니다.

가치평가 지수의 특징은 두 가지입니다. 첫째는 PER의 기준이 되는 순이익이 직전 4분기 연환산된 수치라는 것입니다. PBR의 기준이 되는 순자산은 현재 시점에서 직전연도 연말 기준입니다. 둘째는 현재가의 변화에 따라 PER와 PBR가 변화를 하며 일정한 추세를 만들어낸다는 점입니다.

PER와 PBR를 변동시키는 요인은 PER의 경우는 순이익의 변화, 주가의 변화이며 PBR의 경우는 순자산의 변화, 주가의 변화입니다. 따라서 PER와 PBR가 낮아져 가치주의 범위 안에 들어오는 경우에 어떤 요인에 의해 변화가 이뤄진 것인지를 파악해두어야 합니다. 아래 표는 PER과 PBR가 낮아지는 네 가지 경우를 표시하고 있습니다.

	①	②	③	④
PER가 낮아지는 경우	순이익↗, 주가↘	순이익→, 주가↘	순이익↗, 주가→	순이익↘, 주가↘
PBR가 낮아지는 경우	순이익↗, 주가↘	순이익→, 주가↘	순이익↗, 주가→	순이익↘, 주가↘

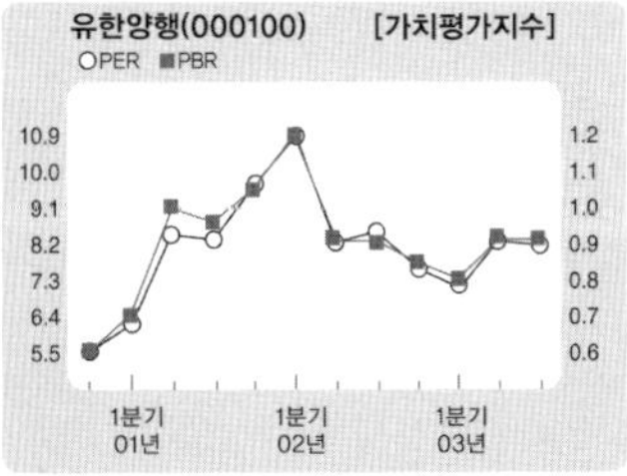

이중 가장 이상적인 경우는 ①번이고 그 다음은 ③번입니다. 즉 똑같이 PER와 PBR가 떨어지는 경우라 하더라도 순이익이나 순자산이 올라가면서 주가가 이를 반영하고 있지 못한 경우가 가장 좋다는 얘기입니다. 특히 ④번의 경우처럼 순이익과 주가가 같이 빠져서 PER가 하락한 경우는 시장의 평가가 오해가 아니라 합당한 경우가 많으므로 주의해야 합니다. 이렇게 가치평가 지수에 의해 찾아낸 저PER, 저PBR 기업 중에서 시장의 과다한 오해를 사서 저평가된 기업을 다시 추려낸다면 주식투자의 위험을 상당 부분 감소시킬 수 있습니다.

| 최준철의 한마디 |

가치투자에 대한 4가지 오해③

오해 3. 매수단가 이하에서 팔면 손절매를 하는 것이다.

공개포트폴리오인 VIP펀드를 운용할 때, 편입된 종목을 매수단가 이하에서 처분하면 " 절매를 한 것이 아니냐"라는 얘기를 듣곤 했습니다. 그러나 가치투자는 투자 판단 근거를 기업에서 찾기 때문에 손절매라는 것이 있을 수 없습니다.

손절매라는 것은 주가가 일정 기준 이하로 떨어지면 기계적으로 파는 것입니다. 즉 주식을 파는 이유 자체를 주가에서 찾는 방법입니다. 가치투자에서 단가 이하로라도 주식을 처분할 때는 원래 생각했던 투자 아이디어가 틀렸거나 기업 내용이 급격히 나빠졌을 경우가 거의 대부분입니다. 수익률이 조금 나왔을 때도 파는 경우가 있는데 역시 단가 이하로 처분할 때와 같은 맥락입니다. 실수를 인정했는데 다만 단가 이상에서 팔았을 따름입니다.

정리하자면 가치투자는 주가만으로 투자 판단을 하지 않습니다. 주가가 의미를 갖는 경우는 내재가치와의 차이를 계산할 때뿐입니다.

1) 저PER - 저PBR (1): 동양고속건설(005900)

2002년 2분기에 PER, PBR 모두 큰 폭으로 하락해서 낮은 PER와 PBR를 유지하고 있는 전형적인 저PER 저PBR 패턴이다. 2003년 3분기 기준으로 PER는 1.7, PBR는 0.38에 불과하다. PER와 PBR가 가장 높았을 때도 각각 3.3, 0.5 정도에 지나지 않는다. 순이익 증가와 장부가치 증가를 주가가 따라가지 못하고 있는 셈이다.

동양고속건설은 토목사업을 주력으로 하는 중견 건설업체다. 2000년 이후부터 건설 경기의 호전으로 매출과 순이익이 꾸준히 증가하고 있으며 유보율도 해마다 증가하고 있다. 그러나 시장의 몇 가지 우려로 인해 주가는 계속 제자리걸음을 해 PER와 PBR 모두 계속 하락하는 추세다.

첫번째 우려는 건설업이 저성장 산업이라는 점이다. 두번째 우려는 대주주의 지분율이 너무 높아 유통주식 수가 부족해서 유동성이 떨어진다는 것이다. 세번째 우려는 불안한 지배구조다. 2002년 대주주 자신이 최대주주로 등록되어 있는 성부실업 지분을 동양고속건설에 넘기면서 대주주에 대한 불신이 싹텄다.

하지만 종합적으로 판단해볼 때, 이 정도의 저평가는 과도한 면이 있다. 순이익의 규모나 자산의 규모가 받쳐주는 만큼 영업외적인 사안에 대한 우려가 해소되면 주가가 재평가를 받을 수 있을 것이다.

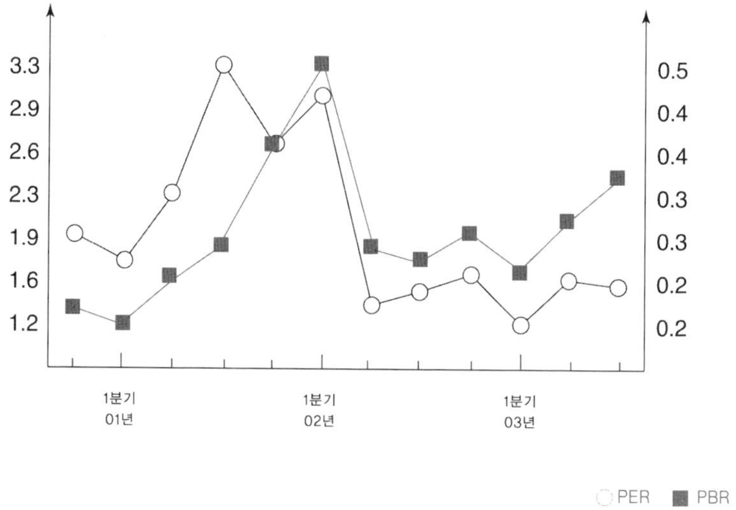

체크포인트

1. 건설업 평균 PER와 PBR를 체크해보고, 동양고속건설의 PER와 PBR가 적합한 수준인지 살펴보자.
2. 저평가 상태가 해소될 수 있도록 하는 회사 측의 조치가 있는지 점검해보자.

2) 저PER - 저PBR (2): 신흥(004080)

PER는 2002년 2분기의 10.6을 고점으로, PBR는 2002년 1분기의 1.3을 고점으로 두 지표 모두 추세적으로 하락하고 있다. 2003년 3분기 PER는 3.2, PBR는 0.65를 기록해 저PER, 저PBR의 요건을 충족시켰다. 두 지표 모두 1년여 만에 고점 대비 절반 이하의 수준으로 하락한 셈이다.

PER의 급격한 하락은 두 가지 경우에 나타난다. 순이익은 정체하는데 주가가 과도하게 하락하는 경우와 주가는 비슷한 수준인데 순이익이 증가하는 경우에 나타난다. 후자의 경우가 가치투자자에게 더 좋은 투자 기회를 제공한다.

신흥의 경우는 후자에 속한다고 볼 수 있다. 신흥은 국내 치과기자재 및 재료 시장의 70% 이상을 점유하고 있는 독과점업체다. 1991년 상장 이후 12년간 한 해도 빠지지 않고 지속적으로 매출이 증가했고 순이익도 꾸준히 늘어나고 있다. 2002년 중반 이후 순이익은 꾸준히 증가하는 반면 시장의 외면으로 주가는 급격하게 하락하여 PER, PBR가 크게 감소했다.

지속적인 영업이익이 보장되어 있음에도 불구하고 시가총액이 1년 순이익의 3배, 장부가치의 3분의 2 수준이라는 것은 비합리적이다. 단지 비인기주라는 점이 비합리적인 저PER, 저PBR 상태를 만든다. 그러나 기업가치가 증가하는 한 영원한 비인기주란 없다.

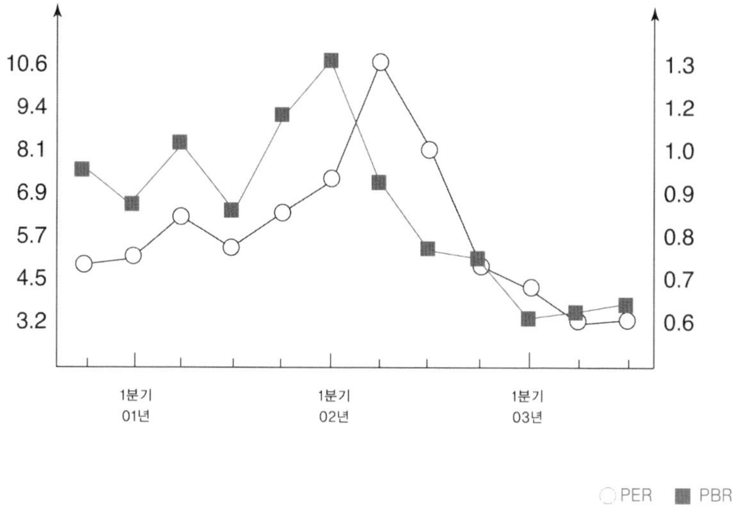

체크포인트

1. 신흥의 저평가 이유를 찾아보고 그것이 합리적인 것인지 점검해보자.

2. 자사주매입소각 정책이 주당순이익을 얼마나 증가시키는지 계산해보자.

3) 고PER - 저PBR: 호텔신라(008770)

PBR는 0.5 이하지만 PER가 20에 육박하는 고PER-저PBR 패턴이다. 호텔사업은 자산가치가 높고 수익성이 낮은 것이 특징이다. 호텔신라의 경우 총자산 5,800억 원 중에 4,800억 원이 고정자산이지만 여기서 창출되는 수익은 자산에 비하면 턱없이 낮은 수준이다. 그 결과 자산가치로 인해 주가가 하락하는 폭은 제한적인 반면 그만큼 PER는 높게 나온다.

호텔신라는 국내 유일의 호텔 관련 상장회사다. 매출은 객실이용료와 면세점 매출이 대부분을 차지하고 있다. 가뜩이나 수익성이 저조한데 2002년 사스 발생과 이라크 전쟁 그리고 극심한 내수 위축으로 매출과 순이익이 크게 감소했다. 특히 호텔신라는 면세점 매출 비중이 커서 면세점의 주이용고객인 일본인 관광객의 입국 숫자에 실적이 좌우된다.

수익을 창출하지 못하는 자산은 주주에게 큰 의미가 없다. 시장이 호텔신라에 대해 자산의 반값만 쳐주는 이유도 여기에 있다. 이 경우는 시장이 합리적인 판단을 하고 있는 것으로 보인다. 물론 월드컵에 대한 기대감으로 2002년 1분기에 PBR가 1 부근까지 갔으나 일시적인 현상으로 끝나고 다시 제자리로 돌아오는 모습을 볼 수 있다.

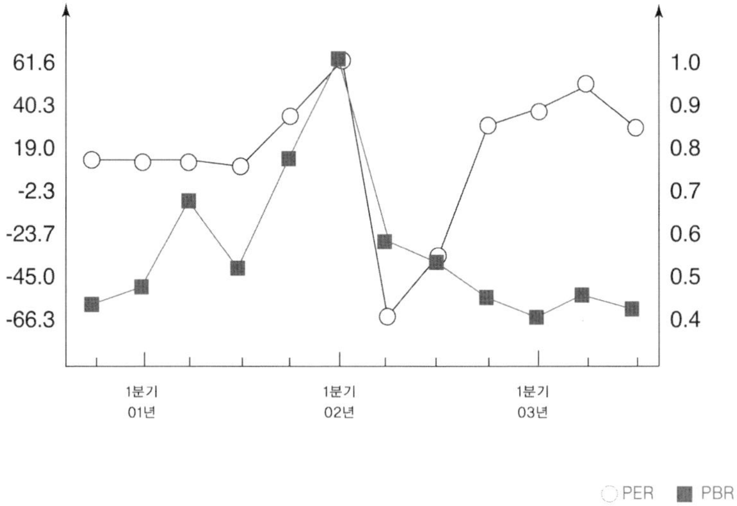

체크포인트

1. 호텔업과 비슷한 사업구조를 가진 업종으로는 무엇이 있는지 살펴보고, 시장이 어떤 평가를 내리고 있는지 알아보자.
2. 고정자산의 장부가와 시가를 비교해보자.

4) 고PER - 고PBR: NHN(035420)*

* Naver로 변경

NHN은 2002년 4분기에 4만 원대의 공모가로 코스닥에 등록했다. 이후 폭발적인 실적으로 인터넷주에 대한 우려를 불식시키면서 시장의 인기주로 급부상하여 2003년 3분기에는 20만 원을 훌쩍 뛰어넘기도 했다. 이로 인해 PER, PBR가 모두 올라 2003년 3분기에 무려 PER는 28, PBR는 9.4를 나타내고 있다.

PER는 미래에 발생할 수익에 대한 시장의 기대치로 해석이 가능하다. 미래에 수익을 많이 달성할 것이라고 예측되는 기업에는 상대적으로 높은 PER를 부여한다. 마찬가지로 PBR가 높은 기업은 현재 장부가치를 훨씬 뛰어넘는 수준으로 성장할 수 있다는 기대를 받는다.

NHN은 국내 1위의 검색서비스 네이버와 게임포탈 한게임을 보유하고 있는 인터넷 서비스 업체이다. 인터넷의 확산과 탄탄한 브랜드가 결합해 2003년 들어 무서운 성장세를 보여주고 있으며, 무형가치에서 현금흐름을 만들어내는 매력적인 사업구조를 가지고 있다.

NHN이 시장의 인기를 얻을만한 매력 요소를 갖췄음은 틀림없다. 그러나 높은 PER를 유지하기 위해서는 계속 좋은 모습을 보여야 하는 부담이 따른다. PER 22, PBR 8의 기대치를 충족시키지 못하는 순간 주가가 급락할 위험도 존재한다. 고PER-저PBR 패턴은 고수익을 가져다줄 수도 있지만 예측하지 못한 위험에 노출될 수 있다는 점에서 가치투자자가 지양해야 할 투자 대상이다.

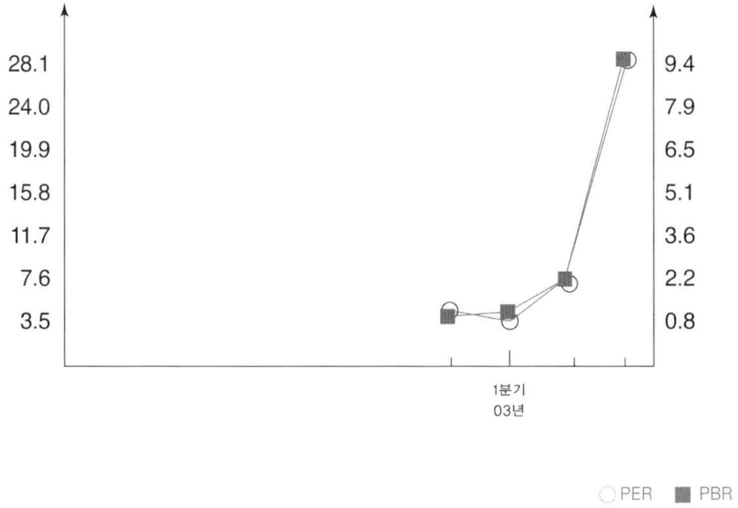

체크포인트

1. 부정적 요소들이 시장에서 무시되고 있는 것은 아닌지 파악해보자.

2. PBR 8이 1까지 떨어지기 위해서 몇 년간 얼마의 이익을 내야 하는지 계산해보자.

| 알아봅시다 |

주인과 개

김대리: 가치투자를 하다 보면 정말 이 주식이 제 가치를 인정받을까 하는 의심이 드는 것이 사실이야. 싼 만큼 인기가 없다 보니 주가가 한참이나 머물러 있으면 조바심이 나는 건 어쩔 수 없어.

회계사: 가치투자는 흔히 종교에 비유되네. 우리가 살아가면서 많은 고통을 받지만 종교를 통해 결국 구원받을 것을 믿는 것처럼, 가치투자자는 결국 주가는 가치를 반영한다는 사실을 믿는 것이지. 이 믿음이 있어야만 흔들리지 않고 가치주를 보유할 수 있지. 가치투자는 엄청난 인내심이 요구되는 투자방법이야.

김대리: 믿음이라……. 말은 쉽지만 돈 벌려고 하는 투자인데 내 주식만 안 오르면 답답하지 않은가. 가치투자를 고집하는 이 불쌍한 중생에게 속 시원히 기다릴 수 있는 말 한마디만 해주게.

회계사: 그렇다면 내가 예수님처럼 좋은 비유를 하나 들어주지. 내재가치와 주가는 산책을 나가는 주인과 개와 같다네.

김대리: 뜬금없이 그게 무슨 소리인가?

회계사: 주인과 개가 집을 출발해 공원을 한 바퀴 돌고 들어오려고 한다고 가정해 보자고. 산책을 마치면 결국 도착지가 어디가 되지?

김대리: 그야 집이지. 집에서 출발했다고 하지 않았는가.

회계사: 맞아. 주인과 개는 결국 집으로 돌아올 거야. 하지만 산책을 하는 동안 개가 주인을 앞서갈 수도 있고 주인이 개를 앞서갈 수도 있지

않겠나. 이렇게 앞서거니 뒤서거니 하지만 결국 집에 도착할 때는 같이 집 안으로 들어오게 되겠지. 내재가치와 주가도 이와 같아. 주가가 내재가치를 넘어설 수도 있고 주가가 내재가치에 미달할 수도 있지만 한 가지 변하지 않는 사실은 결국 주가는 내재가치를 반영한다는 것이지.

김대리: 명쾌한 비유구먼. 주가와 내재가치가 꼭 같이 움직이지는 않더라도 결국에는 합치된다는 것이군. 내 믿음을 굳건히 하는 데 도움이 되는 말이야. 고맙네.

회계사: 도움이 되었다니 다행이군. 마지막으로 당부하고 싶은 것은 언제 개가 주인을 앞서갈 것인지를 예측하지 말라는 것이네. 재미로 할 수는 있어도 돈을 걸고 하기엔 확률이 낮은 게임이지. 가치투자에 대한 믿음이 약해지거나 투기하고 싶은 욕심이 들면 주인과 개의 비유를 꼭 기억하게나.

제 3 부

영업 — 제테크 차트

| 서문 |

itooza.com에서 제공되는 영업-재테크 차트는 모두 3개입니다. 영업-재테크 차트에서 제공되는 지수는 다음과 같습니다.

1) 영업이익 — 이자비용 지수
2) 차입금-금융비용 지수
3) 영업이익 — 지분법평가이익 지수

이것을 다시 두 가지로 나누면 1, 2번은 채무 지수, 3번은 부자아들 지수로 구분할 수 있습니다. 채무 지수를 통해서는 기업이 벌어들인 돈이 얼마만큼 이자비용으로 빠져나가고 있는지, 남에게 끌어쓴 돈을 갚아나가고 있는지를 알 수 있습니다. 부자아들 지수를 통해서는 기업의 아들이라 할 수 있는 자회사가 얼마나 돈을 벌어주고 있는지를 알 수 있습니다.
직장인이 봉급만으로 생활하는 것이 아니듯이 기업도 영업만으로 이익을 내는 것은 아닙니다. 재테크를 통해 얻은 이익과 손실 또한 수익가치에 영향을 미치게 됩니다. 제3부에서는 제2부에서 설명한 순이익에서 좀더 나아가 영업외적인 수익에 대해 자세히 설명합니다.

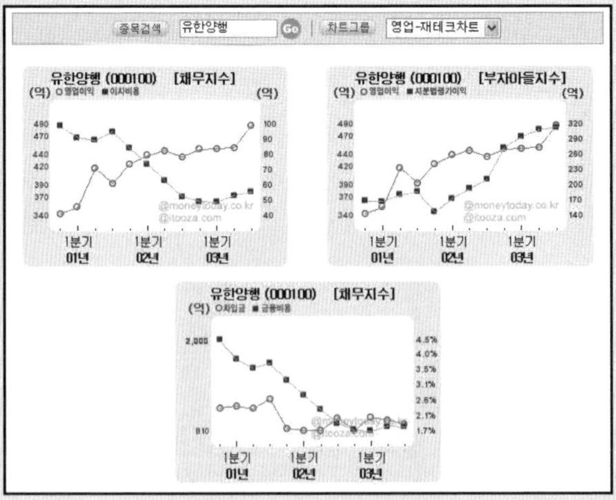

itooza의 영업-재테크 차트

8 채무 지수

채무의 이해

사업가들의 사업초기 힘들었던 시절 얘기를 들으면 꼭 나오는 얘기가 있습니다.사업하느라고 여기저기 빚을 끌어쓰다 보니 하루하루가 너무 힘들었고, 그래서 어려운 고비를 몇 번 넘긴 지금은 가급적 빚을 쓰지 않는다는 것입니다. 과거 주식발행 등을 통해 직접 자금을 조달하기 힘들었던 시절, 사업은 곧 모든 책임을 창업주가 지고 빚을 얻어 기계를 사고 임금을 준다는 것을 의미했습니다.

빚은 '부채'라고도 하며, 부채를 갚아야 하는 의무를 '채무'라고 합니다. 일반적으로 개인에게 부채는 소비를 위한 것, 생활을 위한 것이라면, 기업에게 부채는 생산활동을 위한 것, 부가가치를 만들기 위한 것입니다. 부채는 기업에게 양날의 칼과 같아서 잘 쓰면 약이 되지만 못 쓰면 독이 됩니다. 하지만 기업과 부채는 떼려야 뗄 수 없는 관계입니다. 부채는 기업의 대차대조표와 손익계산서에 그 상황이 표시되며 기업 활동에 영향을 미치게 됩니다.

다음 그림은 기업의 대차대조표입니다. 왼 에는 현재 기업이 가지고 있는 자산이 표시되며 오른 에는 부채와 자본으로 나뉘어 그 자산의 원천이 표시됩니다. 즉 현재 기업이 장사할 수 있는 밑천이 되는 도구가 채권자에게 받은 것(부채)인지 주주에게 받은 것(자본)인지 구분됩니다.

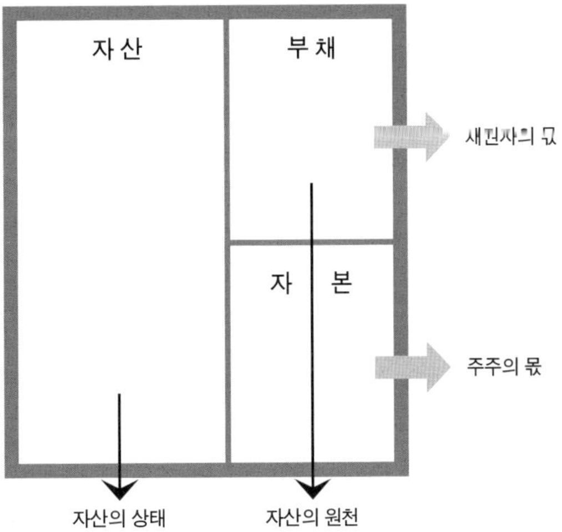

대차대조표

다음 그림은 기업의 손익계산서로 기업이 일으킨 부가가치인 매출이 어떻게 배분되는지를 나타내고 있습니다. 인건비, 원재료비 등의 매출원가는 종업원 및 생산활동자가 가져가고 남은 금액 중 부채에 대한 비용인 이자는 채권자에게 돌아갑니다. 그리고 사회 인프라를 제공한 정부에 세금을 냅니다. 이렇게 기업활동에 개입된 주체들에게 부가가치의 일부를 할애하고 나면 최종적으로 주주의 몫인 순이익이 남아 다시 대차대조표상의 자본계정에 쌓이게 됩니다.

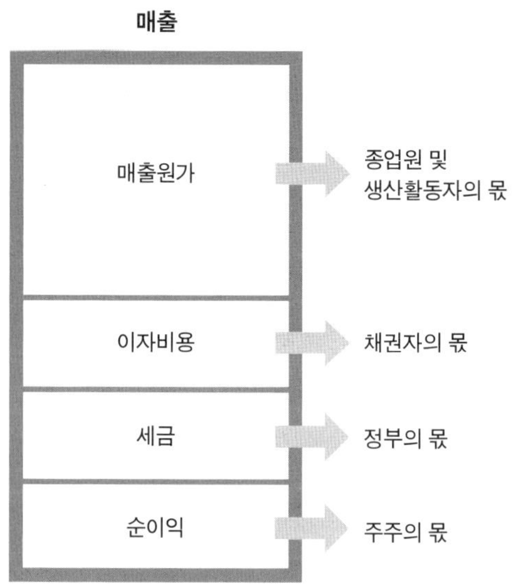

손익계산서

대차대조표와 손익계산서를 통해 채무의 의미를 다시 한번 뒤집어 생각해볼 수 있습니다. 기업이 부채를 많이 쓰게 되면 주주의 입장에서는 레버리지 효과를 누릴 수 있습니다. 즉 투입을 적게 하더라도 큰 부가가치를 만들 수 있는 재원을 확보할 수 있습니다. 하지만 그만큼 이자비용 부담이 늘어 순이익은 줄어듭니다. 따라서 부채에 대한 합리적인 의사결정은 부채를 쓴 만큼 순이익을 이자비용보다 늘릴 수 있는 가능성이 있을 때 이뤄집니다. 반대로 부채를 쓰지 않으면 주주가 기업 자원의 대부분을 만들어내야 하고 자산이 추가로 필요할 때마다 이를 주주가 부담해야 합니다. 하지만 그만큼 돌아오는 몫도 큽니다. 이자비용을 지급하지 않아도 되기 때문에 이익이 훼손되지 않고 그대로 주주의 몫으로 돌아옵니다.

부채를 어떻게 활용해서 기업가치를 극대화하느냐 하는 것은 경영자의 판단입니다. 투자자가 할 일은 자본효율성에 입각해서 부채가 잘 사용되고 있는지, 부채가 과다해서 기업 존폐에 영향을 미칠 정도는 아닌지, 이자비용이 이익을 심하게 훼손하지는 않는지 등을 판단하는 것입니다. 부채가 단순히 나쁜 것, 사업이 안정화되면 모두 갚아야 하는 것이라고 판단하기보다는 부채의 속성을 분명히 인식하고 기업활동과 연계해 생각하는 것이 합리적인 판단입니다.

이익 증가의 방법

사회의 온갖 변화를 반영하는 주식시장에서는 환율상승 수혜 테마, 황사 테마, 대북 관련 테마, 중국 관련 테마 등 끊임없이 테마가 나타났다가 사라지곤 합니다. 이 과정에서 주가가 큰 상승폭을 그리는 주식이 '테마주'라는 이름으로 나타나 그 시기의 스타가 됩니다. 하지만 주식시장의 영원한 테마는 역시 실적입니다. 그 중에서도 순이익이야말로 주식의 가치를 정하는 결정적인 요소입니다.

순이익을 늘리는 방법에는 제2부에서 언급된 것처럼 매출을 늘리거나 매출원가를 줄이는 방법이 있습니다. 이것은 영업 부문을 개선해 영업이익을 늘림으로써 순이익을 높이는 방법입니다. 그런데 영업이익이 순이익으로 넘어오는 단계에는 영업외적인 순익의 증감 요인이 버티고 있습니다. 즉 영업외적인 쪽에서 순이익을 늘릴 수 있는 방법이 있다는 것입니다. 다시 여기서 두 가지 방법으로 나뉘는데, 영업이 아닌 재테크로 순이익을 늘리는 방법과 영업외적인 비용을 줄이는 방법이 그것입니다. 후자의 대표적인 예는 부채에 대한 이자비용을 줄이는 것을 꼽을 수 있습니다.

이 방법은 두 가지 특징이 있습니다. 첫째, 기업이 부채를 갚을 수 있는 여력이 있다면 외부변수와 상관없이 이익을 늘릴 수 있습니다. 새로운 시장을 개척해서 순이익으로 연결시키는 데는 상당한 시간이 걸리고 예측도 어렵지만, 이자비용을 줄여서 순이익을 늘이는 방법은 효과가 바로 나타나고 예측이 용이합니다. 둘째, 이익을 늘리기가 쉬운 반면 이익 증가의 폭이 정해져 있습니다. 위의 그림처럼 이자비용을 줄여나갈 경우 순이익이 따라서 늘지만 이자비용이 완전히 발생하지 게 되면 순이익 증가가 정지됩니다.

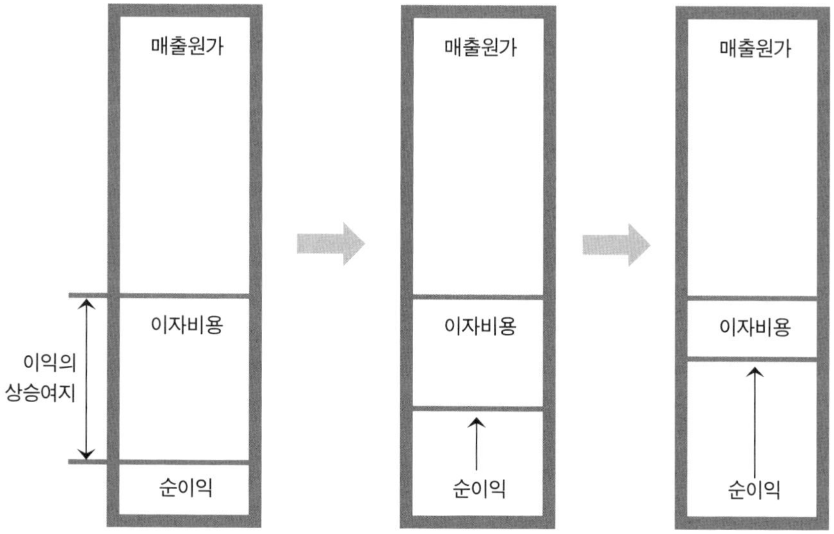

이자비용을 줄여나가는 경우

특히 이자비용 감소로 인한 순이익 증가가 많이 생길 수 있는 업종은 화학, 기계 등 대규모 설비투자가 필요한 것들입니다. 부채로 설비투자를 한 뒤 발생한 현금흐름으로 부채를 갚아나가는 경우 영업이익이 증가하고 이자비용이 감소하는 전형적인 모습을 보입니다.

그러나 이때 영업이익이 실제로 증가하고 있는지를 함께 살펴야 합니다. 결국 영업이익이 부채를 갚아 이자비용을 줄일 수 있는 재원이 되기 때문입니다. 대규모 투자가 현금흐름으로 이어지지 않아서 부채를 갚을 수 없게 되는 경우는 이자비용을 줄일 수 없을 뿐 아니라 회사의 존립에도 심각한 영향을 미칩니다.

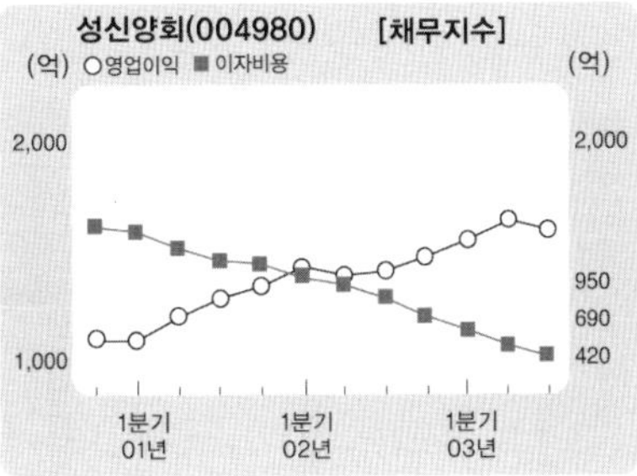

V차트의 영업이익-재테크 차트에서 이자비용의 증감 여부를 파악할 수 있는 지수는 '영업이익-이자비용 지수'입니다. 차트에 나타난 두 가지 지표를 비교해봄으로써 기업의 영업, 비영업 부문의 호전 추세를 파악할 수 있습니다. 가장 이상적인 것은 영업이익이 증가하고 이자비용이 꾸준히 감소하는 패턴입니다. 이 경우 경상이익과 순이익의 상승폭이 영업이익 상승폭보다 더 크게 나타나 주가상승을 촉발시키게 됩니다.

기업이 망하지 않는 방법

경제신문을 보면 '당좌거래 정지 기업'이라는 코너가 있습니다. 이 코너에는 매일 부도를 맞은 기업들의 리스트가 소개되고, 보통은 약 2~3단 정도 지면이 할애됩니다.

그런데 1998년 한창 우리나라 경제가 힘들 때 이 코너가 신문의 한 면 전체를 차지했던 적이 있었습니다. 그만큼 자고 나면 수 개의 기업들이 망해 들것에 실려 나가던 때였습니다. 주식시세표도 상황은 비슷했습니다. 약 한 면 정도가 관리종목으로 채워지던 시절이었습니다. 그 시기를 넘기지 못하고 살아남지 못한 기업들에게는 악몽과도 같은 기억일 것입니다.

기업이 망하는 요인에는 여러 가지가 있습니다. 경영진의 부도덕한 행위, 파업, 횡령 등 내부적인 문제일 수도 있고, IMF 때처럼 외부적인 환경의 문제일 수도 있습니다. 그러나 결국 직접적으로 기업을 망하게 하는 요인은 바로 부채입니다. 부채가 없는 상태에서 기업이 어려우면 그냥 청산하고 남은 금액을 주주에게 돌려주면 그만입니다.

하지만 부채가 있으면 얘기가 전혀 달라집니다. 부채를 해결하지 못하면 기업은 곱게 망하고 싶어도 망하지 못합니다. 부채를 갚지 못해 망하는 경우를 두고 흔히 "부도가 났다"라고 말합니다.

부채는 다음 그림처럼 매입채무, 차입금, 퇴직금으로 세분화할 수 있습니다. 대차대조표에서는 사용기간에 따라 단기부채와 장기부채로 나뉘지만 부채의 성격으로 구분한다면 이 분류가 더 정확합니다.

매입채무는 앞으로 갚아야 할 물건대금입니다. 어음이 대표적인 매입채무입니다. 매입채무는 영업 활동으로 인해 거의 모든 기업에 나타나는 부채로 누군가의 매입채무는 누군가의 매출채권이 됩니다. 매입채무는

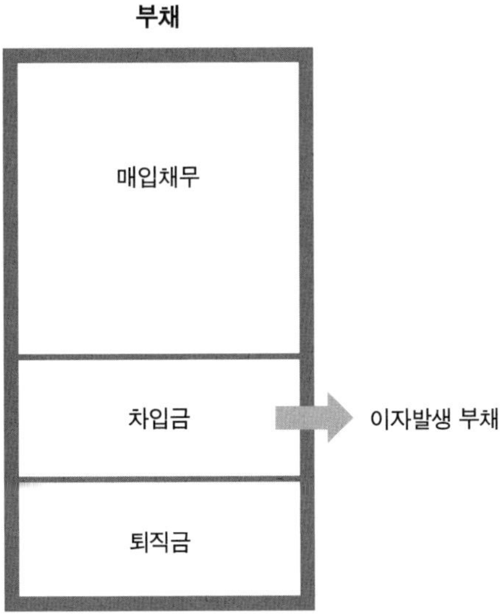

이자를 발생시키지는 지만 갚지 못하면 기업을 망하게 합니다.

퇴직금은 직원들에게 갚아야 할 채무입니다. 기업은 직원들의 근무연수에 따라 퇴직금을 쌓았다가 퇴직 시 이를 지급해야 합니다. 생계와 관련된 것이므로 법적으로 기업은 이를 전용할 수 없게 되어 있습니다. 매입채무와 마찬가지로 이자를 물지 않습니다.

눈여겨보아야 할 부채는 바로 차입금입니다. 매입채무와 퇴직금은 손익계산서에 영향을 미치지 않지만 차입금은 이자비용이라는 형태로 순이익에 영향을 미칩니다. 게다가 영업활동 범위 내에 있는 협력업체나 직원에게 지고 있는 다른 부채와 달리 은행 등 금융권에 갚아야 할 부채이므로 상환가능성이 작아지는 순간 바로 회수가 들어오게 되어 기업 부도의 주요한 원인이 됩니다. IMF 때 기업들이 부도를 맞은 대부분의 이유도 차입금에 대한 이자나 원금을 갚지 못했기 때문입니다.

매입채무와 퇴직금은 기업을 하다 보면 어쩔 수 없이 발생하는 부채지만, 차입금을 쓰느냐 마느냐 하는 것은 경영진의 판단입니다. 또한 차입금 사용을 통한 결과와 책임도 모두 경영진에게 귀속됩니다. 경영진을 믿고 투자하는 투자자도 차입금을 어떻게 쓰는 기업에 투자를 하느냐에 따라 결과가 달라질 수 있습니다. 성장을 위해 차입금을 쓰는 기업은 위험도는 높지만 성공해서 차입금을 갚는 데 지장이 없으면 큰 성장을 이룰 수 있습니다.

반대로 차입금의 활용에 실패하면 큰 손해를 입게 됩니다. 차입금이 낮은 기업에 투자를 하면 안정적이지만 폭발적인 성장에 따른 높은 수익률은 얻기 힘듭니다. 보수적인 투자자라면 차입금이 낮은 기업에, 공격적인 투자자라면 차입금이 높은 기업에 투자할 수 있습니다. 단, 차입금이 높은 기업은 부도 가능성이 있고 이자비용으로 인해 순이익이 훼손될 수 있다는 사실을 기억해야 합니다.

회계사: 부채에도 좋은 부채와 나쁜 부채, 두 가지가 있다는 사실을 알고 있나?

김대리: 부채 하면 안 좋은 이미지가 있지. 빚이 많아 좋을 게 뭐가 있나? 좋은 부채라니 어쩐지 어색한 말 같군.

회계사: IMF 위기를 겪으면서 한때 무차입기업이 시장의 관심을 끌었지. 하지만 위험이 적어진 만큼 새로운 성장 요소가 없다는 뜻도 된다네. 개인 관점에서 빚은 좋지 지만 생산활동을 하는 기업에게 부채는 잘만 쓰면 약이 될 수 있지.

김대리: 부채를 약으로 쓰는 기업에게 부채는 좋은 부채가 될 수도 있겠군. 하지만 그걸 어떻게 파악을 하나?

회계사: 좋은 부채를 쓸 수 있는 기업의 전제 조건이 몇 가지 있네. 첫

째, 부채를 영업 이외의 곳에는 쓰면 안 된다네. 비관련사업에 부채를 쓰는 기업은 조심해야 하네. 둘째, ROE가 시중금리보다 높아야 하네. 금리 이상의 현금흐름을 만들 수 있는 역량을 가진 곳만이 부채를 쓸 자격이 있지. 셋째, 현금흐름이 일정해야 하네. 부채가 있는 상태에서 현금흐름이 큰 폭으로 감소하면 회사의 존립 자체가 위험하지.

김대리: 부채를 무조건 나쁜 것으로 몰아가기보다는 잘 활용되고 있는 기업인지를 살펴보아야 한다는 의미군. 역시 투자자는 여러 관점으로 기업을 봐야 투자 아이디어가 생기는 것 같아.

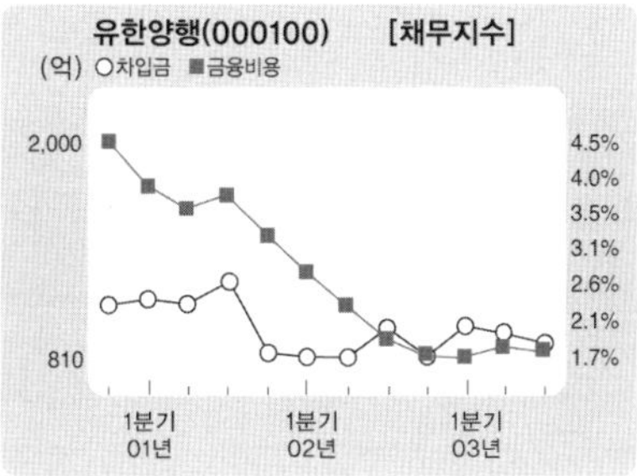

V차트의 영업이익-재테크 차트에서 차입금과 금융비용의 증감 여부를 파악할 수 있는 지수는 바로 '차입금-금융비용 지수' 입니다.

차트에 나타난 두 가지 지표를 비교해봄으로써 기업이 실제로 부채를 갚아나가고 있는지를 파악할 수 있습니다. 차입금이 감소하는 패턴을 보이는 기업은 앞으로 이자비용이 감소할 것이라고 추정해볼 수 있습니다. '영업이익-이자비용 지수'가 손익계산서와 관련된 부분이라면 '차입금-금융비용 지수'는 대차대조표와 관련된 부분입니다. 두 가지를 혼용하면 부채가 이익에 미치는 영향을 분석해 볼 수 있습니다. 결국 채무 지수는 순이익 지수를 좀더 자세히 파고 들어가 영업외 부분에서 이익의 증가 요인을 찾을 수 있도록 해주는 역할을 합니다.

채무 지수의 구성 원리

1) 영업이익 - 이자비용 지수

영업이익-이자비용 지수는 영업이익과 이자비용을 동시에 비교함으로써 순이익을 보다 세분화해서 파악할 수 있게 해주는 지수입니다. 차트의 왼쪽 Y축에는 영업이익이, 오른쪽 Y축에는 이자비용이 표시되어 있습니다.

영업이익은 이자비용을 낼 수 있는지 없는지의 여부를 가려주는 지표로서의 역할을 합니다. 또한 영업이익과 이자비용 각각의 추이를 통해 순이익의 증가 요인이 어디에 있는지 알 수 있습니다.

일반적으로 영업이익이 증가하면서 이자비용이 감소하는 기업들이 좋습니다. 적정주가를 '주당순이익×PER'이라고 가정한다면 이자비용의 감소는 순이익 증가로 연결되어 적정주가를 끌어올린다고 생각할 수 있습니다.

2) 차입금 - 금융비용 지수

차입금-금융비용 지수는 영업이익-이자비용 지수, 나아가서는 순이익 지수까지도 연결되어 있습니다. 부채 중에서 차입금만이 이자비용을 발생시키고 이자비용은 다시 순이익을 감소시키는 요인으로 작용하기 때문입니다. 이자비용 지수는 차입금 증감에 후행하는 속성이 있습니다.

금융비용은 이자비용이 매출액 대비 얼마나 되는지를 비율로 보여주는 값입니다. 이자비용을 매출액으로 나누면 금융비용이 됩니다. 예를 들어 100억 원의 매출을 기록한 기업이 5억 원을 이자비용으로 지급했다면 금융비용은 5%입니다. 금융비용 지수는 차입금이 실제 매출 증가로 이어지고 있는지, 기업이 이자비용을 감당할 수 있는지 등을 알려줍니다.

차트의 왼쪽 Y축에는 차입금 규모가, 오른쪽 Y축에는 금융비용 비율이 표시되어 있습니다.

| 최준철의 한마디 |

가치투자에 대한 4가지 오해④

오해 4. IT주식은 가치투자 대상이 될 수 없다.

가치투자자들은 굴뚝주들만 좋아하는 구닥다리 투자자로 취급받을 때가 많습니다. 이 오해도 결국 버핏에서 비롯되는데, 그는 최신 IT기술을 잘 이해할 수 없었기 때문에 기술주에 투자하지 않는다면서 스스로 이해할 수 있는 전통적인 기업들만 포트폴리오에 넣었습니다.

그러나 투자 대상이라는 것은 투자자의 능력이나 선호 등 개인적 차이에 기인한 것이지 가치투자는 굴뚝주만 사야한다는 법칙이 있는 것은 아닙니다. 투자자가 정보통신 기술과 사업영역에 정통하고, 그에 비추어 저평가된 우량 기업이 있다면 IT주식을 사는 것도 가치투자입니다.

그럼에도 대부분의 가치투자자들이 IT주식보다는 구경제 종목들을 많이 매수하는 경향이 있는데, 그것은 미래가치가 반영되어 비싼 IT주식이 많고, 그 기업의 미래를 예측하기가 힘들기 때문입니다.

지금까지 가치투자에 대한 4가지 오해를 살펴보았습니다. 가치투자자들은 스스로를 일정한 틀에 묶어둘 것이 아니라 가치투자의 기본 원칙을 바탕으로 자신에게 맞는 규율을 찾아야 할 것입니다.

1) 영업호조, 이자 감소형 (1): 신세계푸드(031440)

영업이익-이자비용 지수가 X자로 나타나는 전형적인 영업호조, 이자 감소형 패턴이다. 2001년 1분기 이후 매 분기 영업이익이 증가하는 추세적 상승세가 나타나고 있을 뿐 아니라 160억 원에 이르렀던 이자비용도 꾸준히 감소세를 보이고 있다. 영업이익으로 발생한 현금흐름을 차입금 상환에 사용해 이자비용 감소에 성공한 것으로 보인다. 2003년 들어서면서 사실상 무차입 기업으로 변모했다.

신세계푸드는 단체급식, 식자재 유통 및 외식사업을 영위하는 업체다. 외주 위탁경영 추세와 음식물에 대한 안정적인 대기업 선호 현상에 따라 외형 성장 및 수익성 증대가 일어나고 있다.

영업호조, 이자 감소형은 영업이익의 누수 현상이 발생하지 아 영업이익이 고스란히 당기순이익으로 이어질 수 있는 장점이 있다. 또한 이자비용이 감소되는 기간 동안 당기순이익이 증가해 기업가치가 상승하는 효과도 있다. 영업이 호조를 보일 뿐 아니라 영업으로 벌어들인 돈이 채권자에게 흘러가지 않는다는 사실은 주주에게 매우 즐거운 일이다. 이런 기업은 주주정책만 잘 세우면 배당이나 자사주매입으로 주주들에게 돈을 돌려줄 수도 있다.

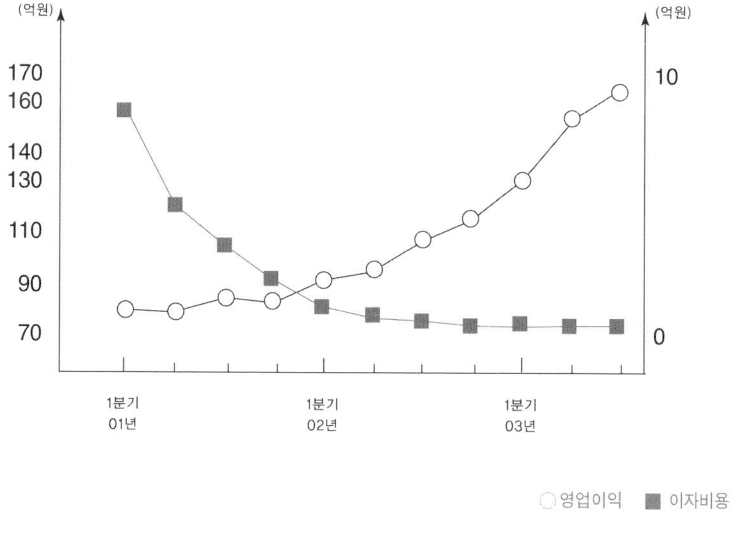

체크포인트

1. 자산구조 지수를 함께 살펴봄으로써 이익잉여금의 증가와 순현금자산의 증가 추이를 점검해 보자.
2. 경쟁업체인 CJ푸드시스템에 비해 어떤 경쟁력이 있는지 살펴보자.

2) 영업호조, 이자 감소형 (2): 에이스침대(003800)

좀더 확실한 영업호조, 이자 감소형의 패턴이다. 2000년 4분기에는 영업이익보다 이자비용이 월등히 많았으나 2002년 2분기를 기점으로 영업이익이 이자비용을 상향 관통하는 골든크로스의 모습을 보여주고 있다.

브랜드 파워 강화와 침대 교체 수요의 영향으로 영업이익이 꾸준히 증가했고, 이로 인해 풍부해진 현금흐름을 바탕으로 적극적인 차입금 상환에 나섰다. 그 결과 차입금 규모가 2000년 4분기 250억 원 수준에서 2003년 2분기에는 차입금이 거의 없는 무차입 경영 체제로 변모했다.

영업이익 증가와 이자비용의 감소는 폭발적인 당기순이익의 증가를 가져오게 마련이다. 물론 이자비용 감소분이 없어지면 당기순이익 증가폭이 줄어들게 되지만 안정성을 확보하고 향후 꾸준한 당기순이익이 유지될 수 있다는 점에서 매우 긍정적이다.

에이스침대는 차입금을 상환하느라 배당 재원이 크지 않았고 대주주 지분율이 높아 배당을 지급하지 않았지만, 2004년부터 회사 측의 의지만 있으면 배당을 실시할 가능성이 커졌다고 판단할 수 있다.

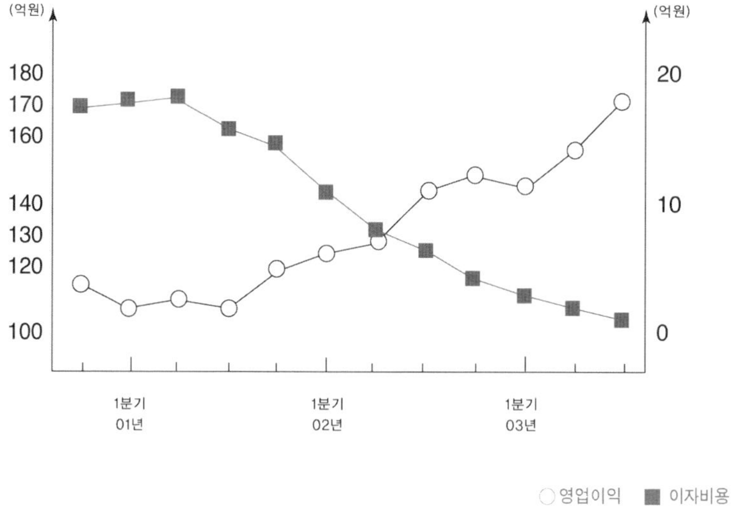

체크포인트

1. 과거 차입금이 많았던 이유를 살펴보자.

2. 안정성 지수를 통해 부채비율과 유동비율을 알아보자.

3) 영업정체, 이자 감소형: 대덕GDS(004130)

영업이익이 심한 등락을 보이면서 고점과 저점이 낮아지는 추세하락형의 패턴을 보이고 있다. 2001년 3분기 300억 원, 2002년 4분기 260억 원으로 영업이익 고점이 낮아지고 있다. 영업은 정체된 상태지만 재무구조는 개선되고 있다. 300억 원에 이르던 이자비용이 지속적으로 감소하면서 2003년 3분기를 기점으로 완전 무차입 상태로 들어갔다. 영업이익이 추세하락형의 패턴을 나타내고 있음에도 이자비용이 꾸준히 줄고 있는데, 이는 기존에 보유하고 있던 내부 유보 현금성자산으로 차입금을 줄여나간 것으로 파악된다.

대덕GDS는 대덕그룹 계열의 양면 및 특수 PCB를 전문으로 생산하는 업체다. PCB사업은 전방산업인 핸드폰, 가전 등 IT 경기에 매우 민감하게 움직이는데, IT 사업 자체가 매우 변동성이 큰 사업이라 대덕GDS의 영업이익의 진폭이 클 수밖에 없다. 또한 중국 및 동남아의 저가 제품과의 경쟁 심화에 따라 제품 판매단가의 하락이 불가피해 영업이익이 추세적으로 하락하고 있는 것으로 풀이된다.

영업이익의 진폭이 큰 사업은 매력적이지 못하다. 특히나 기술 동향에 민감한 사업일 경우 투자자가 예상하지 못할 정도의 영업이익 감소를 경험할 수도 있다. 대덕GDS는 이 같은 위험에 노출되어 있지만 이자비용 감소로 인해 안정성은 높아지고 있다. 영업이익 감소분을 이자비용 감소분이 벌충해 당기순이익 감소분도 상대적으로 영향을 덜 받았다. 영업정체, 이자감소형은 단기적으로는 부정적이지만 영업 부문이 돌아서면 과거보다 더 큰 순이익을 만들 수 있다는 점에서 장기적으로는 긍정적이다.

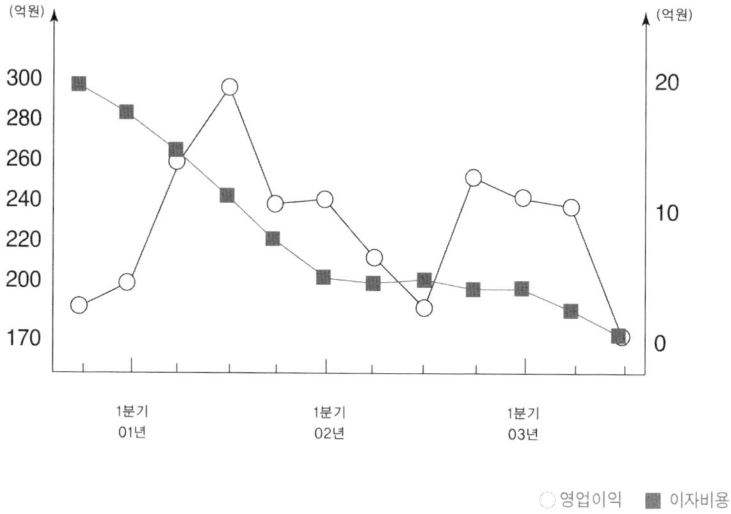

체크포인트

1. 자산구조 차트를 참조해 잉여금 추이와 순현금성 자산 추이를 살펴보자.

2. 주요제품인 PCB 판매가격 추이와 경쟁사를 점검해 보고, 산업의 존재 가능성을 점쳐보자.

1) 차입금 감소형 (1): 현대차(005380)

차입금과 금융비용이 동반 하락하는 차입금 감소형의 전형적인 패턴이다. 재무구조가 개선되어 안정성이 증대되고 금융비용이 감소한다는 확실한 신호다.

현대차는 국내시장 점유율 1위의 완성차 업체다. 최근 수출도 양적, 질적 개선이 이뤄졌다. 과거 소형차를 저가 수출하는 밀어내기 수출이 중심이었지만, 이제 품질을 바탕으로 한 중형차, SUV 등의 제품 포트폴리오로 자동차의 본산지인 미국에서 좋은 반응을 얻고 있다. 수출의 확대로 내수 위주의 단순한 사업구조를 탈피하여 국내 경기의 영향에서 자유로울 수 있다는 장점이 생겼다.

IMF 때 위기를 겪었으나 2000년 이후부터 이어져온 내수 경기의 진작과 수출 확대로 현대차의 외형과 실적은 꾸준히 상승했다. 이를 통해 확보한 현금흐름으로 차입금을 꾸준히 갚아서 부채비율을 95% 수준까지 낮추는 데 성공했다. 차입금도 2001년 1분기 5조 6,000억 원까지 증가하다가 2003년 2분기 3조 원 수준까지 낮아졌다. 워낙 차입금 규모가 커서 차입금 감소폭이 이익에 미치는 영향도 무시할 수 없다.

차입금 감소와 함께 금융비용도 꾸준히 줄어들어 2000년 4분기 매출액에서 차지하는 이자비용이 3.5% 수준에서 2003년 2분기 1.1% 수준으로 감소하면서 재무건전성을 높여주고 있다.

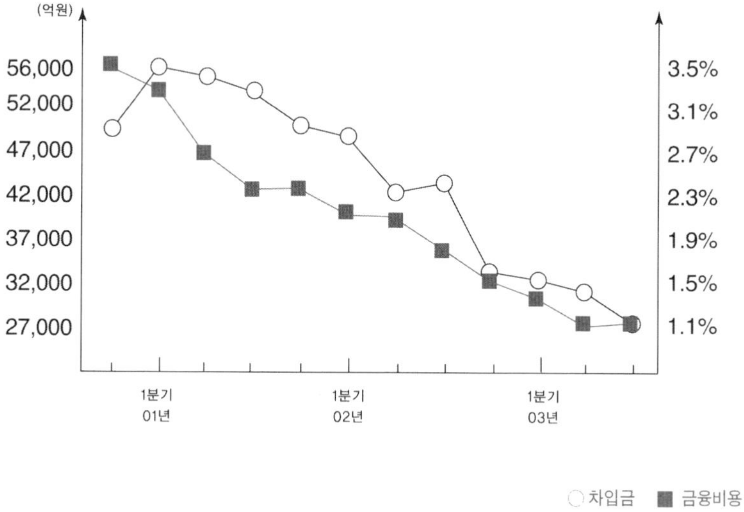

체크포인트

1. 향후 차입금을 어느 수준까지 낮출 수 있을 것인지 예측해보고, 이로 인한 이자비용의 감소분을 계산해보자.
2. 수출이 증가하고 있는 원인이 무엇인지 살펴보고, 수출 마진과 내수 마진을 비교해보자.

2) 차입금 감소형 (2): 이앤이시스템(065160)

차입금이 2000년 4분기 이후 꾸준히 감소하며 추세지속형 패턴을 보이고 있다. 2003년 3분기, 차입금이 거의 없는 사실상 무차입 상태로 돌입했다. 차입금의 지속적인 감소로 인해 금융비용도 계속 감소하여 2003년 3분기 금융비용이 매출에서 차지하는 비중은 0.1% 수준으로, 금융비용으로 외부에 유출되는 현금이 사실상 없는 회사다.

이앤이시스템은 2002년 3분기 코스닥에 등록한 업체로 빙축열 주력의 축냉식 냉방시스템 전문업체다. 건축법상 설치의무화, 한전 무상지원금 등 정부의 정책적 지원으로 빙축열과 수축열 냉난방시스템 매출이 급증하며 외형이 큰 폭으로 신장되고 있다. 무엇보다도 빙축열과 수축열의 원천 기술을 보유하고 있어 로열티 지급 등의 현금유출이 없는 것이 강점이다.

과점적 시장구도에서 뛰어난 원천기술력이 높은 진입 장벽으로 작용하고 있다. 따라서 매출의 증가로 인한 외형의 성장과 높은 기술력을 바탕으로 한 수익성의 증가 추이는 이어지리라 예상된다.

워낙 차입금 규모가 작아 이자비용 감소분이 이익에 미치는 영향이 적다고 볼 수도 있지만 이익 규모 자체도 작은 만큼 비율로 따지면 작지 않은 수치다. 또한 사업 기임에도 불구하고 차입금이 적다는 사실로부터 설비투자 등의 고정비 지출이 많지 않다는 점도 미루어 짐작할 수 있다.

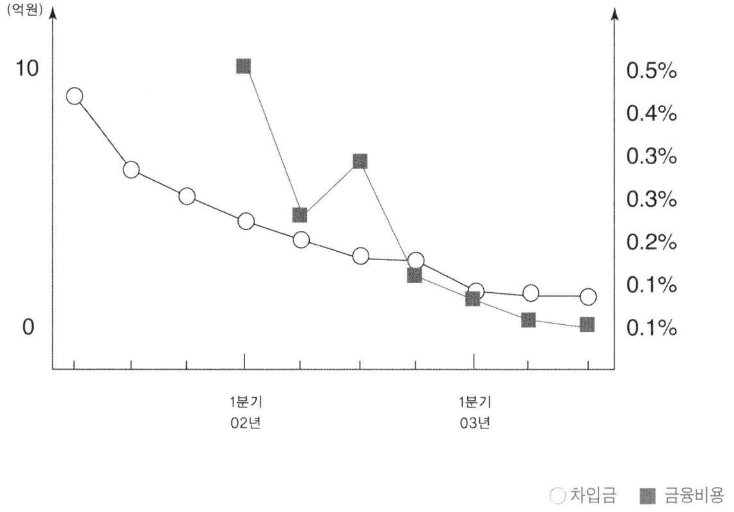

체크포인트

1. 차입금 상환 재원이 공모 자금이었는지 영업현금흐름이었는지 파악해보자.

2. 수주잔고를 살펴보고 향후 이익을 예측해보자.

3) 차입금 증가형 (1): 스페코(013810)

차입금과 금융비용이 함께 상승하는 차입금 증가형 패턴이다. 이 패턴은 재무구조가 취약해지고 안정성이 감소하는 전형적인 위험 신호다.

스페코는 아스팔트 믹싱 플랜트, 콘크리트 배처 플랜트 및 환경설비 제조업체다. 사업구조상 넓은 토지와 고가의 기계장치 등이 수적이고 공사기간이 장기이기 때문에 사업자금의 대부분을 차입에 의존할 수밖에 없다.

2000년 3분기 80억 원 불과했던 차입금이 매년 꾸준히 증가하면서 2002년 2분기에 370억 원까지 증가했고 2003년 2분기 330억 원을 기록하고 있다. 차입금이 불과 3년 만에 300% 이상 증가한 셈이다. 이에 따라 금융비용도 급격히 증가해 금융비용이 매출액에서 차지하는 비중이 2003년 2분기 6.7%까지 상승했다. 매출액의 6.7%가 금융비용으로 지출된다는 것은 이익의 대부분이 주주가 아니라 채권자에게 돌아가고 있다는 사실을 의미한다.

차입금이 갑자기 증가한다는 것은 성장을 위해 투자를 한 것이라 볼 수도 있지만 대부분은 영업이 부실해져서 남의 돈으로 생존을 유지하고 있는 경우가 많다. 여기에 금융비용 비율이 높아진다면 더욱 신뢰도가 높아진다. 스페코의 부채비율은 340%로 업종 평균인 189%를 훨씬 웃돌고 있고 영업이익 대비 이자지급액 정도를 나타내는 이자보상배율은 (-)를 기록하고 있어 회사가 벌어들이는 영업이익으로 이자도 지급하지 못하는 상황임을 말해주고 있다.

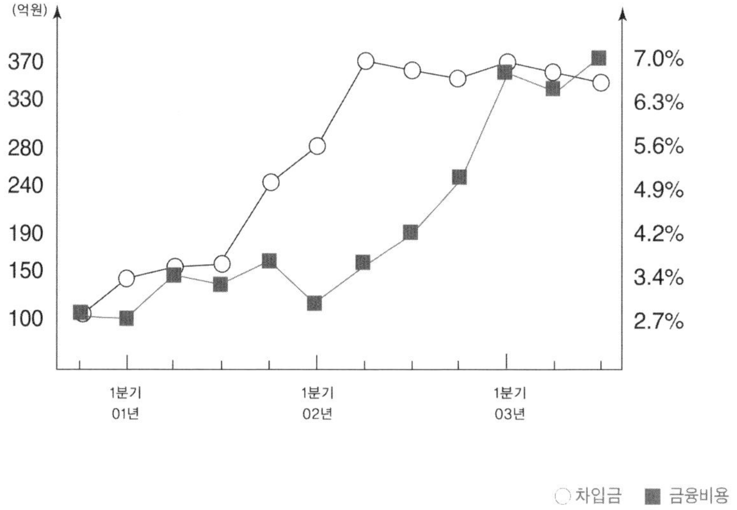

체크포인트

1. 차입금 증가 원인이 기업 내적인 요인인지 기업 환경적 요인이지 알아보자.

2. 몇 퍼센트 금리의 차입금을 쓰고 있는지 알아보고, 매년 발생하는 이자비용을 계산해보자.

4) 차입금 증가형 (2): 대한항공(003490)

비교적 안정세를 보이던 차입금 규모와 금융비용이 2001년 2분기 이후 갑자기 높아졌다가 장기적으로 추세가 이어지는 차입금 증가형 패턴을 보이고 있다. 차입금 규모는 2000년 4분기 2조 2,000억 원 수준에서 2003년 3분기 7조 원이 넘는 수준까지 증가하였다. 매출액에서 이자비용이 차지하는 비율인 금융비용은 2000년 4분기 6% 수준에서 2003년 3분기 10% 수준까지 상승했다. 적지 않은 수치다.

특징은 저점을 계속 올리면서 차입금의 진폭이 매우 크게 나타나고 있다는 점이다. 이 같은 모양은 항공업의 특징을 그대로 말해준다.

대한항공은 한진그룹 계열의 국내 최대 항공운송사다. 항공업은 여객기 구매 및 보수 등 해마다 대규모의 설비투자가 지속되어야 한다. 이를 감당하기 위해 차입이 불가피하다 보니 차입금 규모가 해마다 증가할 수밖에 없는 사업구조를 가지고 있다. 1위 업체임에도 불구하고 경쟁력을 유지하기 위해 투자를 계속해야 하는 숙명을 가지고 있다.

차입금의 규모가 매우 클 뿐 아니라 그 진폭이 크게 나타나는 사업은 좋은 사업 모델이라 할 수 없다. 항공업은 채권자나 여객기 제조회사에게는 환영받을지 모르지만 주주들에게는 바람직하지 못한 투자 대상이다. 워런 버핏이 항공업 주식에는 가급적 손을 대지 말 것을 주문했을 정도다.

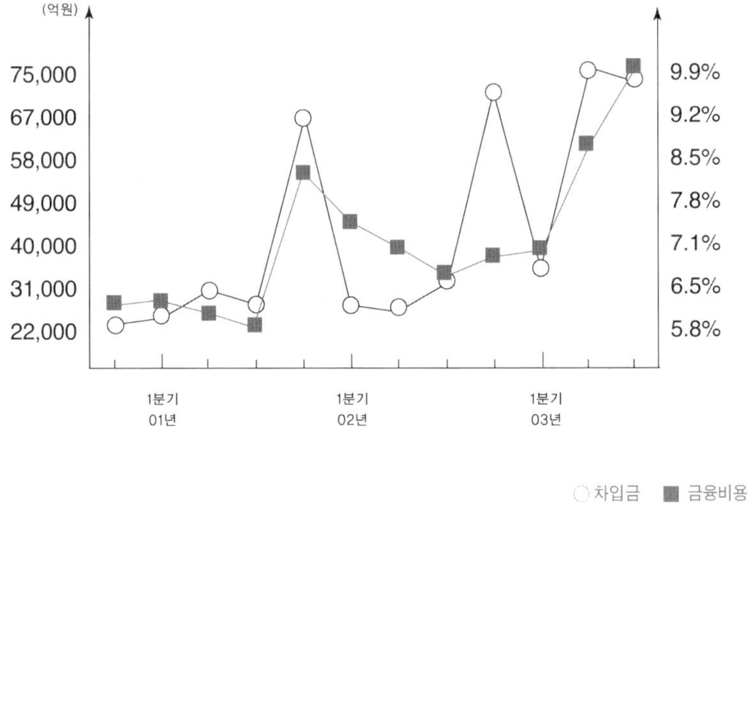

체크포인트

1. 경쟁사인 아시아나 항공도 비슷한 패턴을 보이는지 알아보자.

2. 차입금 중 외화차입금의 규모를 파악해보고, 환율이 미치는 영향을 분석해보자.

| 알아봅시다 |

진정한 친구들 아는 방법

로마의 철학자 키에르케고르는 "우리는 고난을 만나야 진정한 친구들을 알아본다"라는 말을 남겼고, 퀴리 부인은 "역경에 처할 때 우리는 진정한 친구들의 숫자를 세어볼 수 있다"라는 말을 남겼습니다. 영국에도 "좋은 일은 친구를 만들지만 역경은 친구를 시험한다"라는 격언이 있습니다. 이 말들은 모두 친구의 진가를 알려면 힘들 때를 살펴보라는 뜻을 내포하고 있습니다.

투자자들은 일반적으로 좋은 시절을 구가하는 기업에 투자하려고 합니다. 건설 경기가 호황이라는 얘기가 돌면 건설주에, 인터넷 열풍이라는 얘기가 돌면 인터넷주에 투자하는 식입니다. 하지만 이런 호경기에는 진정한 기업의 가치를 제대로 알아볼 수 없습니다. 특히 주식시장이 활황을 보이면 판단이 더 흐려집니다. "태풍이 불면 닭도 날아다닌다"라는 말이 있는데, 주식시장이 오를 때는 덩달아 오르는 주식들 중에 어떤 것이 닭이고 어떤 것이 비둘기인지 구분하기가 힘듭니다.

따라서 진정한 기업가치를 알기 위해서는 진정한 친구를 가려내듯이 정말 어려울 때 그 기업이 어떻게 행동했고 어떤 상태였는지를 살펴봐야 합니다. 투자자가 기업을 냉엄한 심판대에 올려놓고자 한다면 IMF 시기와 IT 버블 시기로 돌아가는 것이 좋은 방법이 될 수 있습니다. 그때가 기업들에게는 가장 힘든 시기이자 유혹이 많은 시험의 기간이었기 때문입니다.

우선 1997년, 1998년의 재무제표를 점검하십시오. IMF 시기에는 환율, 금리, 경기 등이 최악의 상황을 보인 때로 기업이 도저히 이익을 낼 수 없었던 환경이었습니다. 그럼에도 불구하고 이 시기에 매출액이 늘고 영업이익과 경상이익이 모두 흑자였다면 이 기업은 어떤 환경이 닥치더라도 이익을 낼 수 있는 기업으로 보아도 좋습니다. 이런 기업은 투자자에게 어떠한 상황도 같이 이겨나갈 수 있는 든든한 친구 같은 존재입니다.

다음으로 1999년의 투자 집행 내용을 점검하십시오. 이 시기는 전 세계가 광풍에 휩싸였던 IT 버블의 시기였습니다. 우리 기업들도 예외는 아니었습니다. IT주식에 돈만 넣으면 튀겨지니 이윤을 추구하는 존재로서 외면하기 쉽지 않은 때였습니다. 그러나 다들 미쳐 돌아갈 때 단 한 건의 투자도 집행하지 않은 기업이라면 다시 버블시대가 도래한다 하더라도 이성을 유지할 수 있는 기업으로 보아도 좋습니다. 이런 기업은 어떤 유혹에도 넘어가지 않는, 심지가 곧은 친구 같은 존재입니다.

세상에 진정한 친구가 많지 않듯이 진정한 친구 같은 기업도 많지 않습니다. 다들 자기가 투자자의 좋은 친구라고는 하지만 그 말을 그대로 믿기보다는 어려운 시기에 어떻게 행동했는지를 꼼꼼히 따져보고 사귀어야 합니다. 말은 속일 수 있어도 행동은 속일 수 없는 법입니다.

9 부자아들 지수

재테크도 능력

가치투자의 대가 워런 버핏은 자신이 소유한 회사인 버크셔 해서웨이의 지분 가치로 세계 2위의 부자에 올라 있습니다. 그런데 이 회사는 참으로 독특합니다. 버크셔 해서웨이는 영업 부문이 없어 직원이 10명 남짓에 불과합니다. 하지만 좋은 기업에 장기투자하여 그 이익을 자신의 회사로 귀속시키는 방식으로 스스로의 가치를 높여 왔습니다. 즉 버크셔 해서웨이는 투자를 목적으로 하는 지주회사입니다. 버크셔 해서웨이에게 돈은 원재료이며 투자는 곧 다른 기업의 영업 활동과 같습니다. 사람으로 따지면 주식, 부동산, 채권 등에 투자하는 재테크로 먹고 사는 전업투자자와 마찬가지입니다.

투자를 전문으로 하는 사람보다 직장에 다니거나 사업을 하는 것이 본업인 사람들이 더 많은 것처럼 버크셔 해서웨이처럼 특별한 경우를 제외하면 대부분의 기업들은 생산, 영업을 통해 재화나 서비스를 제공해

이익을 얻습니다. 하지만 직장에 다닌다고 해서 월급만 받고 마는 것이 아니라 여유자금을 운용하는 재테크를 하는 것처럼 기업들도 좋든 싫든 본 영업 외에 재테크를 해야 합니다.

본 영업으로 벌어들인 이익은 영업이익으로, 재테크로 벌어들인 이익은 영업외수익으로 잡혀 경상이익에 반영됩니다. 앞서 설명한 이자비용 등의 영업외비용을 줄여 순이익을 늘이는 방법이 소극적 성격의 이익극대화 방법이라면, 재테크로 영업외수익을 발생시키는 것은 적극적 성격의 이익극대화 방법입니다. 재테크 수입의 종류로는 이자수입, 임대수입, 유가증권처분이익, 지분법평가이익 등이 있습니다.

영업은 제쳐놓고 재테크에만 열을 올리는 기업은 좀더 주의 깊은 관찰이 필요합니다. 특히 한탕주의로 재테크에 접근하는 기업은 위험 대상입니다. 하지만 영업도 잘하면서 재테크도 잘하는 기업은 칭찬받아 마땅합니다. 기업이 가진 자원을 최대한 활용해서 주주에게 돌려주는 것은 기업의 의무이기 때문입니다. 기업에게는 재테크도 능력입니다.

지분법평가이익의 이해

기업의 재테크 중 가장 예측가능하고 기업가치를 꾸준히 제고하는 방법은 '훌륭한 아들'을 두는 것입니다. 갑자기 기업 얘기하다 웬 아들 얘기냐고 하시는 분도 계시겠지만 이윤을 추구하는 법인체인 기업도 아들이 있습니다. 소위 모회사와 자회사의 관계가 아버지와 아들의 관계입니다. 사람과 다른 점이라면 기업은 아들에 대해서 일정한 지분을 가진다는 것입니다.

그런데 어떤 아들을 두느냐에 따라 아버지의 모습이 많이 달라집니다.

아들이 사고를 쳐서 경찰서에 잡혀가 빼내느라고 아버지의 등골이 휘어질 수도 있고, 아들이 아버지보다 돈을 더 많이 벌어와서 용돈도 드리고 차도 바꿔주면서 아버지를 행복하게 해 줄 수도 있습니다. 즉, 자회사가 부실하면 모회사가 그것을 갚아내야 하고, 자회사가 우량하면 그 덕을 모회사도 볼 수 있다는 것입니다.

아들인 자회사가 아버지인 모회사에 벌어다 주는 이익은 회계상으로 지분법평가이익으로 잡히고 이는 영업외수익으로 인식되어 경상이익에 영향을 미칩니다. 반대로 손실을 내게 되면 지분법평가손실이 됩니다. 지분법평가이익은 20% 이상의 지분을 가진 자회사들에 대해서만 적용되며 당해 이익에 지분율을 곱해 모회사에 반영됩니다. 20%가 적용 기준이 되는 것은 20% 이상 지분을 가지고 있어야 실제 경영에 영향을 미친다고 판단할 수 있기 때문입니다.

자회사도 기업이기 때문에 시간이 지남에 따라 가치가 계속 변하는데 취득원가를 그대로 장부가치로 잡으면 실제 가치와의 괴리가 발생하게 됩니다. 지분법평가이익은 자회사의 가치를 장부에 반영시키기 위한 목적으로 1999년 처음 도입되었습니다. 지분법평가이익은 매년 자회사의 순이익을 모회사의 지분가치에 반영해서 조정을 하고 투자유가증권의 실제 가치를 계속 갱신하는 역할을 하게 됩니다.

지분법평가이익은 장부가치를 현실에 맞게 조정해준다는 장점이 있지만 회계상의 이익에 불과하다는 지적도 있습니다. 자회사의 이익은 어차피 자회사에 남아 있는 것이고 배당으로 들어오지 않는 이상 모회사에게는 실제 현금흐름이 없는, 단지 지분율만큼의 가상의 돈이라는 것입니다. 실제로 시장에서도 자회사의 가치가 모회사에 완벽하게 반영되어 거래되기보다는 다소 할인되는 것이 사실입니다.

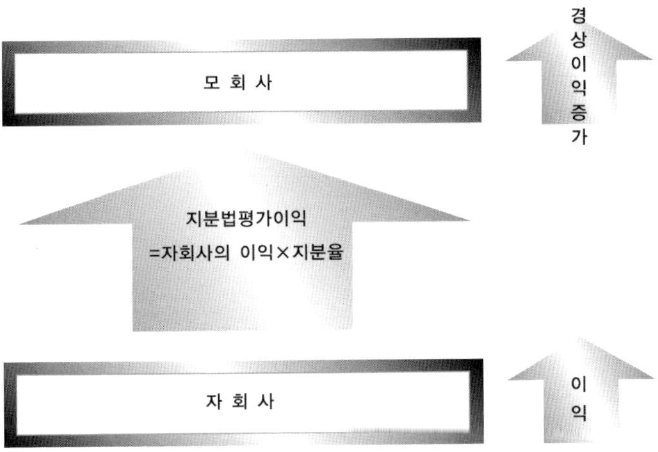

지분법평가이익 구조도

하지만 지분법평가이익은 세 가지 면에서 기업가치 변화에 큰 영향을 미칩니다. 첫째는 자회사에 대해 경영권을 가지고 있다면 실제로 자회사의 이익을 처분할 수 있는 권한을 모회사가 가진다는 점입니다. 즉 이익은 자회사에 남아 있지만 이것을 모회사로 끌어올 수 있는 여지가 있으므로 회계상 이익 이상의 의미를 가진다는 뜻입니다. 둘째는 자회사로부터의 이익은 지분을 가지고 있는 한 지속 가능한 이익이라는 점입니다. 기업은 계속기업을 원칙으로 하며 자회사도 기업인만큼 예외는 아닙니다. 자회사가 영업을 해서 이익을 내면 매년 지속적으로 모회사의 가치에 영향을 미치게 됩니다. 셋째는 자회사를 팔게 되면 매각이익이 모회사에게 돌아간다는 점입니다. 물론 매각을 하게 되면 향후 지속적으로 발생하는 지분법평가이익은 포기해야 합니다. 하지만 자회사의 미래가치까지도 감안한 금액을 일시에 받게 되면 모회사의 자산가치가 급격히 증가하게 됩니다.

효자 아들, 불효자 아들

앞에서는 낙관적인 경우만 가정해서 지분법평가이익이 발생하는 경우에 대한 얘기를 했지만, 자회사를 잘못 두면 평가이익은커녕 모회사의 자산을 깎아먹는 지분법평가손실이 나게 됩니다. 심지어는 잘못둔 자회사로 인해 모회사가 망하는 경우도 더러 있습니다. 즉 자회사가 '효자 아들형'이냐 '불효자 아들형'이냐에 따라 지분법평가이익이냐 지분법평가손실이냐가 가름됩니다.

'효자 아들형'은 스스로 시장에서 탁월한 지위를 가지고 있어 매년 대규모 지분법평가이익을 내어주고, 모회사가 힘들 때는 얼마든지 버팀목 역할을 할 수 있는 자회사를 말합니다. 반대로 '불효자 아들형'은 사고치고 아버지에게 돈을 뜯어가는 불효자와 같이 매년 대규모 적자로 모회사에 부담을 안겨주거나 돈을 더 달라고 항상 손을 벌리는 자회사를 말합니다.

가치투자자가 찾아야 할 기업은 효자아들형 자회사를 가진 모회사입니다. 물론 모회사도 투자에 적격일 정도로 우량해야 합니다. 효자아들형 자회사는 일종의 보너스와 같은 개념입니다. 주식시장은 아들을 잘 키운 것에 대해 아버지의 공로를 치하할 뿐 아니라 효자아들이 있다는 것을 찾아낸 가치투자자에게도 상을 내릴 것입니다.

이외에도 자회사와 모회사 간에 '부자父子 협동형' 관계를 가진 곳도 있습니다. 특히 효자 아들형에서 나타나는 모델로 자회사가 모회사와 협동하여 사업을 해나가는 유형입니다. 예를 들어 모회사가 자회사에 납품을 하고 자회사가 영업을 하여 배당이나 지분법평가이익의 형태로 이익을 모회사로 돌려주는 유형입니다.

이 중에서도 아들이 아버지보다 더 덩치가 커서 자회사에 대한 아이디어가 모회사 매입의 아이디어가 되는 경우가 있습니다. 농심홀딩스로 분리되기 전 율촌화학이 농심의 지분을 가지고 있으면서 라면봉지를 자회사인 농심에 납품하는 경우와 동서가 동서식품의 지분을 가지고 있으면서 커피포장재를 자회사인 동서식품에 납품하는 경우가 대표적인 사례입니다. '부자 협동형'에서는 자회사가 잘 되면 그에 따라 모회사의 영업이익과 지분법평가이익이 같이 늘어나 순이익이 크게 증가하는 모습을 볼 수 있습니다.

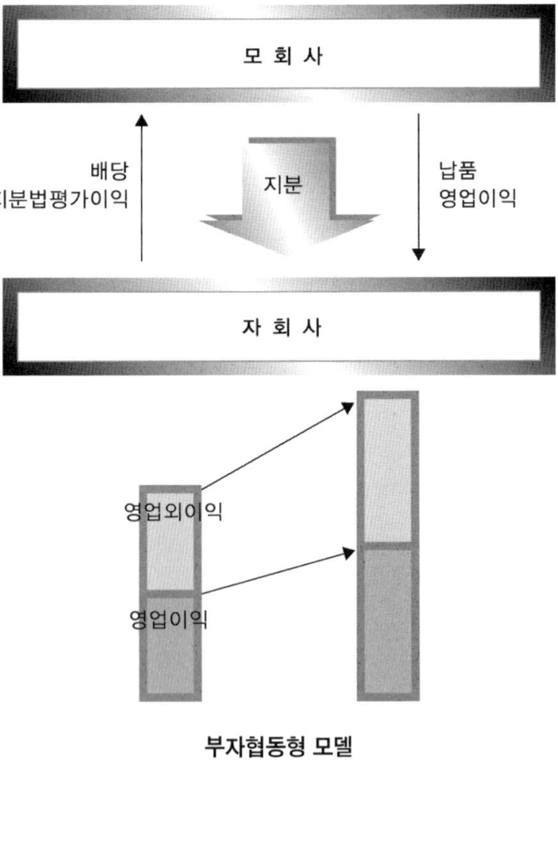

부자협동형 모델

부자아들 지수의 구성 원리

자회사로부터의 지분법평가이익에 따른 모회사의 가치 변화를 이해했다면 실제로 효자아들을 찾는 방법이 필요합니다. 그러나 모든 기업들의 재무제표를 펼쳐서 지분법평가이익의 추이를 찾는다는 것은 쉬운 일이 아닙니다. 게다가 모회사의 영업이익까지 살펴야 하기 때문에 더욱 어렵습니다. V차트 중 부자아들 지수는 이런 수고를 덜어주고 기업이 가지고 있는 아들이 효자인지 불효자인지를 한눈에 알 수 있게 해줍니다. 기업에게 효자는 다름 아닌 부자아들이기 때문에 부자아들 지수라는 이름이 붙었습니다.

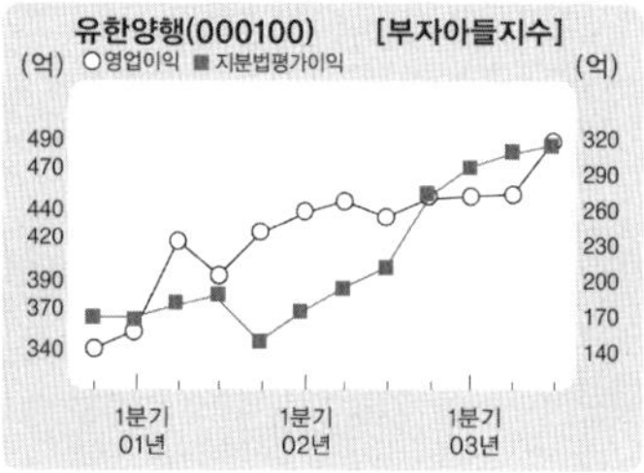

부자아들 지수는 영업이익과 지분법평가이익을 동시에 비교함으로써 본 사업의 현황과 자회사를 통한 재테크 성공 여부를 파악할 수 있게 해줍니다. 차트의 왼 Y축에는 영업이익이, 오른 Y축에는 지분법평가이익이 표시되어 있습니다.

자회사가 아예 없는 경우나 지분율이 20% 미만인 경우에는 지분법평가이익이 나타나지 않습니다. 지분법평가이익이 꾸준히 발생하면서 영업이익과 지분법평가이익이 동시에 증가하는 경우에는 세 가지 점검이 필요합니다. 첫째로 부자협동형인지 살펴봐야 합니다. 모회사의 영업이익이 자회사의 영업 호조와 연관이 있는지 점검합니다. 둘째로 자회사의 경쟁력과 이익의 지속성 및 성장성을 살펴봐야 합니다. 셋째로 자회사에 대한 지분율이 얼마나 되는지 살펴봐야 합니다. 지분법평가이익은 결국 자회사의 이익에 지분율을 곱한 것이므로 지분율의 크기에 따라 자회사 이익의 반영 크기가 결정됩니다.

1) 효자형 (1): 유한양행(000100)

지분법평가이익의 추세지속형 패턴이다. 2001년 4분기 140억 원 수준으로 한 차 줄어들기는 했지만 추세적으로 증가하는 모습이다. 2003년 1, 2분기에는 지분법평가이익이 영업이익의 68%에 육박했을 정도다. 말 그대로 효자아들이 아버지를 먹여 살리고 있는 셈이다.

유한양행 자회사로는 한국얀센, 유한크로락스 등이 있지만 가장 효자아들은 역시 유한킴벌리다. 유한양행은 유한킴벌리 지분 30%를 보유하고 있다. 나머지 70%는 미국 킴벌리클락사가 보유 중이다. 유한킴벌리는 생리대, 기저귀, 화장지 시장에서 독보적인 위치를 점하고 있다. 윤리경영으로 유명할 뿐 아니라 실적 또한 우수해 매년 약 25%의 성장세를 보이고 있다.

물론 유한킴벌리의 배당성향이 높지 않아 실제 현금은 유입되지 않지만 언제든 매각 혹은 상장이 가능하다는 점에서 지분가치는 충분히 인정될 만하다. 유한양행 투자자 중에는 유한킴벌리에 간접투자한다는 생각을 가지고 있는 사람들도 많다.

유한양행 자체도 좋은 회사다. 그러나 2002~2003년 2분기까지 제약업계의 불황으로 제약 부문의 매출과 영업이익이 정체된 모습이다. 이를 자회사인 유한킴벌리가 대규모 지분법평가이익으로 만회해주었다. 유한킴벌리는 유한양행에게 든든한 효자아들의 역할을 톡톡히 하고 있다.

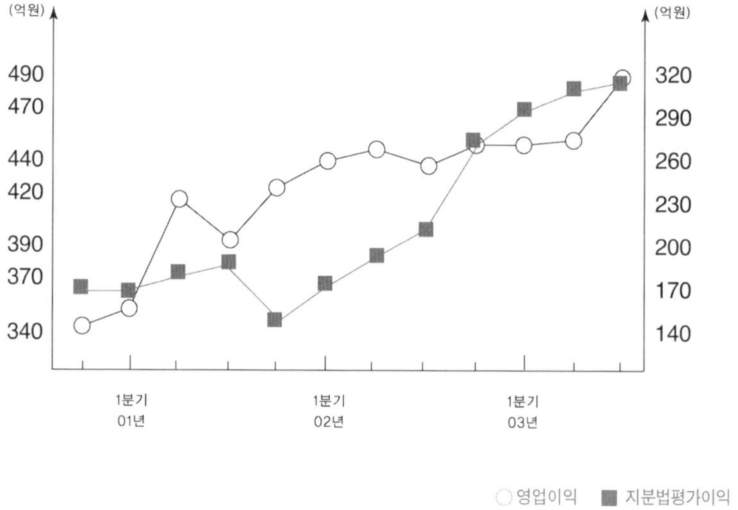

체크포인트

1. 국내 생활수준의 선진화로 인해 유한킴벌리가 얻는 이점에 대해 생각해보자.

2. 유한양행과 유한킴벌리 사이에 시 지 효과가 있는지 알아보자.

2) 효자형 (2): 대림산업(000210)*

* DL로 변경

지분법평가이익이 2001년 3분기를 바닥으로 추세적으로 상승하고 있다. 2001년 3분기 370억 원 적자였던 지분법평가이익이 2003년 3분기 1,000억 원 웃도는 수준까지 증가했다.

대림산업은 건설 및 유화산업을 영위하고 있는 대림그룹의 주력기업이다. 대림산업은 토목 및 플랜트 부문 등 건설업 전반에 걸친 뛰어난 경쟁력과 안정적 사업포트폴리오를 보유하고 있어 실적이 꾸준히 증가하고 있다.

대림산업에 막대한 지분법평가이익을 안겨주는 자회사는 여천NCC다. 원래 대림산업 내에 화학 부문이 있었으나 한화석유화학과 NCC 부문을 통합해 여천NCC를 만든 후 각각 지분 50%를 나눠 가졌다. 여천NCC는 유화산업의 기초원료인 에틸렌과 프로필렌 등을 생산하는데, 2002년 이후 원료가의 안정과 제품가격의 상승으로 순이익이 폭증했다. 그 배경에는 유화제품을 대규모로 소화하는 중국 시장의 성장이 있었다.

그 결과 여천NCC의 50% 주주인 대림산업은 2003년 3분기에 900억 원 이상의 지분법평가이익을 거두고 있고, 유화산업 호황에 따라 지분법평가이익은 당분간 지속적으로 증가할 것으로 예상된다. 여천NCC는 비관련사업을 지분출자 형태로 회사 밖에 두면서 경쟁업체와 윈-윈을 한 대표적인 사례다.

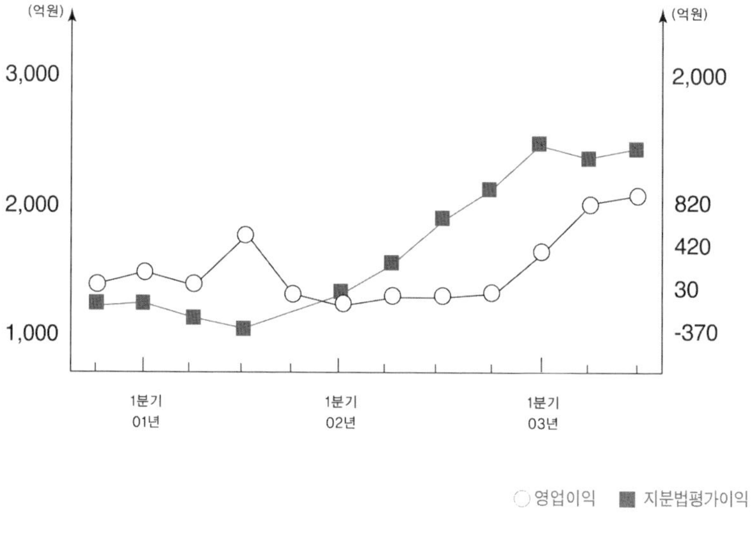

체크포인트

1. 규모의 경제와 관련해 여천NCC의 경쟁력을 알아보자.

2. 대림산업과 한화석유화학 사이에 지분 경쟁 가능성은 없는지 점검해보자.

3) 불효자형: 오리온(001800)*

* 오리온홀딩스로 변경

지분법평가이익이 2002년 4분기까지 상승 추세를 타다가 2003년 들어 급감하는 모습이다. 동양제과에는 온미디어, 메가박스 등 엔터테인먼트와 관련된 효자 자회사들이 있다. 그러나 단 하나의 불효자로 인해 전체 지분법평가이익이 급감했다. 아무리 효자들이 많다 해도 불효자 하나가 덩치도 크고 말썽도 더 많이 피우면 전체적인 지분법평가이익은 감소하게 되는 법이다.

오리온은 초코파이, 고소미, 웨하스 등을 만드는 국내 2위의 제과업체다. IMF 전후로 엔터테인먼트 쪽으로 사업다각화를 진행해 여러 자회사를 두어 이익회수기에 접어들고 있었다. 그러나 2003년 1분기에 스포츠복표사업자인 스포츠토토를 인수하면서 지분법평가이익이 대폭 감소했다. 스포츠토토에 300억 원이라는 거금을 쏟아부었을 뿐 아니라 로또 등에 치여 사업이 지리를 잡지 못하면서 대규모 적자를 내고 있기 때문이다.

지분법평가이익이 2002년 4분기까지 추세지속형의 패턴을 보이면서 증가하다가 2003년 1분기, 상승 추세를 붕괴시키는 하락이 발생했다. 결국 이 하락은 지분법평가손실로까지 이어졌다. 이는 이미 투자한 자회사가 영업악화로 적자 전환이 되었거나 신규로 편입한 자회사가 정상적인 영업을 하지 못하였을 경우에 나타나는데, 오리온은 후자에 속한다.

제과 영업은 워낙 안정적이고 시장지배력도 탄탄하기 때문에 현금흐름에는 문제가 없다. 오리온의 향후 주가는 자회사인 스포츠토토에 달려 있다. 계속 유상증자를 하면서 영업이 적자를 보인다면 오리온의 기업가치 하락은 피할 수 없을 것으로 예상된다.

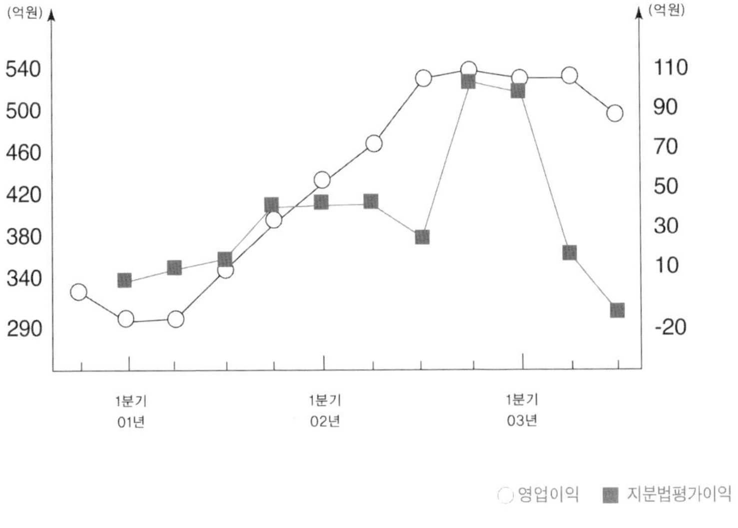

체크포인트

1. 스포츠토토에 대한 투자규모가 자산규모에 비해 적정한지 살펴보자.
2. 스포츠토토의 사업 내용과 실적을 점검해 보고 향후 전망을 예측해보자.

4) 부자협동형: 동서(026960)

동서는 부자아들 지수 중 전형적인 효자형 패턴이다. 지분법평가이익이 영업이익을 훨씬 능가할 뿐 아니라 꾸준히 증가 추세에 있다. 그러나 다른 효자형과 다른 점은 지분법평가이익과 영업이익이 규모에 차이는 있지만 비례해서 증가한다는 것이다. 이런 추세가 장기간 이어질 경우 부자협동형으로 예상이 가능하다.

동서는 동서식품의 모기업으로 식품포장용기와 유지류를 자회사인 동서식품에 납품한다. 이 품목들은 모두 커피 매출과 직접적으로 연동되어 있기 때문에 동서식품의 매출 증가와 동서의 매출 증가가 동시에 이뤄지는 것이다. 여기에 더해 동서가 동서식품의 지분을 43% 보유하고 있어 동서식품의 이익 중 43%만큼을 지분법평가이익으로 얻는다. 결국 부자협동형은 영업만 잘 이뤄지면 모회사와 자회사 모두 득을 보는 구조라 할 수 있다. 모회사가 자회사에 납품을 할 경우 모회사는 자회사 이익의 일부를 영업이익으로 얻어서 좋고 자회사는 제품을 안정적으로 공급받을 수 있어서 좋다.

다만 이때 납품가가 합리적인 수준에서 결정되는지를 살펴봐야 한다. 납품가가 지나치게 높으면 자회사의 이익이 모회사로 과도하게 이전되고, 반대로 납품가가 지나치게 낮으면 모회사의 이익이 자회사로 과도하게 이전된다. 전자의 경우 주주가 모회사 주식을 보유하고 있으면 상관이 없지만, 후자의 경우 주주가 모회사 주식을 보유하고 있을 경우 이익을 공정하게 향유할 수 없다. 후자의 경우는 자회사의 나머지 주식을 대주주 개인이 소유하고 있을 경우 빈번하게 발생한다.

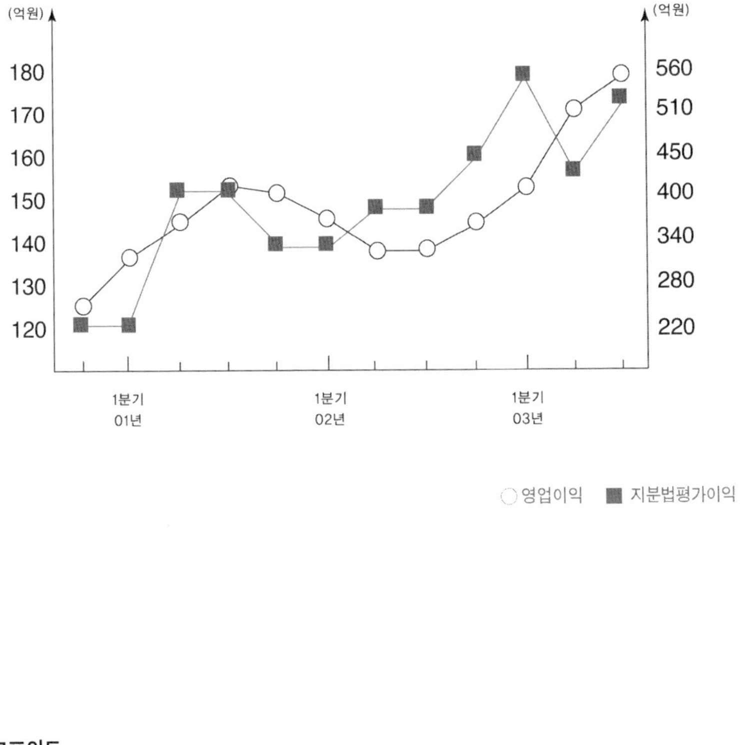

체크포인트

1. 자회사인 동서식품의 장부가치와 실제가치를 비교해보자.
2. 동서식품에 대한 납품가가 합당한지 점검해보고, 동서식품의 나머지 주주는 누구인지 파악해보자.

제 4 부

자산가치 차트

| 서문 |

itooza.com에서 제공되는 자산가치 차트는 모두 6개입니다. 자산가치 차트에서 제공되는 지수는 다음과 같습니다.

1) 부채비율-유동비율 지수
2) 차입금-차입금 비중 지수
3) 순운전자본 지수
4) 절대저평가 지수
5) 고정자산 적합 지수
6) 이익 축적 지수

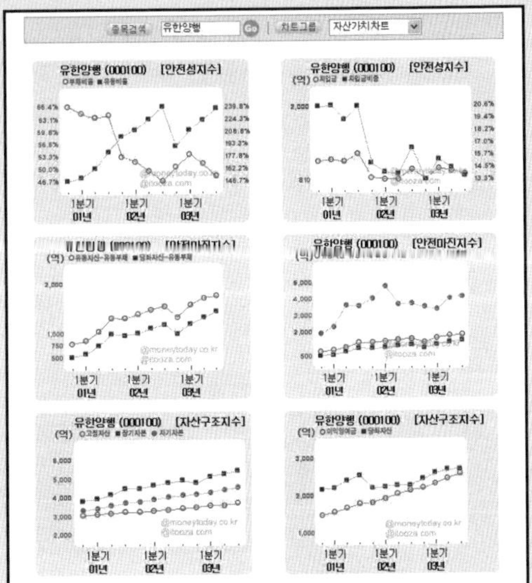

itooza의 자산가치 차트

이것을 다시 세 가지로 나누면 1, 2번은 안정성 지수, 3, 4번은 안전마진 지수, 5, 6번은 자산구조 지수로 구분할 수 있습니다. 안정성 지수를 통해서는 기업이 현재 얼마만큼의 차입금을 갖고 있는 상황이며 유동성을 적정하게 확보하고 있는지를 알 수 있습니다. 안전마진 지수를 통해서는 자산가치에 비해 시가총액이 얼마나 저평가 상태에 있는지를 알 수 있습니다. 자산구조 지수를 통해서는 기업이 벌어들인 이익이 어떤 상태로 자산에 쌓여가고 있는지를 알 수 있습니다.

자산가치 차트는 한 시점에서 기업의 자산구조 상황을 찍은 사진들을 연속동작처럼 분기별로 이어놓은 차트입니다. 제4부에서는 수익가치와 더불어 기업가치의 한 축을 이루고 있는 자산가치에 대해 자세히 설명됩니다.

10 안정성 지수

자산가치의 기본, 안정성

제2, 3부에서 수익가치에 대해 심도 있게 다뤘다면, 제4부에서는 기업가치의 다른 축을 이루는 자산가치에 대해 다루게 됩니다. 자산가치를 재는 기준은 '얼마만큼의 자산을 얼마나 적절한 구조로 가지고 있는가'입니다. 더 나아가면 가치투자자는 가치와 가격의 괴리를 찾는 것이므로 '시가총액이 자산가치에 비해 얼마만큼 저평가되어 있나'를 살펴봐야 합니다.

이 세 가지 체크 포인트를 자산가치 차트에서 모두 찾아낼 수 있습니다. 얼마만큼의 자산을 가지고 있는가는 이익잉여금, 유동비율, 당좌자산이 나타나는 안정성 지수, 자산구조 지수에서 찾을 수 있고, 얼마나 적절하게 구성되어 있는가는 고정자산, 장기자본, 자기자본, 부채비율 등의 계정이 나타나는 안정성 지수, 자산구조 지수에서 파악할 수 있습니다. 또한 안전마진 지수에서는 기업의 순수한 자산과 시가총액 사이의 괴리가 얼마나 나고 있는지를 알 수 있습니다. 단순히 전자공시상의 수치로도 파악할 수 있는 부분이지만 자산가치 차트를 활용하면 분기별 변화 추이를 알 수 있기 때문에 미래의 자산구조 전망을 대충 가늠할 수 있고 과거의 데이터가 누적되어 쌓여 있으므로 신뢰성이 높다는 장점이 있습니다.

자산가치를 본격적으로 해부하기 전에 가장 우선적으로 확인해야 할 사항은 기업의 안정성입니다. 주식투자자가 항상 머릿속에 가져야 할 전제는 '내가 투자하는 기업에 최악의 상황이 닥칠 수도 있다'라는 것입니다. 실제로 IMF 금융위기와 같은 사태가 또 오지 않으라는 법도 없고 기업이 속한 업황이 최악의 국면을 맞을 수도 있습니다. 이런 최악의 순간에도 기업이 살아남을 수 있는지 점검한 후 확신이 있을 때만 분석에 들어가야 합니다. 잔인한 비유를 하나 들자면, 결혼할 상대를 고를 때 외모, 학력, 직업 모두 중요하지만 배우자가 결혼 후 죽으면 모든 게 끝나버리고 마는 것과 마찬가지입니다.

투자자에게 기업의 안정성이 중요한 이유는 '곱하기 0을 만드는 투자'를 피하기 위해서입니다. 세상의 모든 수를 다 곱하면 1,000억, 1조가 나오는 게 아니라 0이 나옵니다. 아무리 큰 수가 곱해진다 해도 중간에 0 하나가 끼면 결국 최종적인 답은 0일 수밖에 없습니다. 주식투자도 마찬가지입니다. 급속도로 성장하는 회사에 운 좋게 투자해 큰 돈을 벌 수는 있겠지만, 다시 그 돈을 투자해 단 한 번이라도 망하는 회사에 투자한다면 그것으로 끝입니다. 다시는 기회가 오지 습니다. 주식투자를 오래 하면서 복리의 마술을 느끼고 싶다면 투자를 하기 전 항상 해당 기업의 안정성을 점검해야 합니다.

부채비율의 이해

제3부의 이자비용 부분에서도 설명했듯이 기업의 안정성을 나타내는 바로미터는 부채입니다. 주식투자를 할 때 신용거래나 미수를 하지 않으면 원금만 날리고 그만인 것처럼 기업도 부채 없이 사업을 하면 단기간에 망하는 일은 없습니다. 하지만 부채가 없는 만큼 규모가 큰 사업을 하기 힘들고, 레버리지 효과를 누리는 짜릿한 기분은 포기해야 합니다. 따라서 적절한 규모의 부채를 가져가면서 자본의 효율성을 높이고 있는 균형 잡힌 기업을 발굴해내야 합니다.

부채는 앞서 수익가치 부분과 이번 자산가치 부분 모두에 걸쳐서 설명되고 있는데 접근방법은 다소의 차이가 있습니다. 수익가치에서의 부

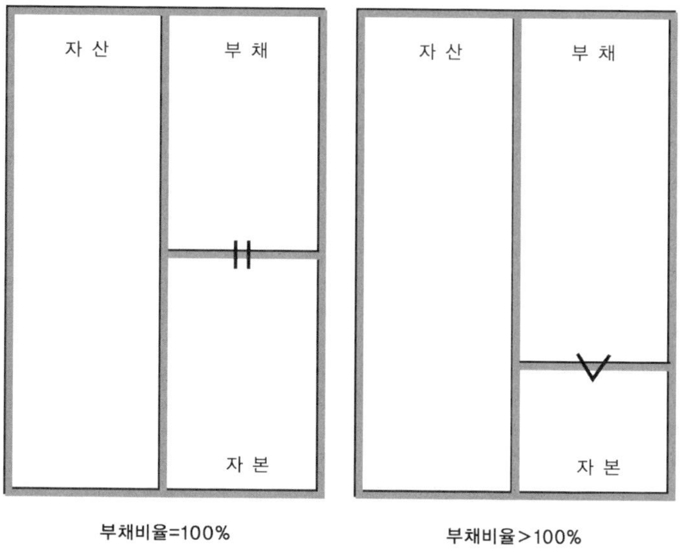

부채비율에 따른 대차대조표

채는 주주에게 귀속되는 순이익을 감소시키는 이자비용을 발생시키는 원천으로 인식됩니다. 따라서 부채가 지속적으로 감소하는 추세에 놓인 패턴을 좋은 차트로 봅니다. 하지만 자산가치에서의 부채는 무조건 적은 것이 최선은 아닙니다. 대신 자본과 부채가 업종의 특성, 그리고 성장의 단계에 맞게 적절히 분배되어 있는가를 중점적으로 살펴야 합니다. 이것을 가장 잘 드러내주는 지표가 부채비율입니다.

부채비율은 부채총계를 자본총계(자기자본)로 나눈 값입니다. 즉 현재 기업이 가지고 있는 부채가 자본에 비해 더 많은지 적은지를 나타내는 지표입니다. 부채비율이 100%가 넘으면 부채가 자본보다 더 많은 상태입니다.

이론적으로 부채비율이 100%라는 것은 일시에 부채 상환 요청이 들어왔을 때 회사의 자기자본으로 모두 갚아주면 자산이 하나도 남지 않는 상태를 일컫습니다. 그러나 기업은 계속기업을 기본 가정으로 하고 있고 부채의 종류도 다양한 만큼 부채 상환 요구가 한꺼번에 들어올 가능성은 작기 때문에 부채비율이 100%가 넘어도 기업의 존립에는 큰 지장이 없습니다. 다만 기업의 안정성을 점검할 때는 최악의 상황을 가정하기 때문에 가급적 부채비율이 낮은 것이 좋습니다.

부채비율을 줄일 수 있는 방법은 크게 세 가지를 생각할 수 있습니다. 첫째는 부채가 줄어들면서 자기자본이 늘어나는 경우입니다. 분자가 줄면서 분모가 느는 것이라 부채비율이 가장 급격히 떨어지며 가장 이상적인 경우입니다. 둘째는 자기자본은 그대로인 상황에서 분자 부분인 부채만 줄어드는 것입니다. 이 경우는 이자비용이 줄어들고 안정성이 높아지긴 하지만 자산도 같이 축소되므로 첫째 경우에 비해서 뒤떨어집니다. 셋째는 부채는 그대로인데 분모인 자기자본이 늘어나는 경우입니다. 나가는 이자비용이 그대로여서 손익에 영향을 미치지는 지만 부채가 아닌 자기자본 확충에 의해 자산 증가가 이뤄지고 있다는 점에서 긍정적입니다. 이렇게 분자와 분모로 이루어진 부채비율의 공식 특성상 부채비율이 추세적으로 낮아지고 있다는 것은 여러모로 긍정적인 신호를 발생시킵니다.

하지만 모든 기업을 다 일정한 부채비율의 잣대로 평가할 수는 없습니다. 사업 혹은 업종의 특성에 따라서 안정성과는 관계없이 부채비율이 높을 수밖에 없는 기업들이 있기 때문입니다. 대표적인 것이 건설업과 증권업입니다. 건설사들은 업종 특성상 차입금을 많이 쓰기도 하지만, 워낙 제품 생산에 시간이 걸리다 보니 공사선수금, 분양선수금 등이 부채계정으로 잡혀서 부채비율이 높게 나타납니다. 그리고 증권사는 고객들이 거래용으로 예치한 예수금이 부채계정으로 잡혀서 부채비율이 높게 나타납니다. 엄밀히 말하면 기업이 판단해 부채를 일으킨 것이 아니라 영업을 하다 보니 불가피하게 생길 수밖에 없는 부채지만 어쨌든 높은 부채비율로 나타나게 됩니다. 아래 차트에서처럼 삼성증권과 계룡건설은 각 업계에서 재무구조가 우량하기로 소문난 회사지만 각각 150~250%, 100~150%를 왔다갔다 하는 부채비율 추이를 보이고 있는 것이 이를 입증합니다.

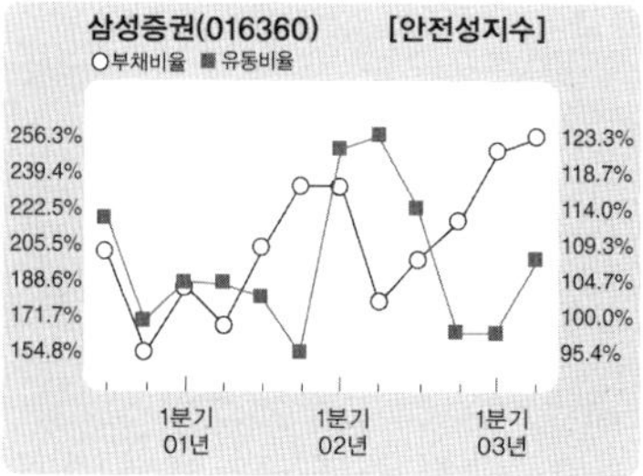

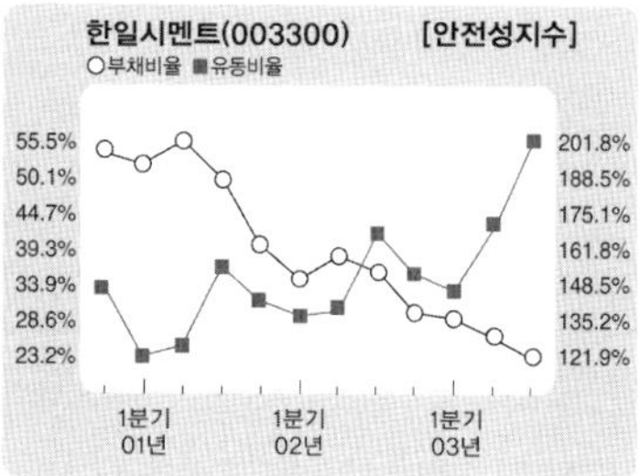

따라서 기업의 안정성을 점검할 때는 부채비율의 크기를 보되 그 사업을 완벽하게 이해해서 왜 그런 부채비율이 나오게 되었는지, 그 부채비율은 업종과 사업의 특성에 맞는지를 살펴봐야 합니다. 업계의 평균 부채비율과 비교하는 것이 가장 쉽게 해당 기업의 적정 부채비율을 찾는 방법입니다.

유동비율의 이해

요즘을 플라스틱 카드의 시대라고 합니다. 가수 김종서는 이를 빗대 '플라스틱 신드롬'이라는 노래를 발표한 적도 있습니다. 그의 노랫말대로 신용카드, 백화점카드, 심지어는 교통카드까지 카드만 있으면 웬만한 생활을 다 할 수 있습니다. 하지만 이런 편리함에도 불구하고 사람들은 지갑에 현금을 넣어 다닙니다. 현금의 대명사인 지폐는 중국 한 무제 때부터 쓰던 형태인데 최첨단을 달리는 아직까지도 사용되고 있습니다. 아무리 카드가 편리하다 해도 현금의 가치를 따라갈 수 없습니다. 어디서든 쓸 수 있고, 소액결제가 가능하고, 제 가치를 인정받습니다.

가치 측면에 있어서는 현금 대용품이라고 할 수 있는 상품권과 비교를 해보면 그 차이를 알 수 있습니다. 백화점 상품권은 해당 백화점에서 사고 싶은 물건을 살 수 있다는 면에서 현금과 거의 동일하며 선물용으로 사용됩니다. 하지만 상품권을 구두방 같은 곳에서 현금으로 바꿀 때는 약 8~10%의 할인율을 적용받습니다. 활용 범위 면에서 현금은 모든 대용결제물들에 우선합니다.

기업의 자산도 마찬가지입니다. 현금은 바로 투자가 가능하고, 물품

구매가 가능하고, 부채 상환요구에 즉시 응할 수 있는 최고의 자산입니다. 다음 그림처럼 대차대조표의 자산 계정은 얼마나 현금에 가까우냐에 따라서 위에서 아래로 당좌자산, 재고자산, 투자자산, 유형자산의 순으로 배열됩니다.

당좌자산은 현금, 단기금융상품, 현금화가 가능한 유가증권, 매출채권, 미수금 등 현금으로 바로 만들 수 있는 자산을 말합니다. 재고자산은

자산 계정	포함된 계정
당좌자산	현금, 현금등가물, 단기금융상품, 유가증권, 매출채권, 미수금 등
재고자산	상품, 제품, 재고품, 원재료, 부재료, 저장품, 미착상품 등
투자자산	매도가능증권, 지분법적용투자주식, 장기성매출채권, 보증금 등
유형자산	토지, 건물, 구축물, 기계장치, 차량운반구, 건설중인 자산 등

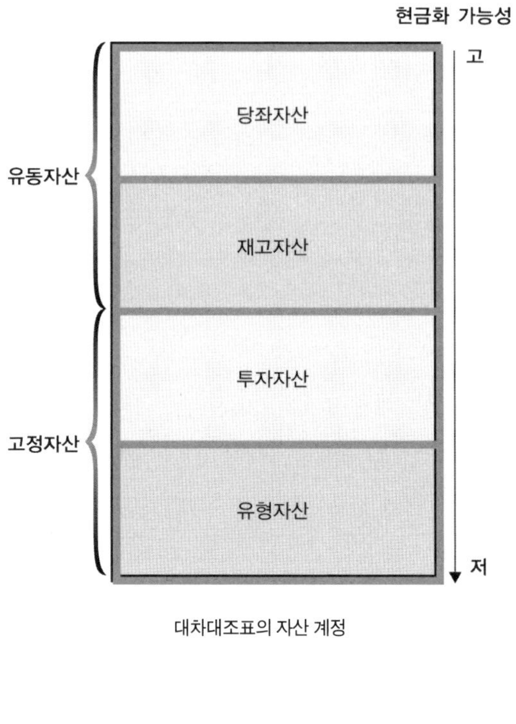

대차대조표의 자산 계정

상품, 제품, 원재료, 부재료, 저장품 등 팔려고 대기 중인 기업의 제품을 말합니다. 이 두 가지를 합쳐 유동자산이라 부릅니다. 유동자산은 기간으로 정확히 얘기하면 1년 이내에 현금화가 가능한 자산이라 할 수 있습니다.

유동비율은 유동자산을 유동부채로 나눈 값입니다. 유동부채는 1년 이내에 갚아야 할 부채를 일컫는 것입니다. 따라서 유동자산의 의미와 결합을 시켜보면 유동비율은 1년 이내에 부채를 즉시 상환할 수 있는 능력의 정도를 얘기합니다. 예를 들어 유동비율이 100%라면 1년 이내에 도래할 부채를 현재 가지고 있는 자산으로 정확히 갚을 수 있다는 의미입니다. 유동비율이 100% 미만이라면 유동부채의 일시 상환 요구에 응하지 못할 가능성이 있다고 해석이 가능합니다. 따라서 유동비율이 높을수록 기업의 안정성이 증대됩니다.

유동비율은 유동자산과 유동부채만 대응을 시키는 개념이기 때문에 자기자본의 크기와 부채를 따져 안정성을 타진하는 부채비율 개념과는 차이가 있습니다. 예를 들어 카드빚이 1억 원인 개인이 있는데 현금은 5,000만 원 밖에 없고 2억 원짜리 집이 있을 경우 이론적으로는 2억 원짜리 집을 팔아서 카드빚을 갚으면 되겠지만 집을 당장 팔 수 있는지의 여부에 대해 불확실성이 있기 때문에 가진 현금인 5,000만 원이 카드빚에 미달해서 신용불량자가 될 가능성이 있습니다. 이 사람의 경우 부채비율로 따진다면 66%(카드빚 1억÷자기자본 1억 5천)의 안정적 수치가 나오지만, 유동비율은 50%(유동자산 5천÷유동부채 1억)에 불과하게 됩니다. 유동비율은 최악의 상황을 가정해 기업의 안정성을 재는 보수적인 기준입니다.

그러나 유동비율 자체에 함정이 있습니다. 정말로 유동자산이 1년 이내 '유동'이 가능하냐 혹은 실제 그 가치를 현금으로 그대로 인정받을 수 있느냐의 문제가 있기 때문입니다. 가장 눈여겨보고 가치를 냉정하게 측정해야 할 부분은 매출채권과 재고 부분입니다.

외상대금을 떼일 수 있는 것은 꼭 동네 술집뿐만이 아닙니다. 기업도 아무리 관계가 돈독한 곳에 외상으로 물건을 주었더라도 상황에 따라서 떼일 가능성은 얼마든지 있습니다. 이를 현실화하기 위해서 매출채권에 대해서 대손충당금을 쌓아놓기는 하지만 투자자 입장에서 위험을 낮추려면 어디에 대한 매출채권이고 채무불이행 가능성이 얼마나 되는지를 살펴야 합니다. 예를 들어 한국가스공사의 매출채권이나 조선내화의 매출채권은 채무불이행 가능성이 전혀 없습니다. 가스공사는 재무구조가 워낙 우량한 지역 도시가스업체에 물량을 대주고, 조선내화는 포스코(구 포항제철)에 주제품인 내화물을 납품하기 때문입니다.

재고 또한 매출의 근간이 되는 원천이지만 장부가를 그대로 믿을 수는 없습니다. 재고의 가치 산정 방식이 객관적이지 못하고 기업의 주관적 판단이 다소 개입되어 있다는 점 때문입니다. 예를 들어 고가의 숙녀복을 만드는 의류회사가 한 벌을 재고로 가지고 있는데 이 재고의 가치를 얼마로 할 것이냐는 논란의 소지가 됩니다. 원가만을 따지면 얼마 안 되겠지만 브랜드 가치, 마케팅비 등이 포함된 실제 팔리는 가격을 기준으로 하면 재고의 가치가 올라가게 됩니다. 만약 재고의 가치를 그대로 인정한다 치면 문제는 진짜 팔릴 수 있느냐 하는 점이 됩니다. 잘 팔릴 줄 알고 재고를 잔뜩 만들었는데 하나도 팔리지 않으면 재고가 현금으로 바뀌기는커녕 재고를 만들기 위해 이미 투입된 원재료 비용이 고스란히 묶여버립니다. 게다가 재고를 보유하기 위한 창고비용 등의 증가가 발생합니다. 그 다음 나타나는 문제는 재고의 진부화 현상입니다. 팔리지 않는 재고가 쌓인 상태에서 시간이 지나면 급격히 가치가 떨어지는 품목들이 있습니다. 유행을 타는 의류, 부패가 나타나는 식품, 기술변화가 심한 전자제품 및 부품 등이 대표적입니다.

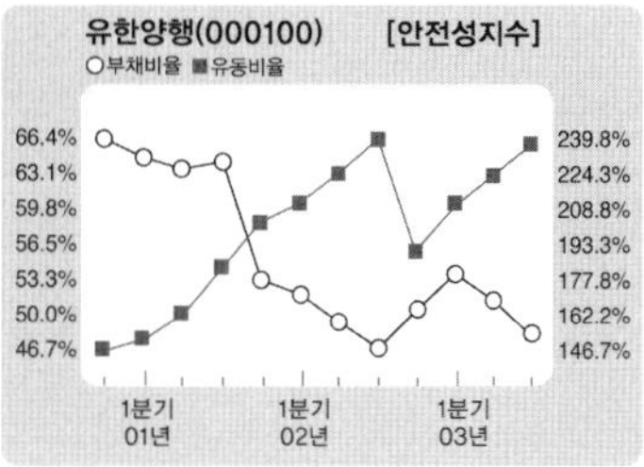

따라서 유동비율, 유동자산을 살 때는 재고자산의 가치가 실제로 어떠한지 파악하는 작업이 수반되어야 합니다. 이때 제품의 특성에 따른 재고의 진부화 여부, 실제 판매 가능한지의 여부가 고려 대상이 됩니다. 또한 적정 재고를 유지하고 있는지를 봐야 합니다. 재고는 너무 넘쳐도 모자라도 문제가 됩니다. 너무 모자랄 경우에는 수요 증가에 대처할 수 없는 기회비용 발생 문제가 대두됩니다. 재고 추이를 살펴서 매출이 정체된 상태에서 갑자기 재고가 증가하는 현상이 2분기 이상 나타나면 영업상의 위험신호로 인식하시기 바랍니다.

V차트의 자산가치 차트에서 기업의 안정성을 파악할 수 있는 지수는 '부채비율-유동비율 지수'입니다. 차트에 나타난 두 가지 지표를 비교해 봄으로써 기업이 얼마나 부채 상환 요구를 감당할 수 있고, 안정적인 재무구조를 유지하고 있는지를 파악할 수 있습니다. 안정성을 잴 때 더 보수적인 기준은 부채비율보다는 유동비율입니다. 가장 이상적인 것은 유동비율이 증가하고 부채비율이 꾸준히 유지되거나 감소하는 패턴입니다. 이 경우 기업의 안정성이 담보되고 있을 뿐 아니라 실제 이익이 자산에 쌓이거나 부채를 감소시키고 있다는 해석이 가능합니다.

부채의 핵심, 차입금

차입금은 이미 제3부의 채무 지수에서 이자비용의 원천이 되는 부채의 일종으로 수익에 영향을 미친다는 설명을 드렸습니다. 제4부에서는 차입금이 자산구조에서 어떤 영향을 미치는지 기업의 안정성 차원에서 그 위험을 짚어보겠습니다.

대차대조표상의 부채는 크게 유동부채와 고정부채로 나뉩니다. 이것은 부채 상환이 1년 이내에 돌아오는 것인가 1년 이후에 돌아오는 것인가가 기준이 됩니다. 물리적인 시간 개념이므로 1년 이후에 갚아야 할 부채라도 시간이 흘러 1년 이내로 접어들면 고정부채에서 유동부채로 이동하게 됩니다.

부채를 시간 개념이 아니라 성격으로 따져보면 매입채무, 차입금, 사채, 퇴직급여충당금으로 나뉩니다. 이중 이자비용을 지급해야 하는 부채는 차입금과 사채입니다. 말 그대로 현금을 빌려온 개념이기 때문입니다. 차입금은 은행 등 여신기관에서 빌려온 것이고 사채는 회사가 직접 회사채를 발행해 자금을 조달한 것입니다. 이 두 가지도 성격에 다소 차이가 있습니다. 사채는 발행이 까다롭고 공개시장에서 검증을 받아야 하므로 위험도가 낮습니다. 회사채 발행 시에는 공시를 하기 때문에 투자자가 발견하기도 쉽습니다. 하지만 차입금은 회사와 여신기관 사이의 거래로 금리만 높게 물면 빌려오는 것이 가능하므로 그 진폭이 있고 투자자가 쉽게 발견하기가 힘듭니다. 결국 투자자가 가장 눈여겨보아야 할 부채는 차입금입니다.

차입금이 늘어난다는 것은 새로운 유동성을 바탕으로 성장을 이룰 수 있는 가능성이 생겼다는 의미도 되지만 보수적 기준으로 보면 부도 위험이 증대되는 상황이라는 해석이 가능합니다. IMF 같은 상황이 또 도래해 차입금을 일시에 상환해야 하는 사태가 벌어지거나 금리가 급격히 올라 이자비용을 감당할 수 없는 상황이 올 수도 있습니다. 특히 가치투자자는 잃지 않는 투자를 목표로 하기 때문에 최악의 상황을 염두에 두어 아무리 영업이 잘 된다 하더라도 차입금이 과도해 위험이 있는 기업은 피해야 합니다.

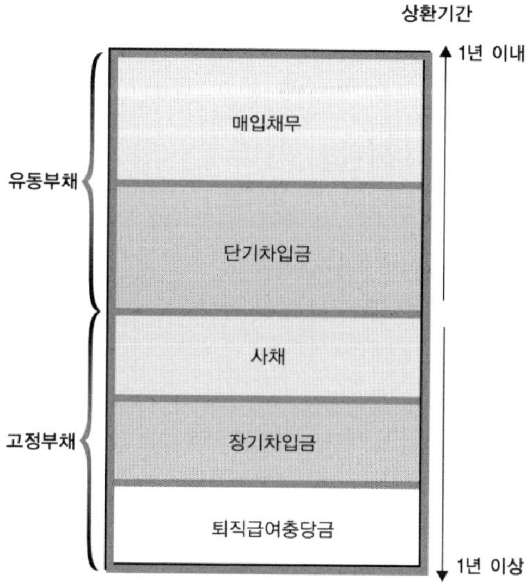

대차대조표의 부채 계정

차입금 추이 외에 자산의 건전성과 부도 위험을 파악하는 방법으로 차입금 비중을 이용할 수 있습니다. 차입금 비중은 총자산에서 차입금이 차지하는 비율을 말합니다. 자산만 봤을 때 현금성 자산이 많은 경우 현금부자형 기업이라고 속단하게 되면 낭패를 볼 수 있습니다. 왜냐하면 그 현금성 자산에 대응해서 부채 계정에 차입금이 있을 수 있기 때문입니다. 벌어서 만든 현금이 아니라 빌려서 만든 현금은 내 돈이 아닙니다. 따라서 차입금 비중을 통해 자산 중 얼마만큼이 차입금으로 만들어진 것인지 파악해서 차입금 비중이 낮은 기업을 우선 고려해야 합니다. 가장 좋은 형태는 차입금이 줄면서 반대로 순수 자산이 늘어 차입금 비중이 급격히 감소하는 것입니다.

V차트의 자산가치 차트에서 차입금을 통해 기업의 안정성을 파악할 수 있는 지수는 '차입금-차입금 비중 지수'입니다. 차트에 나타난 두 가지 지표를 비교해봄으로써 기업이 얼마나 좋지

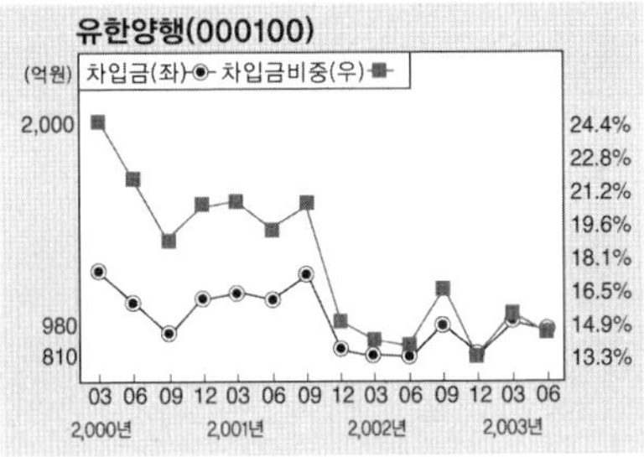

않은 부채를 가지고 있는지 혹은 차입금 증가로 인한 착시 현상을 보여주는 것은 아닌지 등을 파악할 수 있습니다.

안정성 지수의 구성 원리

1) 부채비율 - 유동비율 지수

부채비율-유동비율 지수는 부채비율과 유동비용을 동시에 비교함으로써 기업의 안정성을 파악할 수 있게 해주는 지수입니다. 차트의 왼쪽 Y축에는 부채비율이, 오른쪽 Y축에는 유동비율이 표시되어 있습니다.

안정성은 보통 그 시점에서의 자산구조가 문제지 과거의 자산구조가 어떠했다는 것은 큰 의미가 없을 수도 있습니다. 1년 전의 재무구조 우량 회사라도 올해 부도를 맞으면 그만이기 때문입니다. 하지만 대부분의 기

업들이 영업을 영위하고 자산을 늘려나가는 계속기업이라는 점을 감안하면 부채비율과 유동비율의 추세가 미래의 자산구조를 말해주는 수정구슬의 역할을 할 수 있습니다. 부채비율이 추세적으로 줄어들면서 유동비율이 늘어나는 것은 기업의 재무구조 개선 작업 혹은 영업 호조가 진행 중에 있고 앞으로도 이 기업의 안정성은 담보할 수 있다는 신호가 됩니다. 부채비율-유동비율 지수는 기업의 자산가치를 파고들어가기 전에 부도가능성이 없는 투자 적격 기업인가를 판단해주는 시금석입니다.

2) 차입금 - 차입금 비중 지수

차입금-차입금 비중 지수는 부채 중에서도 차입금에 주목해 기업의 안정성을 판단하는 지수입니다. 차트의 왼쪽 Y축에는 차입금 규모가, 오른쪽 Y축에는 차입금 비중이 표시되어 있습니다.

차입금은 기업의 상황에 따라 일시적으로 늘어날 수도 있습니다. 기업이 자산의 효율성을 증진시키는 방향으로 차입금을 사용할 수도 있습니다. 하지만 문제는 차입금이 추세적으로 계속 증가하는 경우입니다. 부채 중에서도 매입채무나 사채보다 차입금이 증가하는 것은 좋지 않은 신호입니다. 이때 순이익 지수를 같이 살펴 차입금의 효과가 나타나지 거나 갚을 능력이 없다고 판단되면 부도 위험이 점점 증가하는 것이라 판단할 수 있습니다. 차입금-차입금 비중 지수는 차입금의 추세를 살펴 기업이 좋은 방향으로 나가고 있는지 구렁텅이로 몰리고 있는지를 파악하게 해줍니다.

| 최준철의 한마디 |

지킬 박사와 투자자

소설 『지킬박사와 하이드』에 등장하는 지킬 박사는 오랜 연구 끝에 선과 악을 구분하는 약을 개발해 냅니다. 그는 이 약을 다른 사람에게 먹일 수도 있었지만 스스로 그 약을 먹는 첫 인물이 됩니다. 가장 좋은 실험 대상은 그 자신이라고 생각했었던 모양입니다.

가치투자자는 지킬 박사와 비슷하다는 생각이 들 때가 있습니다. 자기 주변을 둘러싼 모든 제품과 기업 활동에 관심을 기울이면서 스스로 실험 대상이 되기를 주저하지 않기 때문입니다. 이는 욕구충족을 위한 소비라기보다 투자 판단에 반영하기 위한 실험에 가깝습니다.

투자를 시작한 이후 갑자기 쇼핑이 즐거워지거나 연이어지는 TV광고가 짜증이 나지 않게 되면 가치투자자가 된 것이 아닌가 의심해봐야 합니다. 속옷 매장에서 아무 부끄러움 없이 브래지어를 꺼내서 가격표를 살펴본다면 아주 증상이 심한 것으로 간주해도 좋습니다.

기업을 연구하고 분석하는 가치투자자에게 제품 경험은 매우 소중한 자료가 됩니다. 재무 수치를 들여다보는 것도 중요하지만 객관적인 분석만으로 해결될 수 없는 영역을 경험이 보완해줄 수 있습니다. 지킬 박사도 결국 죽음으로 마감하긴 했지만 스스로 약을 먹어보지 않았다면 이중인격에 대해서 깊은 이해를 할 수는 없었을 것입니다.

항상 눈을 크게 뜨고 주위를 둘러보십시오. 일반적인 소비자로서의 욕구와 만족은 투자 판단의 훌륭한 도구가 될 수 있습니다. 가치투자자로서의 당신의 생활습관과 열정은 투자수익으로 보상받을 것입니다.

1) 재무구조 개선형 (1): 삼성전자(005930)

부채비율은 하락하고 유동비율은 개선되는 전형적인 재무구조 개선형 패턴이다. 부채비율이 2000년 4분기 66.1%를 고점으로 매 분기 감소하면서 2003년 3분기 30% 이하까지 하락했다. 부채비율 감소와 더불어 유동비율은 2000년 4분기 90% 수준에서 추세적인 상승을 보이면서 2003년 3분기 157% 수준까지 상승했다. 부채비율의 감소와 유동비율의 증가로 기업의 안정성이 크게 개선되었다.

삼성전자는 국내 주식시장에서 시가총액이 가장 큰 대표 우량주다. 경기침체에도 불구하고 이동통신, 디지털가전, 메모리 반도체 부문의 매출 호조로 사상 최대 실적을 연이어 경신하고 있으며, 보유 현금성 자산이 5조 원을 넘는 등 우수한 재무안정성을 유지하고 있다. 지난 20년간의 주요 재무지표, 배당실적, 종업원수 증가율, 주가 신장률 등 총 16개 지표를 기준으로 국내 최우량 기업으로 선정되기도 했다.

그동안 삼성전자의 약점은 메무리 반도체가 매출에서 차지하는 비중이 클 뿐 아니라 지속적인 대규모 투자를 해야 했다는 것이다. 그로 인해 현금성 자산이 고정자산에 묶여 2001년 2분기까지는 유동비율이 100%에 미치지 못했다. 그러나 이익회수기에 접어들면서 이익이 증가하고 현금성 자산이 쌓이면서 재무구조까지 우량한 기업으로 변모하고 있다. 이 정도 재무구조라면 투자에 따른 위험도가 거의 없는 편이라고 봐도 좋다.

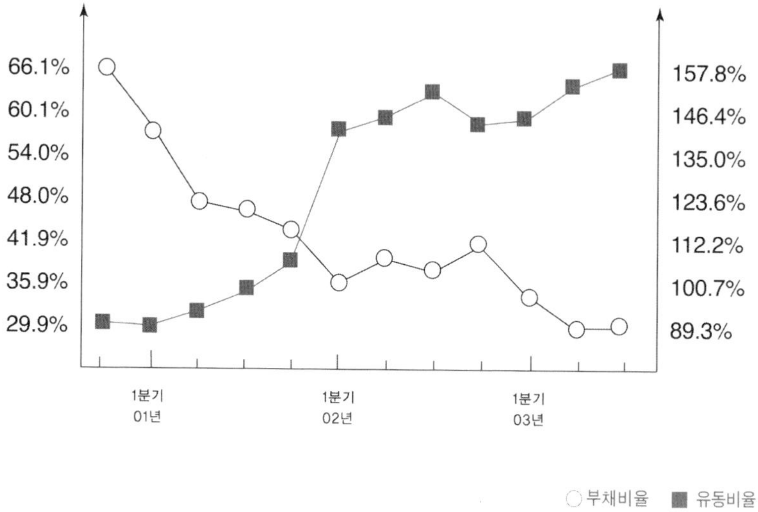

체크포인트

1. 자산구조 지수를 통해 삼성전자의 고정자산 추이와 현금성 자산의 추이를 살펴보자.
2. 주변에 삼성전자에 다니는 직원이 있으면 삼성전자의 영업 상황과 경쟁력에 대해서 물어보자.

2) 재무구조 개선형 (2): 한섬(020000)

유동비율이 2000년 4분기에서 2001년 3분기에 걸쳐 이중천장형 패턴을 보이면서 2001년 4분기 급격히 감소했다. 그러나 2001년 4분기 이후 다시 점진적으로 증가하면서 추세적 상승 패턴을 나타내고 있고 2003년 3분기에 절정을 이루고 있다. 부채비율은 비교적 꾸준하게 하락하는 가운데 2000년 4분기 78% 수준에서 2003년 2분기 20% 수준까지 하락했다. 원래도 높지 않은 부채비율이었지만 사실상 무차입 구조로 돌입했다.

한섬은 국내 숙녀복시장 점유율 1위의 의류업체다. 시스템, 타임, 마인 등의 인지도 높은 브랜드를 보유하고 있으며 디자인, 마케팅 등 핵심부문을 내부에 보유하고 제조를 아웃소싱 하고 있어 이익률도 매우 높다.

게다가 정상가 판매율이 높고 부가가치가 무형가치로부터 창출되므로 이익이 현금으로 그대로 쌓이는 우수한 비즈니스 모델을 가지고 있다. 이것은 400%가 넘는 유동비율에서도 증명된다. 고정자산에서 부가가치를 창출한다면 나타나기 힘든 유동비율 수치다. 강력한 시장지배력이 있는데다가 부채가 없고 유동비율이 높아 극도의 안정성을 가지고 있는 것으로 판단된다.

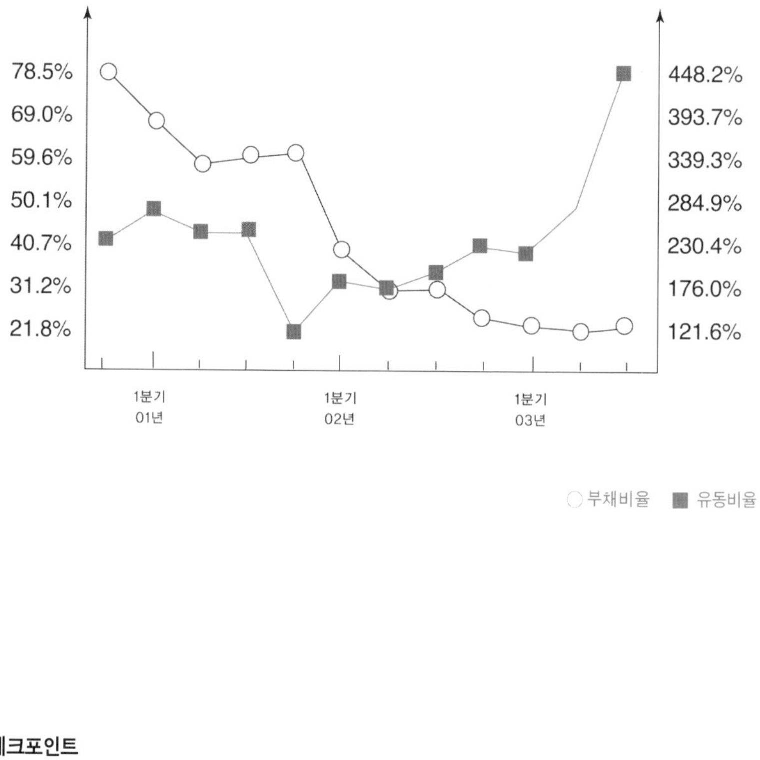

체크포인트

1. 2001년 4분기 유동비율이 급격히 감소했는데 그 이유를 점검해보자.
2. 이는 사람 중 한섬의 브랜드를 애용하는 사람들의 얘기를 들어보고 브랜드 충성도를 점검해 보자.

3) 재무구조 악화형: 오양수산(006090)*

* 사조오양으로 변경

재무구조 개선형의 패턴과는 반대의 모습을 보이는 재무구조 악화형의 전형적인 모습이다. 부채비율은 지속적으로 증가하고 유동비율은 계속 감소하고 있다. 유동비율이 2000년 3분기 82%를 고점으로 꺾여 2003년 2분기에 68% 수준까지 하락했다. 반면 부채비율은 2000년 3분기 155% 수준에서 고개를 들어 2003년 2분기 292%대까지 상승했다. 유동비율 100% 미만, 부채비율 200% 이상의 수치는 기업 안정성의 적신호다.

오양수산은 원양어업 및 수산물가공업을 영위하는 업체로 수산물 부문인 참치, 명태, 대구, 오징어의 내수 매출이 지속적으로 감소하여 전체 외형이 크게 감소하고 있다. 또한 원가 상승분을 제품가격으로 전이하지 못해 매출총이익이 크게 감소하고 있으며 재무구조 또한 좋지 못해 적자를 내고 있다.

부채비율이 100% 미만, 유동비율이 100% 이상인 상황에서 갑자기 부채비율이 올라가고 유동비율이 떨어지면 두 가지 해석이 가능하다. 첫째는 투자를 위해 차입을 단행했다는 것이고, 둘째는 영업이 원활치 못해 부채에 의존해 근근이 기업을 유지하고 있다는 뜻이다. 그러나 부채비율이 100% 이상이고 유동비율이 100% 미만인 상황에서 더 나빠지는 신호가 나오면 명백한 적신호다. 이런 경우는 기업의 상황이 Bad to Worse로 넘어가고 있다는 뜻이다.

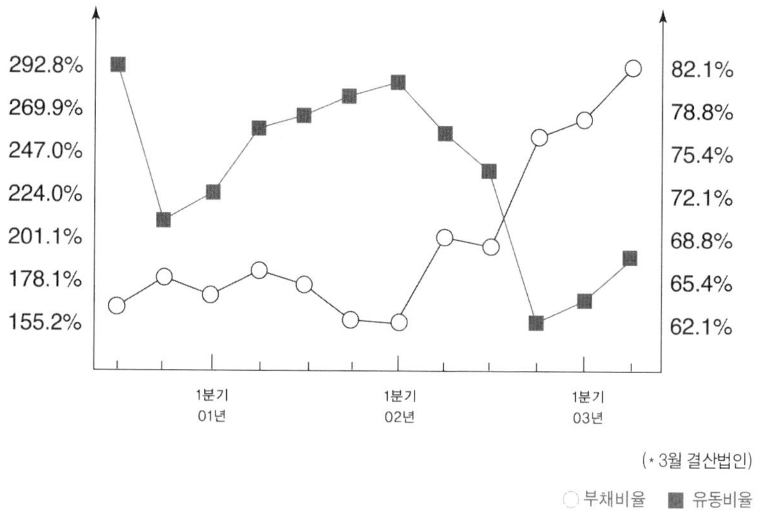

체크포인트

1. 부채가 어떻게 이뤄져 있는지 대차대조표를 통해 살펴보자.

2. 영업 악화, 재무구조 악화의 악순환을 끊을 수 있는 묘수가 있는지 살펴보자.

1) 차입금 제로형: 해성산업(034810)

그나마 있던 차입금도 줄어들어 무차입에 돌입한 차입금 제로형 패턴이다. 해성산업은 차입금이 2001년 2분기 18억 원을 고점으로 크게 하락해 2003년 2분기에 무차입 경영을 실현했다. 차입금의 감소로 차입금 비중 역시 줄어들면서 2001년 2분기 1.6%에서 2003년 2분기 0%로 줄어들었다.

해성산업은 시설관리 용역과 임대사업을 영위하는 업체다. 한마디로 빌딩을 소유하고 임대료를 받는 부동산회사라 생각하면 된다. 거기에 더해 해성그룹 계열의 우량회사들을 소유하는 지주회사의 성격도 가지고 있다. 사업 특성상 안정적으로 일정하게 창출되는 현금흐름을 통해 차입금을 꾸준히 줄여나가 무차입 경영을 실현했다.

차입금 제로형 기업의 특징은 두 가지다. 첫째는 어떤 일이 있어도 망하지 않는다는 것이다. 부채가 없으면 망하려야 망할 수 없다. 둘째는 안전한 만큼 성장성도 크지 않다. 차입금이 없다는 것은 미래를 위한 투자 또한 이뤄지지 않고 있다는 뜻이다. 특히 해성산업처럼 빌딩을 추가로 인수해야 영업이익이 발생하는 기업이 차입금을 쓰지 않는다는 것은 사실상 기업이 지금 상황에 안주하고 큰 욕심을 부리지 않는다고 판단해도 좋다. 투자에 있어서도 No Risk, No Return이 적용되는 것처럼 기업에도 No Risk, No Return이 적용된다.

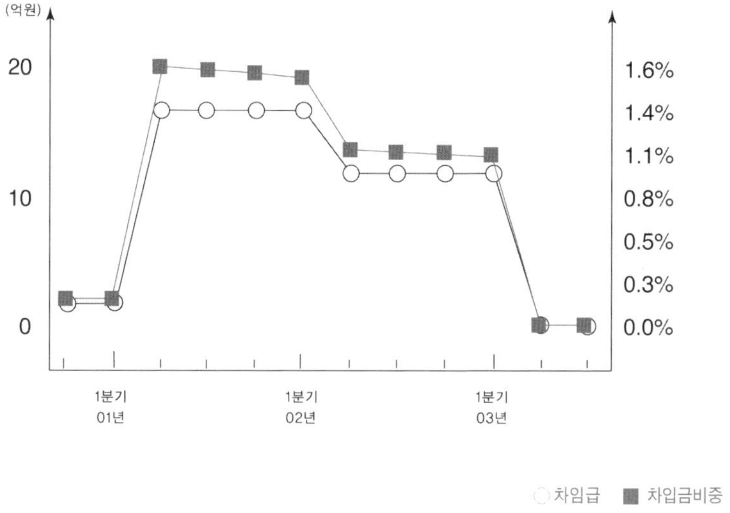

체크포인트

1. 해성산업이 보유한 빌딩의 장부가와 시가를 비교해보자.
2. 해성산업이 보유한 자회사들의 실적과 자산가치를 확인해보고, 지급보증 등이 되어 있지는 은지 점검해보자.

2) 차입금 감소형: 한샘(009240)

차입금이 꾸준히 감소하면서 기업의 안정성이 증대되는 차입금 감소형의 패턴이다. 차입금이 2000년 4분기에서 2001년 3분기에 걸쳐 일시적으로 상승했으나 600억 원을 고점으로 급격히 줄어들어 2003년 3분기 30억 원 수준까지 감소했다. 차입금 비중도 2001년 3분기 이후 급격히 하락하며 2003년 3분기 1% 수준을 기록하고 있다.

한샘은 부엌가구 및 주거 인테리어 사업을 영위하는 업체다. 부엌가구 부문에서 강력한 시장지배력이 유지되고 있으며 인테리어 부문도 새로운 동력이 되고 있다. 대리점 위주의 부엌가구 매출은 경기 침체의 영향으로 성장률이 낮았지만, 건설업체를 통한 매출은 건설경기와 더불어 꾸준한 상승세를 나타내고 있다.

2001년 3분기 차입금 감소는 영업 활동에 있어서 현금 창출 능력이 개선되고, 신규 공모자금의 유입으로 차입금을 일시에 상환한 데에 기인한다. 차입금을 갚는 방법에는 벌어서 갚는 방법과 누군가에게 다시 빌려서 갚는 방법이 있는데, 한샘의 경우는 주주들에게 돈을 받아 부채를 갚은 것에 가깝다. 한샘의 경영진은 공모자금을 신사업에 쓰기보다는 부채를 먼저 갚아 안정성을 높이는 것이 합리적이라고 판단한 셈이다.

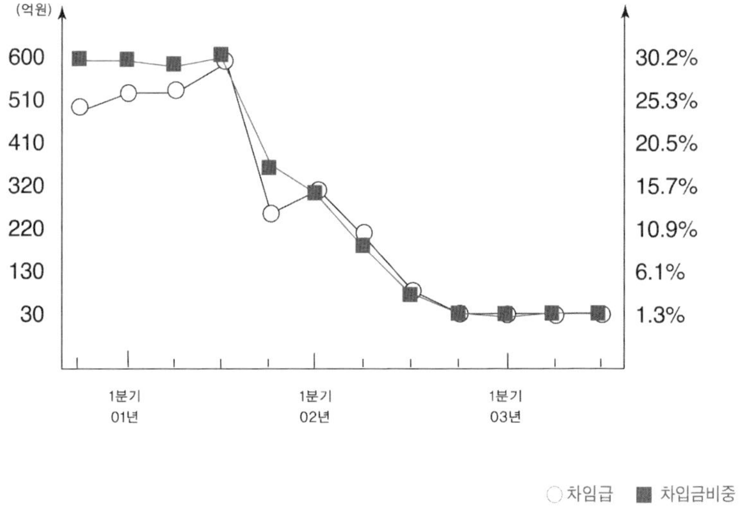

체크포인트

1. 2001년까지 한샘의 차입금이 많았던 이유에 대해 알아보자.

2. 차입금 감소가 얼마의 이자비용 감소 효과를 가져오는지 계산해보자.

3) 차입금 증가형: 로만손(026040)*

* 제이에스티나로 변경

차입금이 3년 동안 꾸준히 증가하는 차입금 증가형 패턴이다. 차입금이 2000년 4분기에서 2001년 3분기에 걸쳐 원형바닥형을 완성한 후 급격히 증가해 2003년 2분기에는 2000년 4분기의 3배가 넘는 170억 원을 넘어섰다. 자산에서 차입금이 차지하는 비중을 나타내는 차입금 비중도 같은 패턴을 보이면서 꾸준히 증가해 2003년 2분기 35% 수준을 유지하고 있다.

로만손은 손목시계 전문 제조업체로 손목시계류의 수출 증가에도 불구하고 신규로 진출한 핸드백 등 가죽제품과 시계류의 내수 판매가 감소하면서 매출이 줄어들고 있다. 제품 원가율 하락에도 불구하고 인건비 등의 판관비 증가로 영업이익이 감소하는 등 제반 수익성 지표도 하락세를 나타내고 있다.

이렇게 영업환경이 좋지 못하다 보니 신규투자 재원을 차입금에 의존할 수밖에 없는 취약한 재무구조를 가지게 되었고, 이 악순환은 좀처럼 풀리지 않는 모습이다. 자산의 35%를 차입금으로 구성하면 영업이익으로 이자비용을 갚기에도 빠듯하다. 취약한 재무구조를 가진 기업은 안정성에 문제가 있을 뿐 아니라 불가피하게 주주에게 추가로 돈을 내라는 유상증자를 강요할 수도 있다는 면에서 주주에게 외면당하기 쉽다.

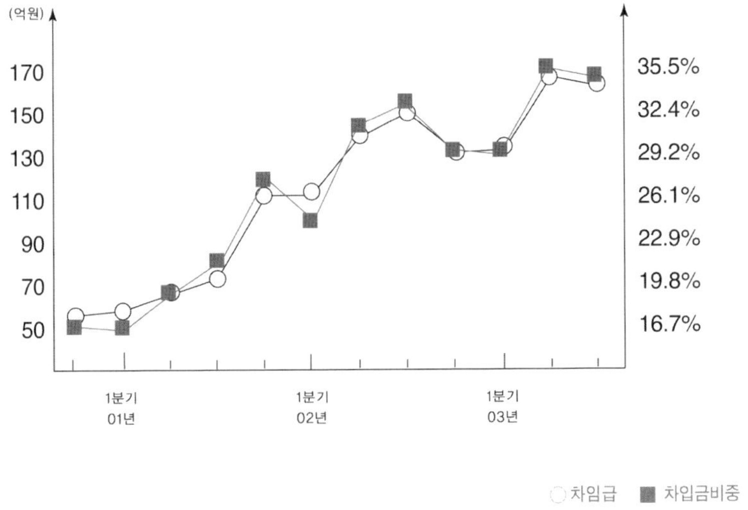

체크포인트

1. 차입금에 적용되는 금리를 알아보고, 상승된 금리가 적용될 가능성은 없는지 알아보자.

2. 자산처분 등을 통해 차입금을 감소시킬 수 있는 방법이 없는지 살펴보자.

11 안전마진 지수

자산가치가 주는 기회

부동산과 기업은 모두 투자의 대상이 된다는 공통점이 있습니다. 하지만 결정적인 차이가 있습니다. 부동산은 통화 단위로 가치평가를 하는 것이 거의 불가능하지만 기업은 통화 단위로 가치평가가 가능하다는 점입니다. 예를 들어 아파트가 한 채 있다고 했을 때 이 아파트를 만드는 데 들어간 철골, 시멘트, 유리 등을 모두 현금가치로 계산해서 가격이 매겨지는 것은 아닙니다. 심지어는 집값을 이루는 가장 큰 부분인 토지조차도 사용가치에 따라서 결정되는 상대적인 요인일 뿐입니다.

하지만 기업은 다릅니다. 기업이 매년 벌어들이는 순이익은 10억, 20억 하는 식으로 정확하게 통화 단위로 표시됩니다. 가지고 있는 자산도 보유현금 100억, 고정자산 50억 하는 식으로 마찬가지입니다. 보는 사람의 시각에 따라 다소의 오차는 있겠지만 자산가치와 수익가치를 합치면 대략의 가치평가가 가능합니다. 부동산시장의 전문가는 시장전망가가 주류를 이루지만 주식시장에서는 시장전망가 뿐 아니라 기업가치를 평가하는 애널리스트가 존재하는 이유도 이 때문입니다.

이것은 매우 중요한 개념입니다. 가치투자는 내재가치와 시장가격 사이의 괴리를 찾아내는 일인데 내재가치의 계산이 절대적 기준에서 가능한 이유에 대한 해답을 제시해주기 때문입니다. 즉 기업을 통화 단위로 가치평가 할 수 있다는 것은 가치투자를 가능케 해줍니다.

특히 기업가치를 이루는 두 개의 기둥 중에서 자산가치의 평가가 수익가치의 평가보다 더 신뢰도가 높습니다. 물론 주가 상승을 일으키는 촉매는 수익에서 나오는 경우가 많지만 "손 안의 새 한 마리가 숲 속의 새 열 마리보다 낫다"라는 옛 격언처럼 미래에 벌어들일 이익을 추정하는 것보다는 현재 기업이 가지고 있는 자산을 계산하는 것이 더 정확하다는 것은 주지의 사실입니다.

합리적인 사람이라면 불확실한 미래보다는 확실한 현재를 선택합니다. 가끔 여자의 재력에 기대서 입신을 꿈꾸는 한심한 남자들을 만나게 되는데 이들은 능력이 좋아서 앞으로 돈을 많이 벌 여자보다는 이미 부자인 여자를 선호하는 경향이 있습니다. 이들의 정신 상태가 다소 이상할지 모르나 선택 자체는 매우 합리적인 셈입니다.

그러나 주식시장은 오히려 이보다도 비합리적인 경우가 많습니다. 시가총액이 총자산에서 부채를 차감한 순자산보다 작은 경우가 허다합니다. 2003년 10월 23일자 증권거래소의 발표에 따르면 상장사의 80%가 주당순자산가치에도 주가가 못 미치는 것으로 나타났습니다. 심지어는 수익력이 자산을 훼손하지 않을 뿐 아니라 오히려 수익을 통해 자산증가를 하는 많은 우량기업들도 시가총액이 자산가치에 못 미치는 것이 우리나라 주식시장의 현실입니다. 그러나 역설적으로 이런 시장의 비효율성 때문에 가치투자자에게는 기회가 주어집니다. 집안 구석구석에 현금 10억이 숨겨진 아파트를 단돈 5억에 살 수 있는 기회가 부동산시장에서는 절대 주어지지 않습니다. 오직 주식시장에서만 가능한 일입니다.

순유동자산, 순현금자산

일반적으로 '자산가치'라 하면 '장부가치'와 동일한 말로 사용됩니다. 장부가치는 기업이 청산을 할 때를 가정해 총자산에서 총부채를 빼서 남는 순자산을 의미합니다. 즉 기업이 가진 재산 중에서 채권자에게 줄 것 다 주고 남아 주주에게 최종 귀속되는 자산을 말합니다. 예를 들어 장부가치가 100억인 회사의 지분 10%를 1억에 사들인다면 사는 순간 수익가치를 제외하고도 장부가치 10억을 단돈 1억으로 주주가 가지게 되는 셈입니다. 이렇게 사자마자 회계상으로 이득이 남는 비이성적인 거래가 실제 주식시장에서 존재하는데, 그 이유는 현대에 들어 기업은 계속기업을 가정하게 되고 청산을 전제로 사업을 하는 것은 아니므로 주주가 실제 장부가치를 지분율만큼 취득할 수 없다는 논리 때문입니다. 그리고 시장의 인기주를 만드는 것은 자산이 아니라 수익이기 때문에 취약한 수익력 때문에 장부가치가 턱없이 낮은 평가를 받게 되는 경우도 비일비재합니다.

하지만 시장 참여자들의 움직임을 살펴 투자하는 방법이 아니라 기업 전체를 사는 기분으로 투자하는 가치투자에서 자산가치는 매우 중요하게 고려해야 하는 요소입니다. 첫째, 자산가치가 크면 기업의 안정성이 확보됩니다. 기업을 하다 보면 내부적이든 외부적이든 손실을 감내해야 하는 순간이 생기는데 이때 망하지 않으려면 충분한 자산을 확보하고 있

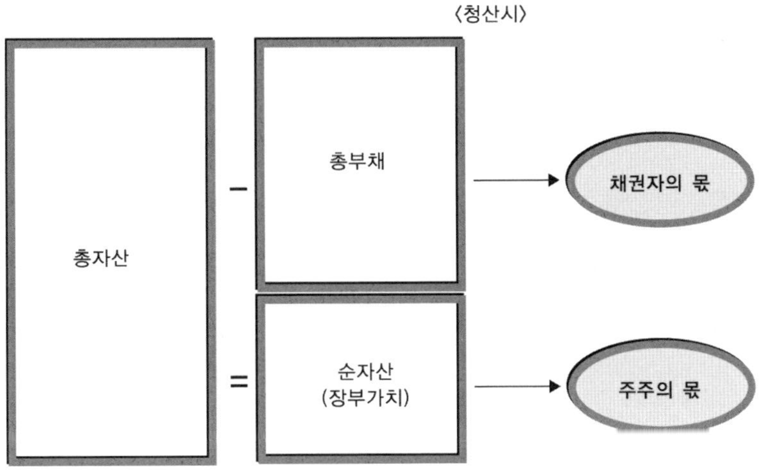

장부가치 개념도

어야 합니다. 둘째, 자산가치는 새로운 기회를 잡을 수 있도록 해줍니다. 수중에 돈이 있어야 사업부를 만들건 다른 회사를 사건 할 수 있습니다. 기가 막힌 아이템이 있더라도 돈이 없으면 결국 주주에게 유상증자 등의 방법을 통해 손을 벌려야 합니다. 셋째, 자산가치는 주가의 하방경직성을 만들어줍니다. 시가총액이 자산가치보다 월등한 기업은 결국 수익가치로 주가를 합리화시키는 셈입니다. 그런데 수익가치에 대한 우려가 발생하는 순간 주가는 과도한 시가총액을 견디지 못하고 브레이크 없이 추락하게 됩니다. 하지만 충분한 자산가치를 가지고 있으면 주가 하락에 제동이 걸립니다. 시가총액이 자산가치 이하로 현저히 내려가면 청산가치를 노린 누군가가 주식을 사들이기 때문입니다. 종합해 볼 때 자산가치는 주식을 섹시하게 만들어주진 못하지만 주식을 안전하게 만들어주는 것으로 볼 수 있습니다.

더 보수적인 관점에서 가치평가를 하려면 순자산(장부가치)보다 순유동자산을 기준으로 하는 것이 합리적입니다. 순유동자산은 유동자산에서 유동부채를 뺀 차이입니다. 즉 1년 이내에 현금화할 수 있는 자산에서 1년 이내에 갚아야 할 부채를 차감한 금액입니다. 유동자산에는 현금, 매도 가능한 유가증권, 매출채권, 그리고 재고기 포함되어 있습니다. 순유동자산은 순운전자본working capital이라고도 하는데 기업이 기본적인 영업을 하기 위해서 투입되어 영업이익을 내기 위해 움직이는 자본의 양을 의미합니다. 순유동자산이 가치평가에서 중요하게 다뤄지는 이유는 기업의 자산 중 가장 현금에 가까운 자산들이기 때문입니다. 즉 통화 단위로 환산하는 데 있어서 가장 논란이 적으면서도 즉시 사용이 가능한 자산과 시가총액을 비교하거나 그 추이를 살피는 것은 저평가 여부를 판단하거나 기업의 체질을 파악하는 데 유용한 방법이 됩니다.

이보다 더 보수적인 잣대는 당좌자산에서 유동부채를 뺀 순현금자산입니다. 당좌자산은 유동자산에서 재고자산만 빼면 쉽게 구할 수 있습니다. 영업이 활발한 기업의 경우 재고는 판매 즉시 매출이 될 수 있지만 그렇지 못한 경우 장부상의 가치도 받을 수 없다는 양면성이 있습니다. 따라서 더 보수적인 잣대를 적용할 때는 재고자산을 제외한 당좌자산만으로 평가를 하는 것이 합리적입니다. 특히 재고의 진부화가 빠르게 진행되는 반도체, 의류 등의 업종을 평가할 때는 순현금자산을 기준으로 하는 것이 신뢰도가 더 높습니다.

V차트의 자산가치 차트에서 순유동자산과 순현금자산의 추이를 살펴볼 수 있는 지수는 '순운전자본 지수'입니다. 앞 장에서 살펴본 안정성 지수가 부채비율, 유동비율 등을 통해 기업의 안정성과 유동성을 측정하는 것이라면 순운전자본 지수는 차이를 통해 안정성과 유동성을 구하는 방

법입니다. 순운전자본 지수에는 분기별로 나타나는 순유동자산과 순현금자산이 표시됩니다. 순현금자산은 순유동자산보다 항상 적은데 V차트상의 두 그래프의 이격도는 재고자산의 차이입니다. 좀더 보수적인 투자자라면 순유동자산의 추이보다는 순현금자산의 추이를 살핍니다.

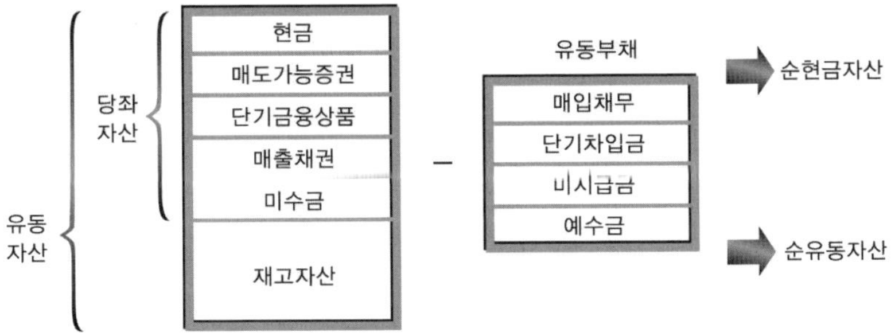

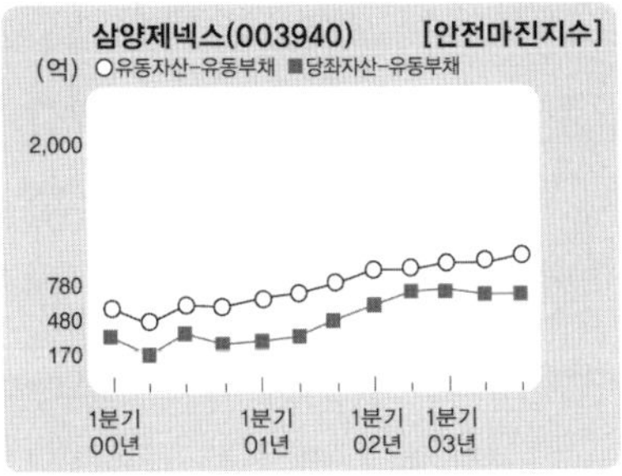

지표가 꾸준히 상승추세를 그리고 있다면 기업가치에 있어 긍정적인 신호로 해석할 수 있습니다. 기업가치를 이루는 한 축인 자산가치, 그것도 가장 보수적인 의미에서의 현금성 자산이 늘어나고 있다는 뜻이기 때문입니다. 순유동자산과 순현금자산이 일시적으로가 아니라 꾸준히 증가한다면 이익이 현금으로 연결되는 사업구조를 가지고 있을 가능성이 높다고 유추할 수 있습니다. 이런 기업에게는 흘러가는 시간이 기업가치를 늘리는 좋은 친구가 됩니다. 반대로 현재의 경쟁력을 유지하기 위해 기계장치 등 고정자산에 투자해야만 하는 숙명을 가진 기업은 순유동자산이 늘어나기 힘듭니다.

순운전자본 지수는 절대저평가 지수와 함께 안전마진 지수 중 하나에 속합니다. 이 두 지수 사이의 차이는 시가총액과 비교되느냐 안 되느냐의 차이밖에 없습니다. 순운전자본 지수는 추이의 변화가 좀더 크게 나타나기 때문에 변화를 읽는 데 용이합니다.

안전마진의 확보

벤저민 그레이엄은 저서 『현명한 투자자』에서 시가총액이 순유동자산의 3분의 2 이하이면 조건 불문하고 매수하라고 했습니다. 그가 말하는 전통적인 의미에서의 안전마진이란 시가총액과 순유동자산과의 차이를 얘기합니다. 안전마진이 확보된다는 것은 주식을 사는 순간 1년 이내에 현금화가 가능한 자산을 기본으로 얻을 뿐 아니라 토지, 투자유가증권, 기계장치 등의 고정자산과 고유의 영업력, 브랜드 등을 덤으로 얻을 수 있다는 의미입니다.

순유동자산 측면에서 안전마진이 확보되어 있는 경우는 그다지 많지 않습니다. 대주주 지분이 높아 M&A 가능성이 작다고 해도 현금성 자산 이하로 거래되는 종목을 사는 수요가 꾸준히 있어 시가총액을 그 이상으로 밀어 올리기 때문입니다. 그럼에도 불구하고 턱없는 가격에 거래되는 종목들이 있는데, 순이익이 정체되고 이익의 지속성에 불신을 받는 등 수익가치 면에서 할인을 당하는 경우가 대부분입니다. 따라서 안전마진을 확보한 기업을 살 때는 시장의 오해가 합당한 것인지 그렇지 못한 것인지를 판별해야 합니다.

시장의 오해가 할인으로 이어지기에 합당한 경우는 다음의 두 가지입니다. 첫째는 영업손실로 인해 안전마진이 훼손되는 경우입니다. 비용 상각에 따른 일회성 비용이나 성장성이 둔화되는 경우는 괜찮지만 구조적인 이유로 지속적인 영업상 손실이 발생한다면 현재의 안전마진을 결코 안전하다고 볼 수 없습니다. 둘째는 대주주의 도덕적 해이로 인한 영업외적인 이유로 자산의 유출 가능성이 클 경우입니다. 이 경우는 자산이 주주의 것이 아니라 대주주 개인의 것으로 해석이 가능하므로 주주 입장에서 안전마진으로 인정할 수 없습니다. 이 두 가지 경우에는 아무리 안전마진이 높게 확보되더라도 매수 대상이 될 수 없습니다.

또 하나 주의해야 할 점은 순유동자산과 순현금자산이 왜곡되는지의 여부입니다. 두 지표는 유동자산 혹은 당좌자산에서 유동부채를 차감한 것이므로 장기성 부채는 계산에서 제외됩니다. 따라서 안전마진이 확보되더라도 지나치게 많은 장기성 부채가 있어 이를 자산에서 차감해야 한다면 안전마진으로 보기 힘듭니다. 안전마진을 계산할 때 반드시 고정자산과 고정부채의 규모를 살펴봐야 합니다.

V차트의 자산가치 차트에서 안전마진을 파악할 수 있는 지수는 '절대

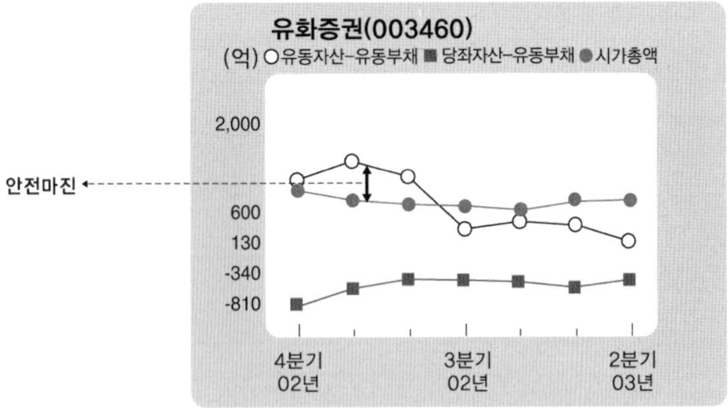

저평가 지수'입니다. 순운전자본 지수가 안전마진을 통해 기업의 안정성 및 사업구조의 매력도를 나타내는 것이라면, 절대저평가 지수는 시가총액과 순운전자본과의 차이를 통해 투자의 매력도를 구하는 방법입니다. 절대저평가 지수에는 분기별 순유동자산, 순현금자산과 함께 시가총액이 표시됩니다. 앞의 그림처럼 순운전자본 그래프가 시가총액 그래프 위에 위치한 차트가 안전마진이 확보된 기업의 것입니다. 순운전자본과 시가총액의 차이가 바로 안전마진입니다. 안전마진이 있는 기업은 전통적 가치투자의 관점에서 절대 저평가 상태라고 판단됩니다.

벤저민 그레이엄은 순운전자본의 3분의 2 이하에서 거래되는 종목을 사라고 했는데 현재는 각종 지표들에 대한 정보가 활발하게 오고 가기 때문에 그 정도로 보수적인 기준을 만족할 수 있는 종목은 거의 없습니다. 따라서 순운전자본이 시가총액을 넘어가는 수준이라면 충분히 절대저평가 상태로서 매수 대상이라고 판단할 수 있습니다.

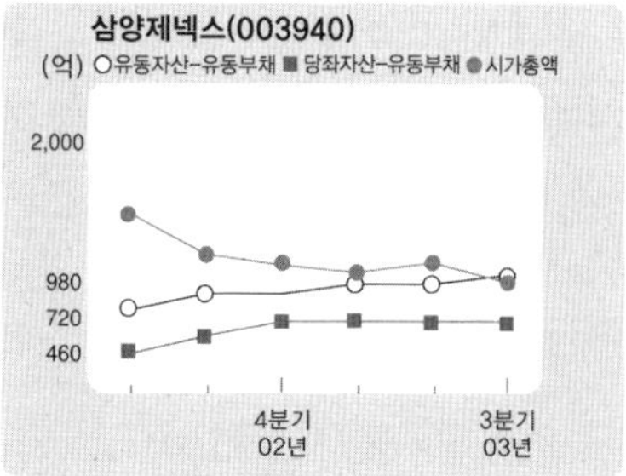

안전마진의 확보 여부 외에 하나 더 점검한다면 순운전자본 지수처럼 순유동자산이 우상향하는지를 살펴보는 것입니다. 순유동자산이 늘어나면서 시가총액이 줄어드는 것은 안전마진 차원에서는 매수 대상이 되나 기업의 연속성과 수익성 차원에서 바람직하지 못합니다. 오른 차트처럼 순유동자산이 늘어나면서 시가총액 그래프가 순유동자산 그래프 이하로 떨어지는 모양이 더 이상적인 절대저평가 지수라 할 수 있습니다. 같은 절대저평가 상태라 하더라도 수익성을 감안하면 더 안전한 절대저평가가 있는 셈입니다.

김대리: 시가총액이 순운전자본에도 못 미치는 기업이 있다는 것 자체가 놀랍군. 거의 땡처리 수준이 아닌가?

회계사: 시장의 비효율성을 말해주는 단적인 사례지. 그래서 벤저민 그레이엄도 이런 시장의 비효율성을 지적하고 그것을 이용하는 방법을 일러준 것 아니겠나.

김대리: 그런데 이런 종목이 몇 개 없는 것 자체가 시가총액이 순운전자본에 못 미치면 언젠가는 그 위로 올라갈 수밖에 없다는 반증이 아닐까 싶어. 가치투자자에게 이런 종목은 기회겠구먼.

회계사: 그렇지. 하지만 그 기다림의 과정은 매우 지루하다네. 찾아내는 것만큼이나 기다리는 것이 어렵지. 안전마진이 있다는 뜻은 시장의 비인기주라는 뜻인데 인기를 다시 얻기까지는 그만큼 시간이 오래 걸리는 법이니까.

김대리: 만년 저평가는 곤란하니, 시간을 줄일 수 있는 방법은 없나?

회계사: 안전마진이 확보된 종목 중 수익성이 담보되고 시장의 오해를 받는 종목으로 압축하면 가치가 반영되는 시간이 짧아질 수 있지.

김대리: 항상 눈을 크게 뜨고 저평가된 종목을 찾아야겠군. 그리고 찾더라도 면밀히 살펴보는 과정이 필요할 것 같네.

안전마진 지수의 구성 원리

1) 순운전자본 지수

순운전자본 지수는 순유동자산과 순현금자산을 동시에 비교함으로써 기업의 안정성과 사업구조를 파악할 수 있게 해주는 지수입니다. 차트의 왼쪽 Y축에는 순유동자산과 순현금자산을 나타내는 원 단위가 표시되어 있습니다.

순유동자산 그래프는 항상 순현금자산 그래프 위에 표시되며 그 차이는 재고자산입니다. 순유동자산과 순현금자산이 일치되는 경우도 있는데 이것은 광고업처럼 재고가 존재하지 않는 업종일 경우입니다. 이 두 지표는 우상향해야 신뢰도가 더 커집니다. 기본적으로 V차트는 깊이 분석할 종목을 압축해주는 역할을 합니다. 따라서 종목을 압축하는 과정에서 순운전자본 지수를 쓴다면 굳이 순운전자본이 우하향하는 모양을 선택할 필요가 없습니다. 좋은 그래프 모양이 나올 때까지 야구 방망이를 휘두르지 않아도 삼진 아웃이 되지 않는다는 사실을 명심하십시오.

2) 절대저평가 지수

절대저평가 지수는 순운전자본 지수에 시가총액의 추이를 추가한 지수입니다. 차트의 왼쪽 Y축에는 순유동자산, 순현금자산과 함께 시가총액을 나타내는 원 단위가 표시되어 있습니다.

대다수의 기업은 순운전자본이 시가총액보다 아래에 위치합니다. 따라서 안전마진이 확보된 차트를 찾기 위해서는 많은 기업들의 코드 번호를 넣는 반복적 작업이 요구됩니다. 그래도 안전마진이 나타나는 기업을 찾기는 쉽지가 않은데 그렇다고 해도 실망할 필요가 없습니다. 최소한 시가총액과 순운전자본의 괴리가 크지 않은 기업만 찾더라도 반은 성공입니다. 시가총액과 순운전자본 사이의 괴리는 수익가치라 볼 수 있는데 괴리가 적다는 것은 그만큼 수익가치가 작게 반영되고 있다는 의미이기 때문입니다. 이런 기업은 하방경직성이 보장되어 있으며 수익가치가 시장에 어필하면 주가 상승이 빨라질 가능성이 큽니다.

1) 순운전자본 우상향 (1): 삼성공조(006660)

순유동자산과 순현금자산이 지속적으로 증가하는 순운전자본 우상향 패턴이다. 순유동자산 그래프가 2000년 4분기 이후 2003년 2분기까지 한 차례의 감소도 없이 꾸준히 우상향하고 있으며, 순현금자산 그래프 역시 2001년 4분기 한차례를 제외하고는 지속적으로 우상향하고 있다. 즉 시간이 지날수록 현금이 꾸준히 회사 내에 쌓이고 있음을 알 수 있다.

두 그래프의 차이가 거의 일정한 것도 특징인데, 적정한 재고 수준을 유지하면서 안정적인 사업을 영위하고 있다는 신호로 해석할 수 있다. 반대로 차트상 두 그래프가 점점 이격을 보이면 판매 부진으로 재고가 쌓이고 있다는 신호다.

삼성공조는 자동차 엔진에서 가열된 냉각수를 냉각하여 엔진을 적정 온도로 유지시키는 라디에이터Radiator 등 냉각기 계통 자동차 부품을 생산하는 업체다. 독자적인 설계와 개발능력 등 우수한 기술경쟁력을 보유하고 있어 전방산업인 완성차업계와 대등한 가격교섭력을 갖추고 있는 것으로 평가된다. 이러한 가격교섭력을 바탕으로 안정적인 원가율과 영업마진을 유지하고 있다. 자동차부품의 한계 때문에 폭발적인 성장은 없지만 이익이 꾸준히 나는 사업구조인 셈이다. 700억 원이 넘는 현금성 자산을 보유하는 등 재무안정성 역시 업계 최고 수준이다.

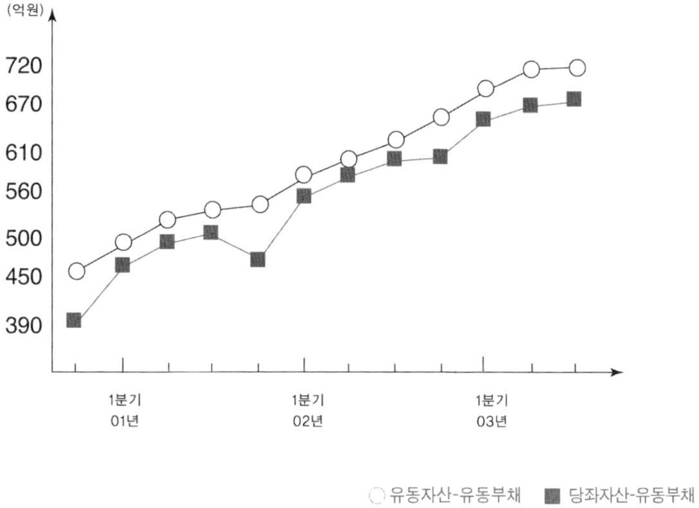

체크포인트

1. 납품처를 현대차, 기아차, 대우차 등으로 구분해서 매출 비중을 살펴보자.

2. 순운전자본을 적절히 활용하고 있는지 평가해보자.

2) 순운전자본 우상향 (2): 파라다이스(034230)

순현금자산 그래프가 2000년 4분기에서 2002년 3분기에 걸쳐 박스권 움직임을 보이다가 2002년 4분기를 기점으로 우상향으로 수세를 잡아가고 있다. 사스, 이라크 전쟁 등의 영향으로 외국인 방문객 숫자가 줄어 2002년 4분기 이후 또다른 박스권에 갇혀 있지만 2003년 3분기부터 다시 플러스로 전환하는 모습으로 상승 추세는 유효한 것으로 판단된다. 순유동자산과 순현금자산의 차이가 없어 재고자산이 필요없는 사업을 영위하는 회사임을 짐작할 수 있다.

파라다이스는 국내에서 외국인 전용 카지노 시장점유율 1위 업체이다. 카지노사업이라는 것이 물건을 만들어 재고로 쌓아 놓는 사업이 아니고 기에 투자된 사업장에서 영업을 하는 일종의 서비스 산업이기 때문에 재고가 필요하지 않다는 사업구조상의 특징이 있다. 그리고 재투자를 할 요가 없어 이익잉여금이 순운전자본으로 쌓이는 화수분형 사업모델의 특징도 보인다.

순운전자본이 2,000억 원이 넘는 수준으로 절대적인 안정성을 갖추고 있는 것으로 평가된다. 영업 자체는 자본지출을 필요로 하지 않는 만큼 순운전자본을 어디에 사용할 것인지 귀추가 주목된다.

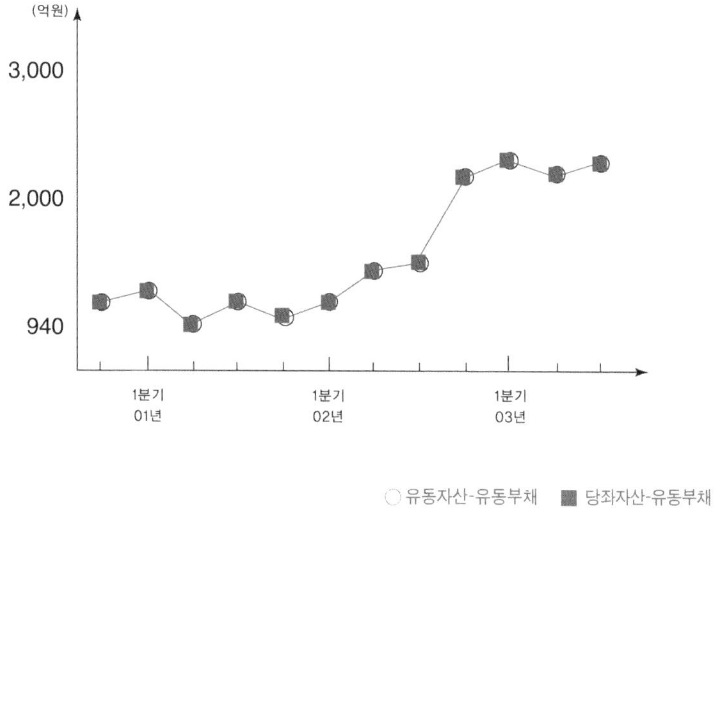

체크포인트

1. 카지노 산업의 매출구조와 손익 인식 기준을 전자공시를 통해 알아보자.

2. 새로운 고객으로 떠오르고 있는 중국관광객의 방문 추이를 살펴보자.

3) 순운전자본 우하향 (1): 신라섬유(001000)

순유동자산과 순현금자산이 동반 급락하는 순운전자본 우하향 패턴이다. 순유동자산 그래프가 2001년 1분기 이후 지속적으로 하락하면서 2003년 3분기 -50억 원까지 줄어들었다. 이것은 1년 이내에 현금화할 수 있는 자산보다 1년 이내에 갚아야 하는 부채가 더 많다는 의미다. 가뜩이나 없었던 순현금자산도 더 고갈되어 2003년 3분기에 -80억 원까지 줄어들었다.

순유동자산과 순현금자산의 차이가 벌어져 있다가 2002년 1분기부터 차이가 줄어들고 있는 것을 보아 팔리지 않은 재고가 쌓여가다가 제값 이하로 밀어내기 판매를 하면서 수익성이 저하된 것으로 생각된다. 수익성의 저하는 현금 등의 유동자산 감소로 나타나 순유동자산과 순현금자산의 감소로 이어졌을 것으로 판단된다.

신라섬유는 신라교역 계열의 화섬직물 임가공업체다. 실제로 신라섬유는 업황 부진과 임가공업의 구조적인 한계로 1998년 IMF 이후 최근 6년 연속 영업적자를 기록하는 등 수익구조가 매우 취약한 상태다. 이러한 악화된 수익구조가 누적되면서 자산구조까지 엉망으로 만들어 놓았다.

신라섬유와 같이 순유동자산이 우하향하는 그래프가 진정되기 위해서는 업황의 개선이나 자체 구조조정으로 현금의 외부 유출을 막는 것이 가장 시급한 일이다.

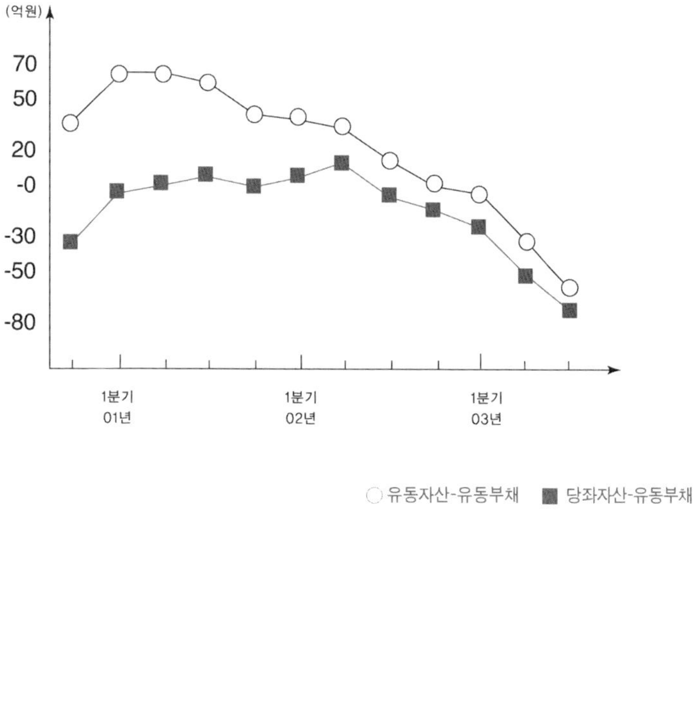

체크포인트

1. 2000년, 2001년에 재고를 과대 계상하지 않는지 살펴보자.

2. 화섬직물이 사양산업으로 접어든 배경을 살펴보자.

4) 순운전자본 우하향 (2): 남한제지(001950)

순유동자산이 2002년 3분기까지는 400억 원 수준을 유지했으나 이후에 급격히 줄어들면서 2003년 3분기에 260억 원 수준까지 하락하였다. 순현금자산은 순유동자산보다 상황이 좋지 않은데, 2001년 3분기부터 줄어들면서 2003년 3분기 -30억 원으로 급감했다.

2002년 3분기까지는 일정 수준의 재고를 유지하면서 대체로 양호한 자산구조를 나타냈지만, 재고의 수준이 과다한 편인데다 2002년 3분기 이후 수익 악화로 재고가 급격히 증가하면서 순유동자산과 순현금자산이 대폭 축소된 것으로 풀이된다.

남한제지는 아트지, 백상지를 생산하는 제지업체이다. 2002년부터 종이의 주 원재료인 펄프 가격이 급격히 오르면서 제지 업황이 급격히 위축되었다. 이로 인해 매출원가율이 증가하고 이는 다시 영업이익 등 제반 이익의 감소로 이어졌다. 또한 남한제지는 계성그룹 계열사(계성제지, 풍만제지)로 관계회사의 대규모 채무보증을 부담하고 있어 재무제표상에 있는 것보다도 자산의 질이 떨어진다고 평가된다.

결국 업황의 위축으로 악화된 수익구조에 과대한 채무보증이 겹쳐 순유동자산과 순현금자산이 우하향하는 그래프로 나타나고 있다. 순운전자본 우하향 패턴은 영업이 부진할 뿐 아니라 안정성이 훼손되고 있다는 가장 확실한 신호다.

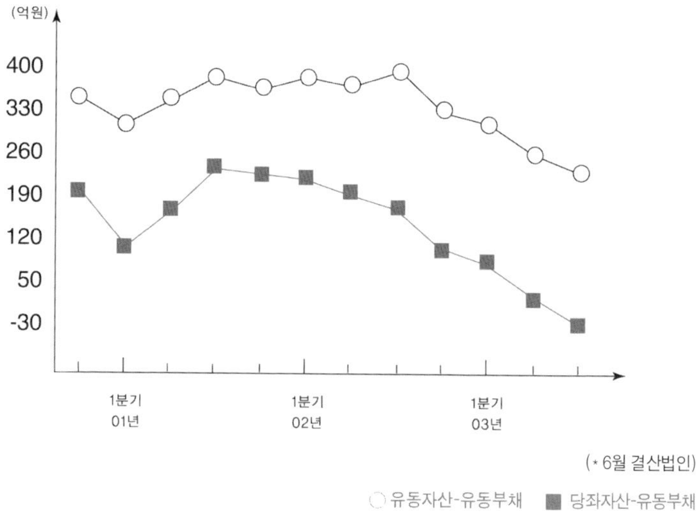

체크포인트

1. 남한제지의 재고 수준이 급격히 증가한 이유를 살펴보자.

2. 과도한 채무보증이 자사구조에 어떠한 영향을 미칠지 생각하여 보자.

CASE 54 절대저평가 지수

1) 우상향 골든크로스 (1): 부국철강(026940)

순현금자산이 우상향하며 시가총액을 돌파하는 우상향 골든크로스 패턴이다. 골든크로스라 이름 붙는 것은 순현금자산이 시가총액의 위로 올라가는 순간이 [illegible] 되는 변곡점이기 때문이다.

2000년 4분기 이후 시가총액이 순유동자산을 과한 적이 한 번도 없다. 오히려 순유동자산과의 차이가 벌어지며 결국 2003년 3분기 시가총액과 순유동자산의 차이는 무려 250억 원에 달하고 있다. 120억 원 수준의 시가총액에 비하면 엄청나게 차이나는 수치다.

순현금자산과 시가총액을 비교하면 이 차이는 더욱 명확해진다. 2002년 2분기에 골든크로스가 발생했고 2003년 3분기에는 급기야 순현금자산과 시가총액의 차이가 50억 원 이상 났다. 이는 120억 원을 들여 회사를 통째로 사면 170억 원의 현금성자산이 포함되어 있는 370억 원의 유동자산을 얻을 수 있다는 의미다.

부국철강은 포스코의 호남지역 철강 대리점이다. 대리점의 특성싱 마진이 적고 성장에 한계가 있다는 단점이 있으나 일정 지역을 기반으로 안정적인 영업을 할 수 있다는 장점이 있다. 대주주 지분율이 높고 성장에 한계가 있다는 점만으로 보기에는 너무나 싼, 절대적 저평가 상태라 할 수 있다.

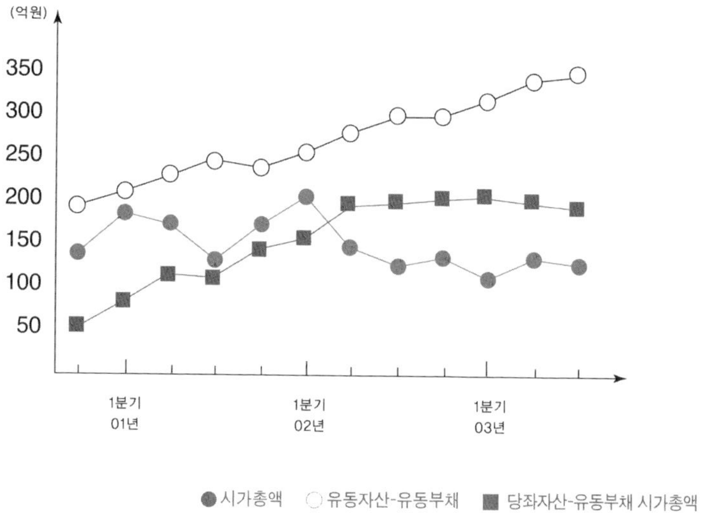

체크포인트

1. 부국철강의 순이익 지수와 이익률 지수는 어떠한지 살펴보자.

2. 주가 할인요소를 찾아보고, 시장의 오해가 과도하지는 않은지 평가해보자.

2) 우상향 골든크로스 (2): 안국약품(001540)

순유동자산과 순현금자산이 2001년 4분기 이후 한차례의 감소 없이 추세적으로 우상향하고 있다. 순유동자산과 순현금자산이 같은 규모로 증가하고 있어 현금장사를 하는 기업이라 짐작할 수 있다.

2002년 4분기에 순현금자산과 시가총액의 골든크로스가 발생하면서 시가총액보다 순유동자산과 순현금자산이 많아졌고 그 차이도 점점 벌어지고 있다. 2003년 3분기 시가총액은 190억 원인 데 비해 순현금자산은 230억 원, 순유동자산은 270억 원에 달하고 있는 절대저평가 상태에 놓여있다.

안국약품은 전문의약품 비중이 높은 중견 제약업체다. 소비자용 대표상품으로는 토비콤이 있다. 신약 개발을 위주로 하는 성장성 있는 기업은 아니지만 안정적인 영업기반이 장점이다. 재무제표를 살펴보면 영업활동 현금흐름이 양호한 수준임을 알 수 있고 차입금 규모 역시 미미해 재무구조가 안정적이다.

안정적인 자산구조와 수익구조에도 불구하고 순현금자산에도 못 미치고 있는 시가총액 수준은 저평가 상태라 판단된다. 시장의 무관심과 과도한 오해는 종종 비이성적인 주가를 만들어내는 법이다.

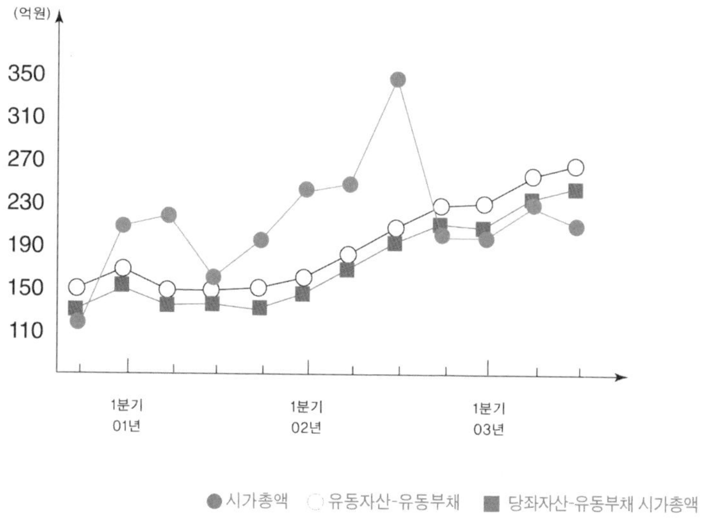

체크포인트

1. V차트 중 수익성 차트 등을 살펴보고, 안국약품의 저평가가 합당한지 평가해보자.
2. 재고수준이 낮은 이유를 알아보자.

3) 우하향 골든크로스: 한세실업(016450)*

* 한세예스24홀딩스로 변경

순현금자산이 시가총액을 돌파하는 골든크로스를 발생시켰지만 순현금자산은 우하향하는 우하향 골든크로스 패턴이다. 절대저평가이긴 하지만 순현금자산이 줄어들고 있다는 점에서 우상향 골든크로스보다는 매력도가 떨어진다.

2000년 4분기 이후 2003년 1분기까지 순현금자산이 우상향하는 모습을 나타냈지만 2003년 2분기부터 급격히 줄어들면서 순현금자산이 시가총액보다 낮아졌다. 그러나 여전히 순유동자산은 시가총액보다 높은 상태를 유지하고 있다.

한세실업은 OEM 방식으로 니트 등의 의류를 미국 등에 수출하는 업체다. 2000년 이후 미국의 경기회복 지연으로 수출여건이 어려웠지만 바이어들의 주문 증가로 외형을 꾸준히 신장시켜왔다.

2003년 2분기 순현금자산이 급격히 감소한 이유는 2003년 5월 인터넷 서점인 YES24를 인수했기 때문이다. 당좌자산이 투자유가증권으로 바뀌면서 순현금자산이 줄어들었다. 영업적인 이유라기보다는 비영업적인 이유다. 영업력이 유지되고 있고 남아 있는 유동성도 풍부해 전반적인 재무안정성이 유지되고 있다고 볼 수 있다.

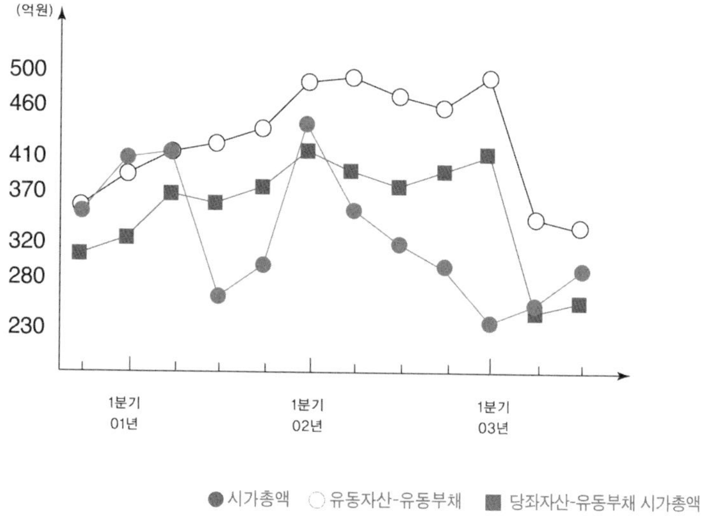

체크포인트

1. 순이익지수를 통해 한세실업의 영업 부문의 추이를 살펴보자.
2. YES24의 영업실적과 향후 성장 가능성을 타진해보자.

| 성공투자로 가는 길 |

공격보다 수비

'월드컵 3회 우승, 월드컵 통산 랭킹 3위, 62년 이후 11회 연속 월드컵 본선 진출'

이것은 다름 아닌 이탈리아 축구 대표팀이 월드컵 통산 성적표입니다. 비록 2002년 월드컵에서 우리나라에 패하긴 했어도 이탈리아 축구 대표팀은 가장 안정적인 팀으로 불리며 항상 우승 후보로 지목됩니다.

대표팀 멤버가 바뀌고 감독이 바뀌어도 이탈리아 축구 대표팀이 안정적인 전력을 항상 유지하는 데는 비결이 있습니다. 바로 빗장 수비로 불리는 강력한 수비력입니다. 우리나라도 이탈리아의 빗장 수비로 골을 넣는 데 무척이나 고생한 기억이 있습니다. 그러나 수비 위주의 축구를 구사하는 이탈리아 축구는 재미가 없다는 평가도 받습니다.

관중들은 화끈한 공격 축구를 원합니다. 1-0 스코어보다는 5-4의 스코어를 원합니다. 하지만 선수나 감독 입장에서는 스코어나 스타일이 중요한 것이 아니라 이기는 것이 중요합니다. 그것도 꾸준히 계속 이기는 것을 원합니다. 선수와 감독에게 남는 것은 화끈한 기분이 아니라 구체적인 숫자로 나타나는 통산 전적입니다.

주식투자자도 마찬가지입니다. 주가가 화끈하게 오르는 것은 참 재미있습니다. 그래서 사람들은 복권 같은 주식에 열광합니다. 한때 하이닉스나 갑을의 거래량이 많았던 것도 이 같은 투자자들의 심리 때문입니다. 하지만 수비가 빠진 공격은 단 한 번의 역습에도 금세 무너지고 맙니다.

점 상한가가 돌변해 점 하한가가 될 수도 있습니다. 보는 사람은 재미있을지 몰라도 상한가에 산 사람은 하한가가 되면 별 재미가 없을 것입니다. 남을 탓할 수는 있겠지만 결국 수비를 등한시하고 욕심을 앞세워 공격만 한 자신에게 가장 큰 문제가 있습니다.

가치투자자는 항상 이기는 투자를 원합니다. 한 게임을 5-0으로 이기는 것이 아니라 계속되는 게임을 1-0으로 이기길 원합니다. 그렇기 때문에 공격보다는 수비를 강화합니다. 골을 먹지 아야 이길 수 있다는 것을 알기 때문입니다. 그래서 자산가치나 배당을 중요하게 여깁니다.

주식시장의 승리자라 할 수 있는 워런 버핏도 한 해 10,000%의 수익률을 올려 부자가 된 것이 아닙니다. 40년 동안 연평균 24%의 수익률을 올려 부자가 된 것입니다. 그는 공격보다 수비의 중요성을 잘 알고 있기 때문에 저평가된 주식을 지루하리만큼 장기 보유합니다.

수비를 완벽하게 했을 경우 처할 수 있는 최악의 상황은 무승부에 불과합니다. 무패의 신화는 계속되는 승리만이 아니라 무승부도 포함됩니다. 수비는 나의 소중한 돈을 지키는 가장 확실한 방법이라는 사실을 명심하십시오.

12 자산구조 지수

이익의 원천으로서의 자산

기업의 자산은 두 가지 의미를 가집니다. 첫째는 새로운 수익을 창출해내는 자원으로서의 자산입니다. 반도체를 만들기 위해서는 반도체 라인이라는 자산이 필요하고 건설을 하기 위해서는 중장비라는 자산이 필요합니다. 이때의 자산은 좀 더 많은 부가가치를 창출하기 위해 투입되는 생산 수단입니다. 둘째는 유보된 이익으로서의 자산입니다. 처음 자본금 5,000만 원으로 창업한 사람의 머릿속에는 기업 활동을 통해 돈을 벌어 5,000만 원 이상의 수익을 자본금에 얹을 수 있다는 생각으로 가득합니다. 그런 기대감이 없다면 위험을 감수해가면서까지 사업을 시작할 이유가 없습니다. 5,000만 원으로 시작한 자산에 수익이 지속적으로 얹혀 10억 원으로 불어났다면 이 10억 원은 유보된 이익으로 자산 형태로 기업 내에 남게 됩니다.

두 가지 차원에서의 자산의 의미를 결합하면 다음의 그림처럼 나타낼 수 있습니다. 자산은 매출을 창출하고 여기서 비용을 차감한 수익이 다시 자본으로 쌓여 자산이 증가하는 순환고리의 모양입니다. 경영은 이런 순환 과정을 얼마나 효율적이고 안정적으로 집행하느냐 하는 기술입니다. 즉 이 순환 과정 자체가 기업 활동입니다.

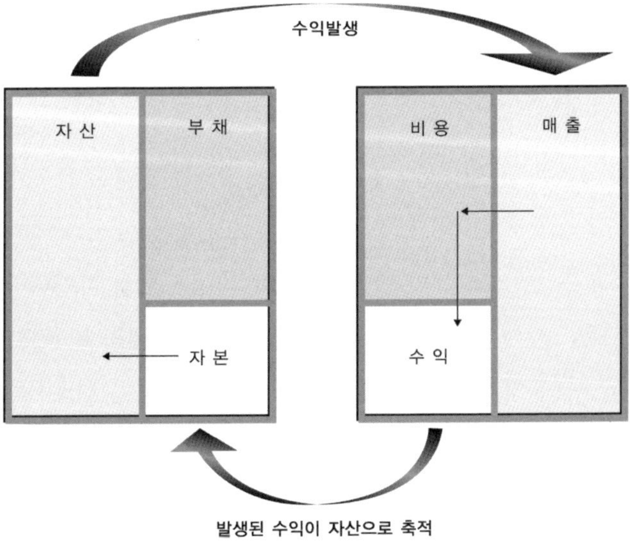

자산과 수익의 순환

위의 그림에서처럼 기업 활동의 중심에 자산이 자리를 잡고 있습니다. 자산은 이익을 만들어내기 위한 원천입니다. 자본금 5,000만 원이 창업의 첫 걸음인 것처럼, 본 궤도에 오른 기업이라 하더라도 수익은 자산으로부터 출발합니다. 그리고 보편적으로 수익이 늘어나 자산이 따라서 커지게 되면 기업에게는 더 많은 기회가 생깁니다. 우선 기업의 안정성이 확보되어 안정적인 경영을 할 수 있으며 더욱 많은 자산을 통해 수익을 증대시킬 수 있습니다. 하지만 문제는 자산이 어떻게 구성되어 있느냐에 따라서 그 결과는 완전히 달라질 수도 있다는 점입니다. 자산의 구성 상태에 따라 자산은 약이 될 수도 있고 독이 될 수도 있으며, 수익을 폭발시키는 연료가 될 수도 있고 뒷다리를 잡는 물귀신이 될 수도 있습니다.

자산구조의 안정성과 효율성

IMF 이후 우리 기업들의 체질이 많이 좋아졌다는 얘기를 합니다. 혹자는 주주정책의 차원에서, 혹자는 글로벌화에서 변화의 모습을 찾습니다. 하지만 IMF를 기점으로 가장 많이 달라진 점은 자산효율성과 안정성에 있습니다.

IMF 이전에 우리 기업의 발목을 잡던 요인은 자산의 무수익성이었습니다. 기업의 덩치를 키우기 위해 수익성은 무시한 채 자회사를 만들고 지분 출자를 하는 바람에 자산의 상당 부분이 수익으로 연결되지 않는 무수익자산이 되어 버렸습니다. 또한 수익성이 검증되지 않은 신사업의 무리한 추진으로 어렵게 벌어놨던 돈을 허공에 뿌리고 말았습니다. 즉 불어난 자산이 수익의 증대로 연결되지 못하는 누수 현상이 발생했던 것입니다. 이 부분이 IMF 이후 구조조정과 지배구조 개선이라는 이름으로 수술 대상이 되었습니다.

IMF 때는 자산의 안정성이 문제가 되었습니다. 차입금을 끌어다가 지나치게 많은 고정자산에 투입한 것이 화근이었습니다. 더 많은 수요를 예상하고 설비투자를 확대했는데 갑자기 수요도 급감하고 금리는 오른데다가 차입금 상환 압력까지 들어와 부도를 맞는 기업이 속출했습니다. 은행 차입금을 영원히 빌려 쓸 수 있다고 생각했는데 갑자기 돈을 갚아야 하는 상황이 닥치니 고정자산을 팔아 갚을 수도 없는 노릇이었습니다. 이때부터 유동성의 확보를 통한 자산구조의 개선과 더불어 과도한 부채에 대한 경계심이 나타나기 시작했습니다. 물론 기업들이 너무 현금을 꽉 쥐고 있어 문제가 되기도 했지만 결국 안정성은 눈에 띄게 올라갔습니다.

투자자 입장에서는 자산효율성과 안정성을 두루 갖춘 기업을 발굴해야 합니다. 이때 살펴봐야 할 부분이 고정자산과 장기자본입니다. 앞서 부채비율, 유동비율 등으로 안정성을 짚어봤는데 그것은 단순한 안정성 검토입니다. 고정자산과 장기자본을 이용해서 더 파고 들어가면 흑자부도의 가능성, 자산효율성 등의 자산 관련 정보를 얻을 수 있을 뿐 아니라 이익회수기처럼 향후 수익의 방향까지 어림잡을 수 있습니다.

고정자산의 적합성

기업의 자산은 타인자본인 부채와 자기자본인 자본으로 이뤄집니다. 이것은 자본조달방식에 따른 구분입니다. 부채비율, 유동비율 등은 모두 이 관점으로 접근합니다. 하지만 고정자산 규모에 따른 안정성과 효율성을 따질 때에는 부채와 자본을 모두 묶은 다음 다시 사용기간에 따라 구분해서 적용합니다. 즉 부채 중에서 1년 이내로 상환해야 할 부채는 단기자본으로, 1년 후 상환해야 할 부채와 자기자본을 합쳐 장기자본으로 구분합니다. 세부적으로 살펴보면 단기자본에는 매입채무, 단기차입금, 예수금 등이 포함되고 장기자본에는 사채, 퇴직급여충당금, 자본금, 자본잉여금, 이익잉여금 등이 포함됩니다.

고정자산은 기업의 자산 중 1년 안에 현금화하기 어려운 자산입니다.

장기금융상품, 투자유가증권, 토지, 건물, 기계장치, 상표권 등이 고정자산에 포함됩니다. 기업은 고정자산을 통해 수익을 창출합니다. 제조업의 경우 처음 시설투자에 들어가 고정자산으로부터 수익을 창출하기까지는 오랜 시간이 걸리기 때문에 고정자산은 장기자본으로 취득하는 것이 기업의 안정성을 높이는 방법입니다. 만약 단기자본으로 시설물을 구축할 경우, 안정적 수익구조를 갖추기도 전에 상환 압력이 들어오면 아무리 흑자가 난다 하더라도 부도를 맞을 가능성이 있습니다. 고정자산은 빠른 처분이 힘들고 보통 그 업종에 맞게 특화되어 있어서 구매자층도 적기 때문입니다. 금리만 싸다면 사업하는 사람 입장에서 빚은 늦게 갚을수록 좋은데, 빚이 고정자산으로 묶여 있는 경우라면 더더욱 그렇습니다.

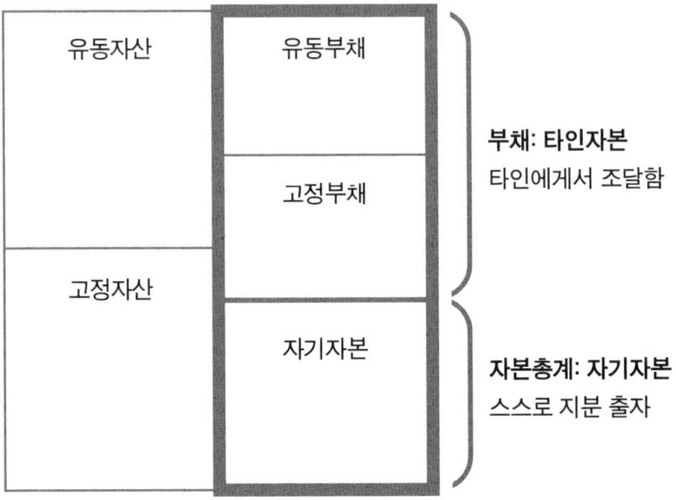

자본조달방식에 따른 자본 분류

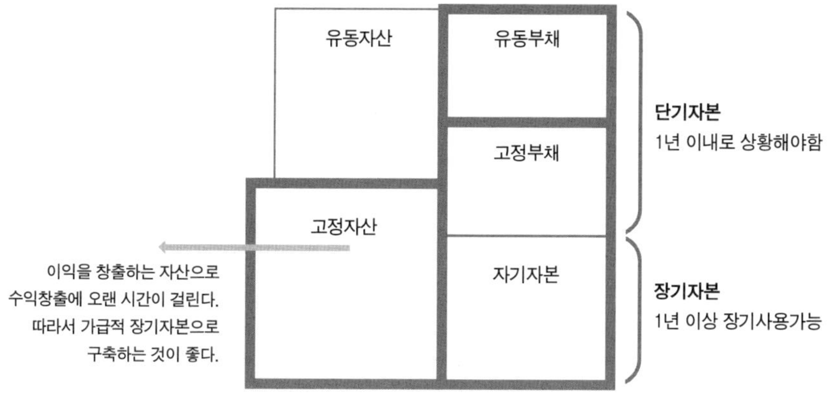

사용기간에 따른 자본 분류

회계사: 고정자산은 기업에 있어 독이 될 수도 있고 약이 될 수도 있지.

김대리: 그게 무슨 얘기인가?

회계사: 고정자산은 간단하게 얘기하면 공장이라네. 공장은 말 그대로 돈을 버는 출발점이 되는 곳이지. 그런데 공장을 지어 돈을 벌기가 그리 쉽지만은 않다네. 만약 제품이 성공하면 괜찮지만 실패하게 되면 공장은 고철덩어리가 되지. 누가 사가기도 쉽지 않고 말이야.

김대리: 아, 그래서 잘 되면 약, 못 되면 독이라는 거군. 공장 개념이라고 얘기하니 알아듣기가 쉽구먼. 고정자산에는 공장 말고 딴 건 포함되어 있지 않나?

회계사: 대표적인 건 투자유가증권이 있어. 직접 공장을 짓는 방법도 있지만 다른 회사의 지분을 사는 방법도 있지. 하지만 이것도 투자회수 여부가 불투명하고 당장 처분할 수 없는 경우가 많아 공장과 별반 차이가 없다네. 말 그대로 이것도 고정자산이지.

김대리: 그렇다고 해도 기업을 한다면 고정자산을 취득하지 않을 수도

없는데, 적정한 고정자산을 가지고 있는지 알 수 있는 방법은 없나?

회계사: 좋은 질문이네. 고정자산으로 기업의 안정성을 측정하는 지표로 '고정장기적합률'이 있지. 고정장기적합률은 고정자산을 장기자본으로 나눈 비율이라네. 이 수치가 100%가 넘으면 고정자산이 과도하다고 판단할 수 있지. 만약 고정자산의 내용연수에 비해 고정부채의 상환기간이 상대적으로 짧으면 기업은 고정부채의 상환을 위한 자금난에 봉착할 우려가 있다고 보는 거라네.

회계사의 설명처럼 고정자산의 적합성을 판단하는 지표로 고정장기적합률이 있습니다. 이 비율은 100%까지를 안정성의 한계점으로 봅니다. 즉 고정자산이 장기자본보다 적어야 안정성이 확보되어 있다고 봅니다. 그러나 말 그대로 비율이기 때문에 고정자산 및 장기자본의 절대적인 규모와 추이를 알기가 힘들다는 단점이 있습니다. 대신 V차트의 '고정자산 적합 지수'를 사용하면 고정자산의 적합성뿐 아니라 기업의 상태를 좀 더 자세히 측정할 수 있습니다.

고정자산 적합 지수에는 고정자산과 함께 장기자본, 자기자본의 상황이 그래프로 표시되어 있습니다. 투자자는 고정자산 적합 지수에서 장기자본 그래프가 고정자산 그래프 위에 위치한 모양을 찾아야 합니다. 일반적으로 안정적이라 여겨지는 기업의 경우 위에서 아래로 장기자본, 자기자본, 고정자산의 순으로 배열되어 있습니다. 장기자본이 고정자산 위에 위치한다는 것은 고정장기적합률이 100% 이하

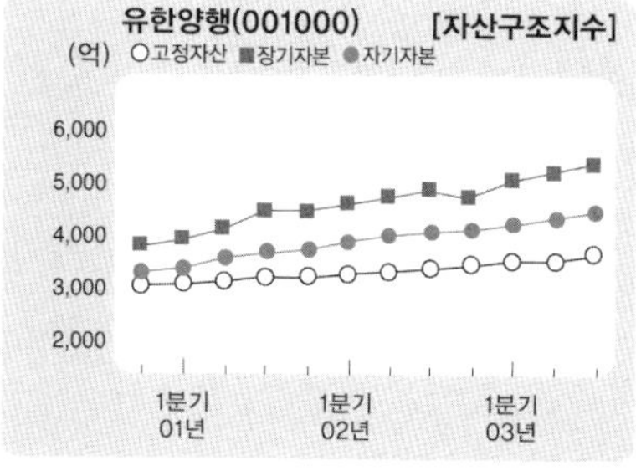

라는 것을 의미합니다. 즉 1년 이상의 자본으로 고정자산 부분을 감당하고 있기 때문에 여유가 있다는 의미입니다. 또한 장기자본 뿐 아니라 자기자본이 고정자산 위에 있는 모양은 상환하지 않아도 되는 자기자본만으로 고정자산을 감당하고 있다는 뜻으로 더욱 안정적이라는 해석이 가능합니다. 위의 유한양행이 나타내는 고정자산 적합 지수를 대차대조표로 나타내면 다음의 그림과 같습니다. 장기자본이 고정자산을 과하고 있어 고정자산으로 인한 자본의 묶임 현상이 발생하지 않고 있습니다.

그래프의 위치뿐 아니라 추세를 보면 자산의 효율성과 관련해 몇 가지 투자 아이디어를 더 얻을 수 있습니다. 고정자산의 추이를 보면, 고정자산이 일정하게 유지되는 기업이 있는가 하면 고정자산이 증가하는 기업이 있습니다. 이 중 고정자산이 일정하게 유지되지만 자기자본이 꾸준히 늘어나는 기업을 우선 매수 대상으로 삼아야 합니다.

고정자산이 일정하게 유지되면서 이익이 유지 혹은 증가한다는 사실은 두 가지로 해석이 가능합니다. 첫째는 설비투자가 일단락되어 이익회수기에 접어들었다는 것입니다. 이 시기에 접어들면 다음 설비투자 때까지 이익이 고스란히 사기자본으로 쌓여서 주주에게 돌아가는 몫이 커지게 됩니다. 둘째는 사업 자체가 지속적인 설비투자를 필요로 하지 않는 구조라는 것입니다. 이런 구조를 가진 기업은 자산효율성이 극대화되는 경향이 있습니다. 뒤에 나오는 이익 축적 지수에서 그 장점이 자세히 설명됩니다. 다음 롯데칠성과 삼성전자의 V차트를 보면 그 의미를 이해하기가 쉽습니다.

두 기업 모두 자기자본과 장기자본이 꾸준히 증가하는 성장세를 보이고 있습니다. 한마디로 둘 다 고정자산이 독이 아닌 약인 기업들입니다. 하지만 고정자산의 추이는 큰 차이가 있습니다. 롯데칠성은 고정자산이

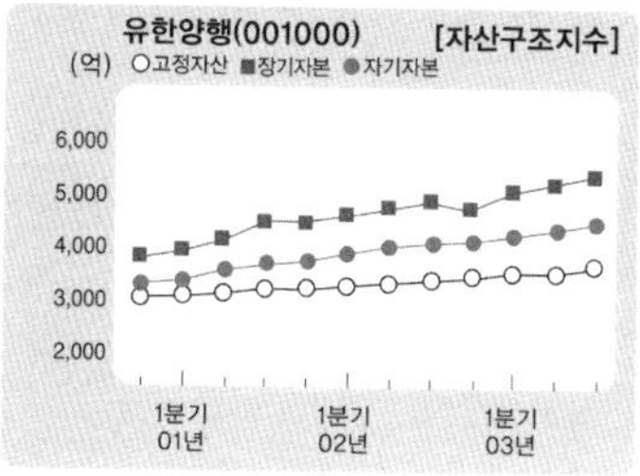

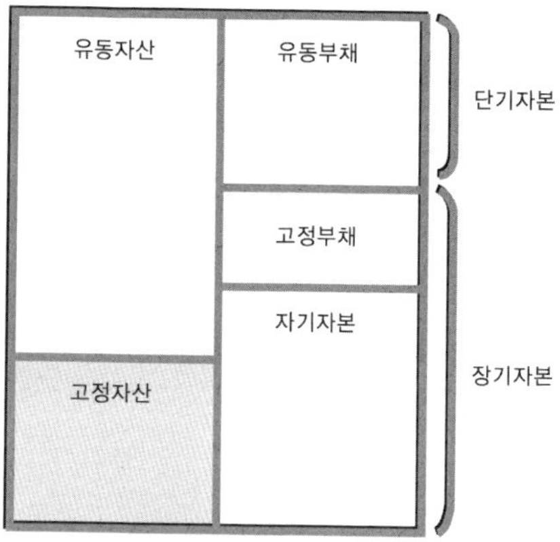

고정자산<자기자본<장기자본

일정한 반면 삼성전자는 고정자산이 계속 증가하고 있습니다. 이 중 가치투자자에게는 삼성전자의 패턴보다는 롯데칠성의 패턴이 더 매력적입니다. 똑같은 이익 증가라 하더라도 추가 자본 지출 없이 이뤄지는 이 주주에게 이익을 돌려줄 수 있는 여지가 더 크기 때문입니다. 이익을 두 배로 늘리기 위해서 매장을 두 배 늘려야 하는 야채가게보다는 매장이 그대로인데도 이익이 두 배로 늘어나는 야채가게가 주인 입장에서는 더 나은 것과 마찬가지입니다.

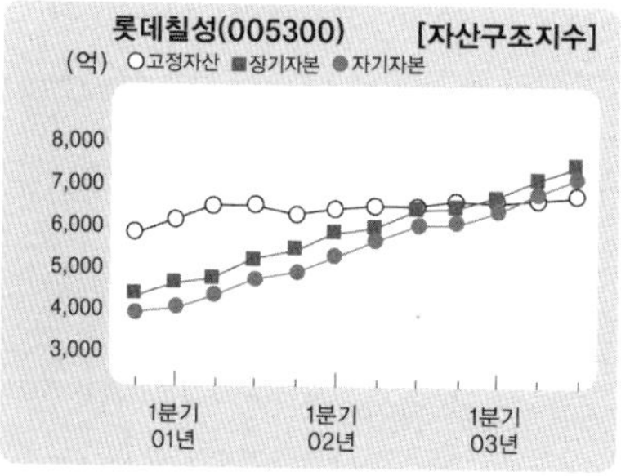

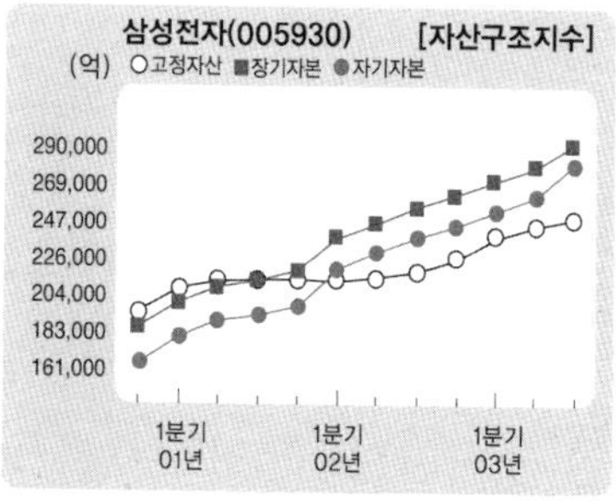

화수분형 기업

'화수분'은 전영택의 단편소설 제목으로도 유명한데, 재물이 자꾸 생겨서 써도 써도 줄어들지 않는 그릇을 얘기합니다. 화수분의 핵심은 추가 투입 없이도 새로운 부가가치가 나온다는 것입니다. 투입이 없어도 된다는 것은 재물이 나오는 대로 재산으로 쌓인다는 매력을 줍니다.

기업 중에서도 새로운 투입 없이 끊임없이 부를 창출해 주주에게 그 부를 돌려주는 화수분형 기업이 있습니다. 화수분형 기업은 자산의 효율성이 극대화된 기업이라고도 말할 수 있습니다. 일반적으로 화수분형 기업은 기계장치 등 유형자산이 아니라 무형의 지식, 브랜드, 맨파워, 유통망 등에서 부가가치가 창출됩니다. 따라서 자본 지출이 발생하지 아 이익이 현금으로 그대로 쌓이는 현상이 발생합니다. 화수분형 기업이 되기 위해서는 한 가지 조건이 더 있습니다. 이익이 영업외적으로 빠져나가는 일이 없어야 한다는 것입니다. 이것은 대주주 및 경영진의 도덕성과도 관계된 문제입니다. 투자자 입장에서는 아무리 투입 없이 부가 창출된다 하더라도 그 부가 기업에 쌓이지 않고 새나가면 소용이 없는 일입니다.

화수분형 기업을 발견하는 방법은 정성적 방법에 가깝습니다. 부가가치의 근원이 보이지 않는 곳에 있기 때문에 기업 자체의 경쟁력을 포괄적으로 분석해 들어가야 하기 때문입니다. 하지만 완벽하지는 아도 화수분형 기업임을 재무적으로 접근해서 짐작할 수 있는 방법들이 있습니다. 그 중 가장 손쉬운 방법은 이익잉여금과 당좌자산의 추이를 비교해보는 것입니다.

일반적으로 화수분형 기업은 다음 그림과 같이 수익이 이익잉여금으로 연결돼 당좌자산의 증가로 이어지는 구조를 가지고 있습니다. 즉 벌어들인 수익이 고정자산으로 묶이는 것이 아니라 현금으로 차곡차곡 쌓인다는 의미입니다. 이익이 그대로 당좌자산으로 쌓이는 구조에는 여러 가지 요인들이 작용합니다. 따라서 이익잉여금이 당좌자산으로 연결된다고 모두 다 화수분형 기업으로 보기는 힘듭니다. 하지만 이런 구조를 가진 기업들을 발견해 압축해 나가다 보면 자산구조가 매우 효율적으로 구성되어 있는 몇몇 탁월한 기업을 찾을 수 있습니다.

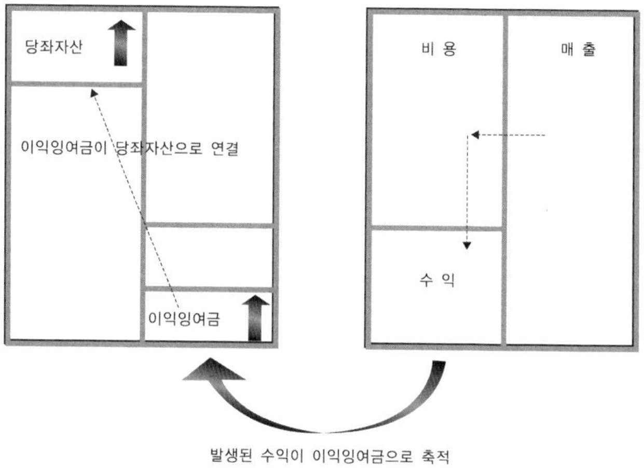

화수분형 기업의 자산과 수익

주주가 가장 원하는 자산은 현금입니다. 현금은 예측 가능하고 재고나 고정자산에 비해 균질화된 최고의 자산입니다. 세상이 뒤숭숭하면 사람들은 금을 선호하는 경향이 있는데 마찬가지로 주주도 기업에 어떤 상황이 닥칠지 모르기 때문에 현금자산을 가장 선호합니다. 따라서 화수분형 기업은 비즈니스 모델과 자산 구조

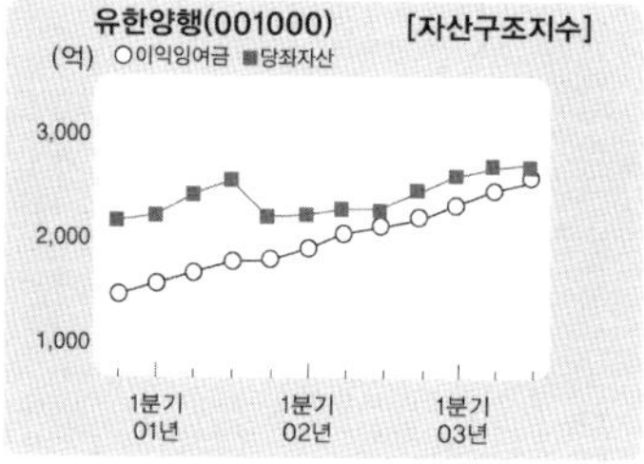

차원에서뿐 아니라 주주에게 배당과 자사주 등으로 돌려줄 수 있는 여력이 높아 시장의 평가가 좋습니다.

V차트의 자산가치 차트에서 이익잉여금과 당좌자산의 추이를 살펴볼 수 있는 지수는 '이익 축적 지수'입니다. 이익 축적 지수는 당좌자산과 이익잉여금의 분기별 추이를 통해 사업구조가 얼마나 화수분형에 가까운지, 그리고 자본의 누수 현상이 발생하고 있지 않은지를 나타내줍니다.

이익 축적 지수를 앞서 설명된 고정자산 적합 지수와 함께 이용하면 신뢰도가 더 높아집니다. 롯데칠성과 삼성전자의 고정자산 적합 지수와 이익 축적 지수를 각각 다음과 같이 나타내면 그 차이를 알 수 있습니다.

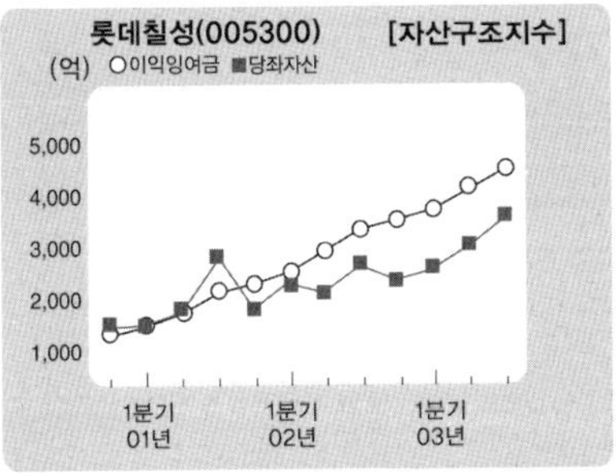

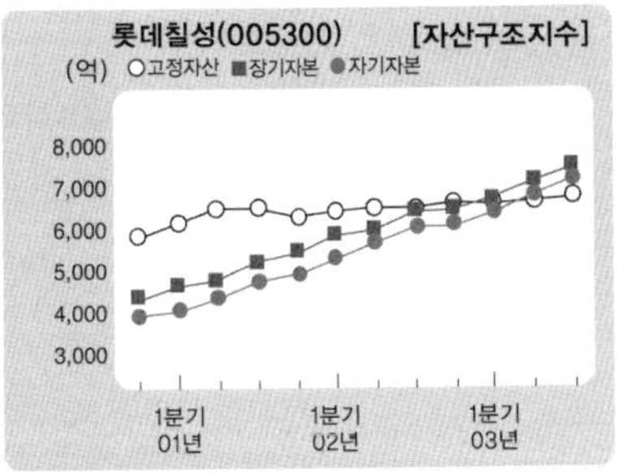

롯데칠성의 이익 축적 지수와 고정자산 적합 지수

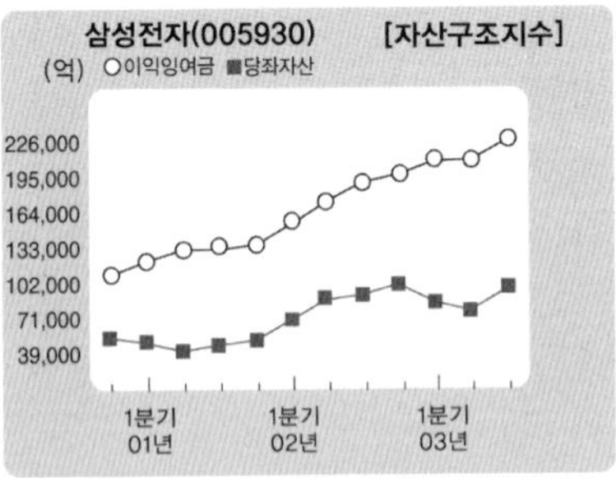

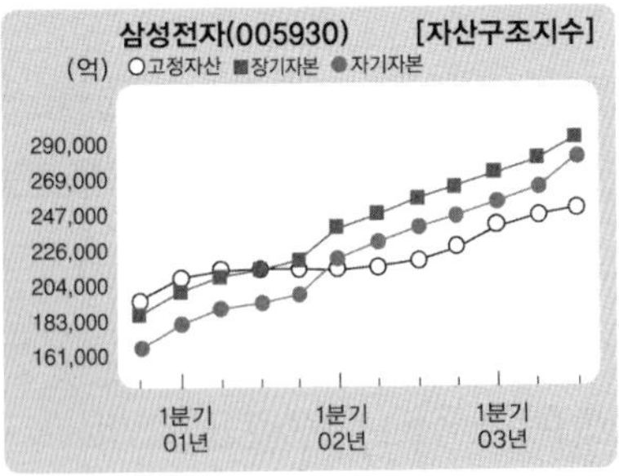

삼성전자의 이익 축적 지수와 고정자산 적합 지수

이중 롯데칠성처럼 고정자산이 일정하면서도 이익잉여금과 당좌자산이 함께 증가하는 추세에 있다면 화수분형 기업이 될 가능성이 더 높습니다. 자산의 많고 적음, 수익의 많고 적음을 따지는 것도 중요한 일이지만 그 자산이 어떤 형태로 남아 있는지, 자산의 효율성은 어떠한지를 따지는 것도 매우 중요한 투자 판단 근거가 됩니다.

자산구조 지수의 구성 원리

1) 고정자산 적합 지수

고정자산 적합 지수는 고정자산, 장기자본, 자기자본을 동시에 비교함으로써 기업의 안정성과 자산의 효율성을 파악할 수 있게 해주는 지수입니다. 차트의 왼쪽 Y축에는 고정자산, 장기자본, 자기자본을 나타내는 원 단위가 표시되어 있습니다.

장기자본은 고정부채와 자기자본을 합한 금액이므로 항상 자기자본보다 위에 위치합니다. 바꿔 얘기하면 지수상 장기자본과 자기자본의 이격도는 고정부채의 양을 의미합니다.

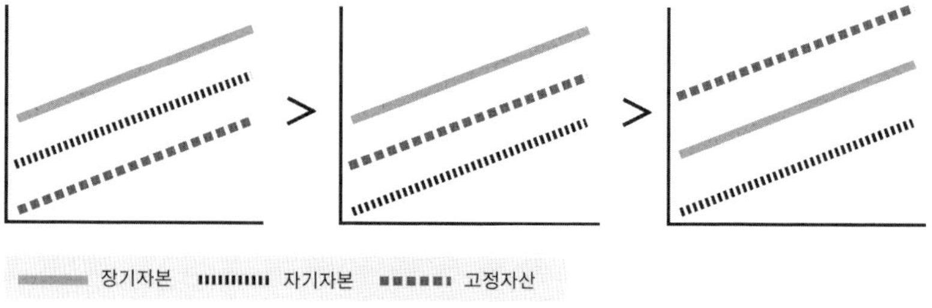

고정자산 적합 지수의 유형1

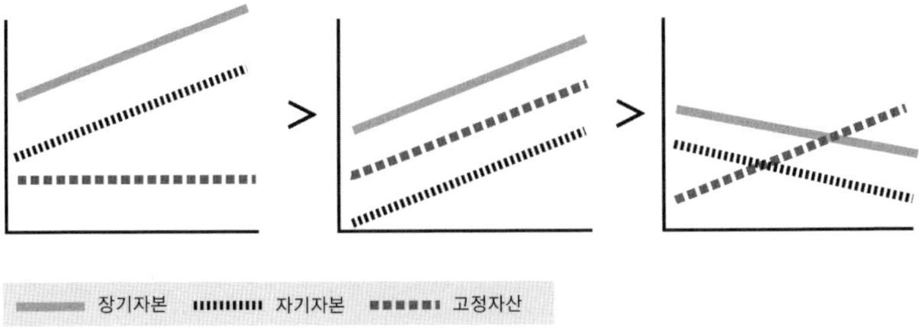

고정자산 적합 지수의 유형2

세 그래프의 배치만 놓고 따졌을 때 가장 좋은 모양은 위에서 아래로 장기자본, 자기자본, 고정자산의 순입니다. 그 다음은 장기자본, 고정자산, 자기자본의 순입니다. 이 순서에서는 고정자산을 자기자본만으로 감당하지 못해 일부 고정부채를 통해 조달했다는 것을 알 수 있습니다. 가장 좋지 않은 모양은 고정자산 그래프가 제일 위에 위치한 경우입니다.

세 그래프의 추세를 놓고 봤을 때는 고정자산이 일정하면서 장기자본과 자기자본이 상승 추세를 그리는 것이 가장 좋습니다. 최악의 경우는 고정자산이 증가하는 반면 장기자본과 자기자본이 감소하는 때입니다. 이때는 1년 이내에 갚아야 하는 단기자본으로 고정자산을 취득하고 있다는 신호이므로 위험이 증대되고 있는 상황이라 판단할 수 있습니다. 물론 고정자산에서 엄청난 수익이 쏟아져 나와 대박이 날 수도 있지만 그것을 확인하고 사도 늦지 않습니다. 가치투자자는 섣부른 예측에 돈을 걸지 않습니다.

2) 이익 축적 지수

이익 축적 지수는 이익잉여금과 당좌자산을 동시에 비교함으로써 기업의 자산효율성을 파악할 수 있게 해주는 지수입니다. 차트의 왼쪽 Y축에는 이익잉여금과 당좌자산을 나타내는 원 단위가 표시되어 있습니다.

일반적으로 당좌자산은 이익잉여금과 비례해서 움직이는 경향이 있습니다. 그러나 그렇지 않은 경우가 있는데 그것은 두 가지 중 하나입니다. 첫째는 부채로 조달하거나 증자를 통해 당좌자산을 만든 경우입니다. 당좌자산은 벌어서 쌓을 수도 있지만 부채로 조달하거나 주식시장에서 주식을 발행해서 만들 수도 있습니다. 이 경우는 자산주는 될 수 있으나 화수분형 기업으로 보기 힘듭니다. 둘째는 이익잉여금이 고정자산에 투입되거나 재고로 쌓일 경우입니다. 당좌자산은 고정자산과 재고를 포함하지 않기 때문에 이 부분이 늘어날 경우 당좌자산은 정체하거나 줄어듭니다. 이때는 안정성 면에서 위험신호로 간주할 수 있습니다.

가장 이상적인 모양은 이익잉여금과 당좌자산의 간격이 벌어지지 않고 상승 추세를 그리는 것입니다. 이것은 화수분형으로 볼 수 있으며 그동안 기업이 벌어둔 자산이 그대로 현금성 자산으로 남아 있다는 의미입니다. 게다가 추세까지 상승형이면 수익성도 꾸준히 유지된다는 것을 말해줍니다. 화수분형은 지금까지 긍정적인 방향으로 기업이 걸어왔다는 뜻이기도 하지만 미래에도 여전히 그럴 것이라는 점을 예측하게 해줍니다. 기업의 사업 내용은 쉽게 바뀌지 않을 뿐만 아니라 자본을 막 쓰지 않았던 기업은 앞으로도 그러지 않을 확률이 높기 때문입니다. 과거는 현재의 그림자이자 미래를 예측하게 해주는 수정구슬과도 같습니다.

1) 이익회수기형 (1): 성신양회(004980)

고정자산이 완만한 감소추세에 있고 장기자본과 자기자본이 증가하는 이익회수기형의 패턴이다. 고정자산은 2000년 4분기 이후 추세적으로 감소하면서 1조 2천억 원 수준에서 2003년 3분기 9,000억 원 수준까지 감소했으며 반면에 장기자본은 저점을 높이면서 추세 상승 중에 있다. 장기자본과 함께 자기자본 역시 추세적 상승세를 보이고 있다.

고정자산에 대한 투입이 추가로 없는 상태에서 이익잉여로 인해 자기자본이 늘어난다는 것은 기업이 이익회수기에 본격적으로 들어갔다는 신호다. 투자자는 기업이 한창 투자를 할 때보다 이미 투자한 금액을 회수할 때에 들어가는 것이 기회비용을 최소화할 수 있다. 고정자산에 대한 추가적인 출자가 없으면 고정자산이 감가상각으로 인해 완만하게 떨어진다.

성신양회는 과점 상태를 이루고 있는 국내 시멘트시장에서 2, 3위를 달리는 기업이다. 시멘트 사업은 석회석 광산이 필요하기 때문에 대규모의 초기 설비투자가 필요하다. 그러나 일단 초기에 설비투자를 끝내 놓으면 추가적인 설비투자 규모가 크지 않아 고정자산에 대한 부담은 점차 줄어든다.

이익회수기형의 구조이긴 하지만 아직 장기자본보다 고정자산 수준이 더 높은 것이 단점이다. 영업 부문이 호조이긴 하지만 고정자산적합률로 볼 때 아직 완벽한 안정성이 확보되었다고 보기는 힘들다.

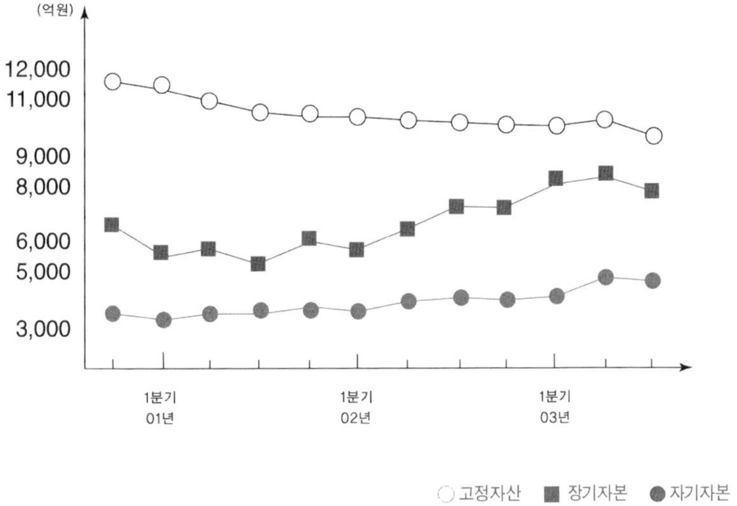

체크포인트

1. 마지막으로 신규 설비투자가 된 시기가 언제인지 알아보자.

2. 장기자본의 증가가 고정부채의 증가에 의해서인지 이익의 증가에 의해서인지 판별해보자.

2) 이익회수기형 (2): 한국제지(002300)

고정자산이 2001년 3분기를 고비로 꾸준히 줄어들고 있다. 장기자본도 계속 증가하면서 2000년 4분기 2,000억 원 수준에서 2003년 3분기 3,000억 원 수준까지 증가했다. 특히 자기자본은 2000년 말부터 2003년 3분기까지 단 한 분기의 감소 없이 지속적으로 증가하면서 고정자산과의 차이를 벌리고 있다. 고정자산이 자기자본 이하 수준으로 상당한 안정성이 확보되었다.

고정자산이 감소하는 것은 2001년 3분기를 끝으로 신규 설비투자가 발생하지 않고 기투자된 설비투자에 감가상각이 발생하였기 때문으로 풀이된다. 자기자본을 포함한 장기자본의 증가는 꾸준한 순이익의 증가가 잉여금으로 쌓이고 있기에 가능한 것으로 보인다. 2002년 4분기 이후 장기자본과 자기자본의 차이가 줄어들고 있는데 이는 부채가 감소하고 있다고 해석할 수 있다.

한국제지는 백상지와 아트지 전문으로 생산하는 제지업체다. 제지업은 대규모 장치 산업이다. 종이가 기본적으로 무차별 상품이기 때문에 생산량이 많은 업체가 아주 유리한 위치를 점한다. 그런데 제지업이 1997년 IMF 이후 수요보다 공급이 우세한 공급 과잉 상태에 있어 제지업체들이 신규로 설비투자를 하지 않고 기존 설비만을 이용해 공급을 조절하고 있다.

이렇게 대규모 장치 산업이지만 산업이 성숙해지고 과당경쟁이 누그러들면서 이익회수기에 들어가는 경우가 있다. 이때는 추가적인 자본 지출 없이 이익이 증가한다는 장점 외에도 후발주자들이 산업으로 쉽게 들어오지 못한다는 장점이 있다.

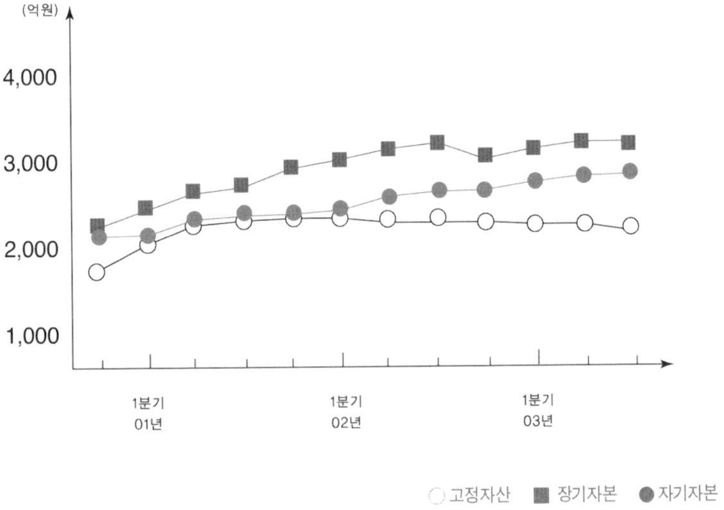

체크포인트

1. 기계장치의 규모, 설비투자 증가 추이, 감가상각 비용을 점검해보자.

2. 한국제지의 수익성을 크게 좌우하는 펄프 가격의 추이를 살펴보자.

3) 지속 투자형: 현대모비스(012330)

고정자산, 장기자본, 자기자본이 모두 우상향 하는 지속 투자형 패턴이다. 지속 투자형 패턴은 업황이 호조를 보이고 있어 더 많은 수익을 올리기 위해 투자를 단행하는 기업들의 경우에 많이 나타난다. 이익회수기형이 산업의 성숙기에 나타난다면 지속 투자형은 산업의 성장기에 나타난다.

고정자산 그래프가 장기자본 그래프와 자기자본 그래프 사이에 위치한 것으로 보아 고정자산의 일부를 부채를 조달해 투자하고 있는 것으로 보인다. 장기자본과 자기자본의 격차가 커 부채의 수준이 상당히 높다는 점을 알 수 있다.

주목할 점은 고정자산이 늘어나는 대신 자기자본이 그 이상으로 증가하고 있다는 점이다. 부채 규모가 일정한 가운데 고정자산과 자기자본이 동시에 증가하고 있다는 것은 기존의 설비에서 수익이 나고 있다는 뜻이고 벌어들인 수익에서 일부는 설비투자를 하고 일부는 잉여를 하고 있다는 의미로 해석이 가능하다.

현대모비스가 고정자산에 투자를 많이 하는 이유는 납품처인 현대차와 기아차가 해외에 현지법인을 설립하면서 현대모비스도 해외에 부품 생산 라인을 증설하기 때문이다. 또한 자동차 부품 모듈화 경향에 부응하기 위해 국내 완성차 공장 근처에 모듈 전용 공장을 지속적으로 늘리고 있는 점도 고정자산 증가 요인 중 하나다.

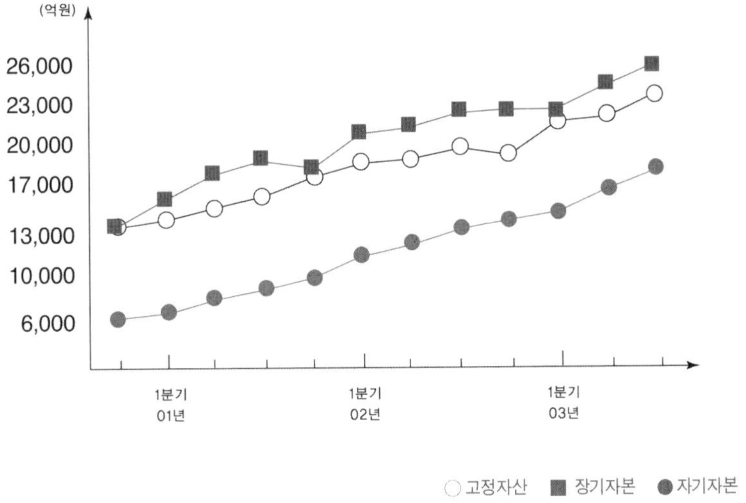

체크포인트

1. 현대모비스의 고정자산 증가 추이가 꺾이는 시점을 예측해보자.

2. 부채의 수준이 안정성을 해하지 을 정도의 적정한 수준인지 알아보자.

4) 고정자산 과다형: 대우조선해양(043660)

고정자산이 점진적으로 증가하는 가운데 고정자산 규모가 장기자본을 초과하는 고정자산 과다형 패턴이다. 자기자본도 증가하는 모습을 보여 영업이 호조를 보이고 있다고 판단할 수 있으나, 고정자산 절대액의 규모가 워낙 커 최악의 상황이 닥쳤을 때 기업의 안정성이 크게 훼손될 여지가 있다.

대우조선해양은 대우중공업에서 분리된 대형 조선업체다. 2001년 말 이후 전방산업인 해운업이 중국의 영향으로 호황을 누리고 있고, 세계적인 LNG 수요의 증가가 LNG선 매출비중 확대를 가져와 외형과 수익성이 증대되었다. 2003년 건조량 기준으로 2년 4개월분에 해당하는 수주잔량을 보유하고 있어 향후 수 년 동안 안정적인 성장이 가능할 전망이다.

하지만 조선산업은 막대한 시설자금이 투입되기 때문에 영업의 선순환 구조가 끊어질 경우 큰 타격을 입을 수 있다. 조선의 특성상 발주부터 수금까지 기간이 길어 고정자산이 과다할 경우 상환 압력이 들어오면 제때 대처할 수 없다는 단점도 있다.

대우조선해양의 역사가 오래 되었고 전세계적으로 조선소가 몇 개 남아있지 않는 상황이지만 고정자산이 꾸준히 증가하는 것은 해양플랜트 사업, 특수선 사업 등으로 사업을 다각화하면서 필요 시설물들을 증가시키고 있기 때문이다.

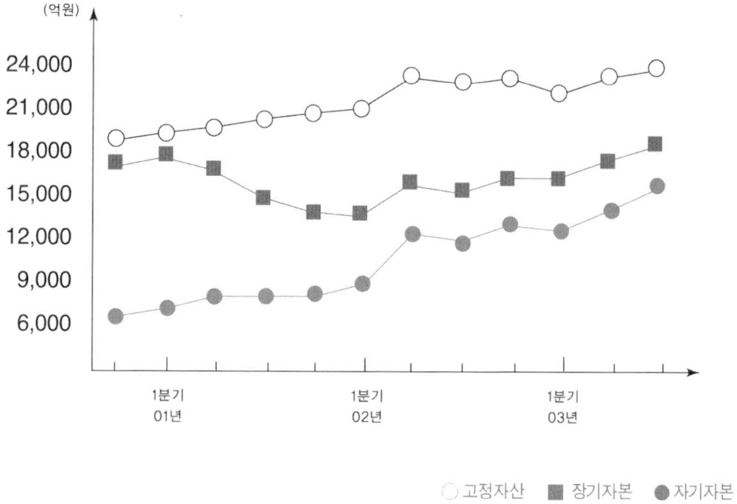

체크포인트

1. 부채를 유동부채와 고정부채로 나눠 그 수준이 적정한지 파악해보자.

2. 수주 잔고를 점검해보고, 수익성이 담보되어 있는 수주잔고인지 살펴보자.

1) 화수분형 (1): 롯데제과 (004990)*

* 롯데지주로 변경

이익잉여금과 당좌자산이 거의 차이 없이 우상향하는 화수분형의 전형적인 패턴이다. 2000년 4분기 이후 단 한 분기도 빠짐없이 이익잉여금이 증가했을 뿐 아니라 당좌자산 또한 2002년 4분기까지 소폭의 등락을 거듭하다가 2002년 4분기 이후 이익잉여금 증가 추이와 그 궤를 같이 하고 있다.

구체적인 수치를 보면 화수분형 패턴의 모습을 더 잘 파악할 수 있다. 2000년 4분기 이익잉여금 1,800억 원, 당좌자산은 2,500억 원 수준에서 2003년 3분기 이익잉여금 3,900억 원, 당좌자산 4,400억 원으로 각각 증가했다. 절대액 자체도 크지만 수치도 거의 일치하고 있다.

롯데제과는 빙과류와 과자류 등을 제조·판매하는 국내 제과업계 1위 업체다. 빼빼로, 제크 등 장수상품과 자이리톨 등 히트상품이 조화를 이룬 제과업계의 독보적 존재다. 거미줄 같은 영업망과 안정된 재무구조 그리고 철저한 비용절감을 바탕으로 순이익을 꾸준히 높이고 있다.

낮은 부채비율로 이자비용의 사외 유출이 거의 없고 설비투자의 증가 없이 기 투자된 설비를 이용하여 매출을 일으키고 있어 순이익 증가가 이익잉여금과 현금의 증가로 이어지는 구조를 가지고 있다. 또한 일부 품목들을 아웃소싱하고 롯데제과는 판매원의 역할을 함으로써 신규 설비투자가 일어나지 않으면서 제품 포트폴리오를 확대하는 사업구조상의 특징이 있다.

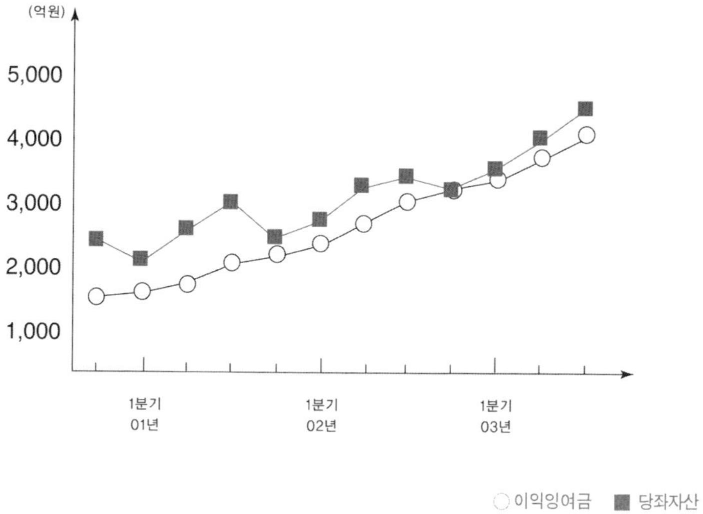

체크포인트

1. 당좌자산을 어떻게 활용하고 있는지 알아보자.

2. 마지막으로 제품의 단가 인상이 이뤄진 시점이 언제인지 살펴보자.

2) 화수분형 (2): 파라다이스(034230)

이익잉여금이 완만하게 증가하면서 당좌자산이 증가하는 화수분형 패턴이다. 자본잉여금이 있어 당좌자산이 이익잉여금보다 많은 것이 특징이다. 당좌자산이 시가총액에 육박하고 있어 자산주로 분류될 수 있으며, 워낙 독점력이 있는 사업을 영위하고 있어 이익잉여금 추이도 꾸준하다.

2002년 4분기부터 이익잉여금 추이가 다소 주춤한 추세인데 이는 사스, 이라크 전쟁 등의 영향으로 외국인 입국자 숫자가 줄어들었기 때문이다. 관광업의 성격을 가지고 있어 대외적인 변수에 취약한 점이 단점으로 지적된다. 하지만 중국 관광객들의 비중이 늘어나 중국 성장의 수혜주로서 새로운 성장이 기대된다.

파라다이스는 국내 유일의 외국인 전용 카지노다. 카지노의 특성상 초기 대규모 설비투자가 요하지 않고 VIP들을 대상으로 하는 마케팅에 주력하고 있어 추가적인 대규모 설비투자도 필요치 않은 사업구조상의 특징이 있다.

화수분형 기업에서 눈여겨보아야 할 부분은 지속적으로 쌓이는 당좌자산을 어떻게 활용하는가 하는 점이다. 최근 워커힐 호텔 인수 등 고정자산을 취득할지도 모른다는 우려감이 있는 만큼 파라다이스가 당좌자산의 활용을 통해 어떻게 이익을 증가시키고 시장지배력을 공고히 할지 주목해야 한다.

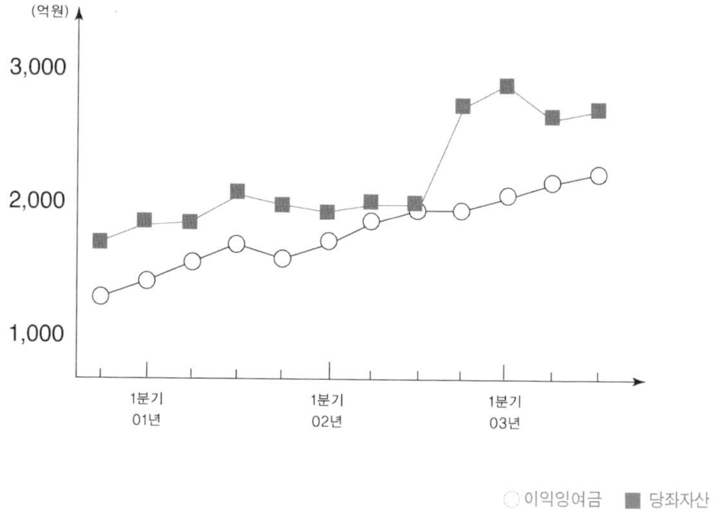

체크포인트

1. 당좌자산을 자사주매입소각 등으로 주주에게 돌려줄 의지가 있는지 살펴보자.

2. 카지노업의 특수성에 따른 재무제표 계정의 차이점들을 살펴보고 수익구조를 알아보자.

제 5 부

효율성 차트

| 서문 |

itooza.com에서 제공되는 효율성 차트는 모두 3개입니다. 효율성 차트에서 제공되는 지수는 다음과 같습니다.

1) ROE 기본 지수
2) ROE 미분 지수
3) 회전일 지수

이중 1, 2번은 자본효율성 지수로 묶을 수 있습니다. 자본효율성 지수를 통해서는 기업이 현재 보유하고 있는 주주자본으로 얼마만큼의 이익을 창출해내는지를 알 수 있습니다. 회전일 지수를 통해서는 기업이 얼마나 영업력이 있는지를 알 수 있습니다.
효율성 차트는 기업의 경쟁력을 나타내주는 지표들을 분기별로 이어놓은 차트입니다. 제5부에서는 수익가치, 자산가치와 더불어 기업가치의 나머지 한 축을 이루는 무형가치에 대해 자세히 설명합니다.

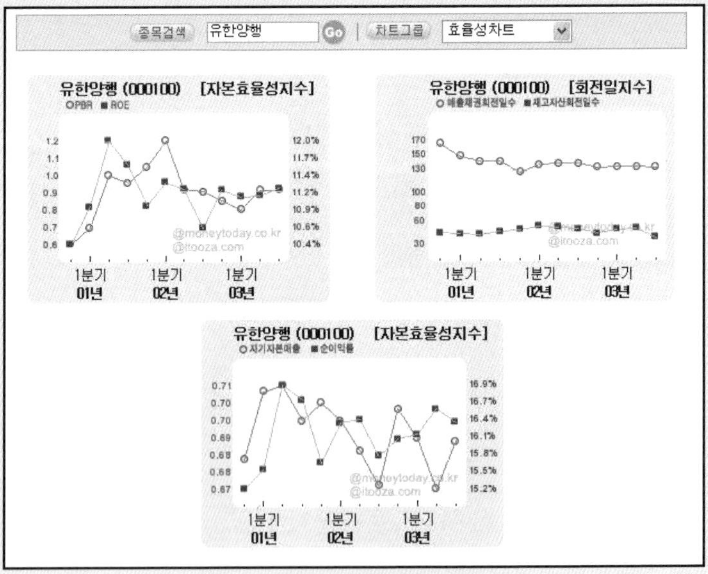

itooza의 효율성 차트

14 자본효율성 지수

무형가치, 경쟁력의 근원

앞서 수익가치와 자산가치에 대해 다뤘다면 제5부에서는 기업가치의 마지막 한 축을 이루는 무형가치에 대해 다루게 됩니다. 무형가치는 눈에 보이거나 계량적으로 측정될 수 없지만 기업의 경쟁력을 좌우하는 중요한 요소입니다. 수익가치와 자산가치가 기업활동의 결과물이자 내재가치를 이루는 두 축이라면, 무형가치는 수익가치와 자산가치를 지탱하는 힘의 원천입니다. 무형자산에는 브랜드, 맨파워, 유통망, CEO, 비즈니스 모델, 독점력 등이 포함됩니다. 현대 경영학에서 중요하게 여기는 기업 경쟁력의 핵심 요소이지만 계량적으로 측정하기 힘들다는 단점이 있습니다.

무형가치를 파악해 성공한 대표적인 사례는 워런 버핏의 코카콜라 투자 건입니다. 1988년 당시 코카콜라의 PER는 15에 육박했고 시가총액도 장부가치를 넘는 수준이었습니다. 벤저민 그레이엄의 방식이라면 투자 대상이 될 수 없는 기업입니다. 하지만 버핏은 코카콜라의 브랜드와 고이주에타라는 탁월한 CEO에 주목했습니다. 즉 수익가치와 자산가치에 무형가치를 추가해 새로이 가치평가를 했고 투자 적격이라고 판단해 코카콜라를 대량으로 사들였습니다. 결국 그가 1988년에 코카콜라에 투자한 10억 달러는 10년 후 105억 달러로 늘어났습니다. 코카콜라 고유의 무형가치가 수익가치를 극대화하고 이것이 다시 복리로 자산가치에 더해진 결과였습니다.

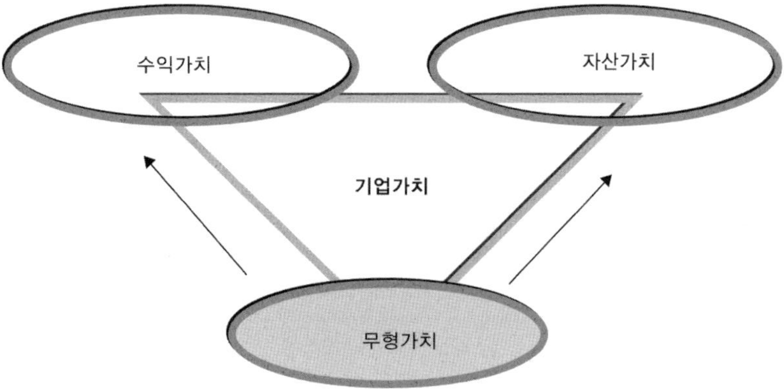

수익가치와 자산가치를 지켜주는 의미로서의 무형가치

무형가치가 있다고 판단할 수 있는 신호를 수익가치와 자산가치 차원에서 구분하면 다음과 같습니다.

1) 수익가치 차원

① 매출액 대비 이익률이 높다.

② 매출과 이익이 수년째 증가한다.

③ 제품 가격을 올려도 수요가 떨어지지 않는다.

④ 경쟁자가 생겨도 매출 혹은 시장점유율이 떨어지지 않는다.

위의 네 가지 신호를 가지고 있는 기업은 버핏의 표현처럼 "깊은 호로 둘러싸인 성"과 같은 존재일 가능성이 큽니다. 즉 이런 기업은 아무리 경쟁자가 생겨도 높은 마진을 유지할 수 있을 뿐 아니라 소비자를 독점하고 있기 때문에 제품 가격을 마음대로 올려 매출과 이익을 증가시킬 수 있습니다. 이 조건을 만족하는 경우에는 미래현금흐름을 현재가치로 할인해 수익가치에 반영을 시켜 가치평가를 해도 무리가 없습니다. 이익이 예측 가능한 범위 내에 있기 때문입니다.

2) 자산가치 차원

① 이익이 고스란히 현금으로 쌓인다.
② 적은 자본과 적은 고정자산으로 경쟁업체보다 많은 이익을 창출한다.
③ 재고 및 매출채권 회전율이 매우 높다.
④ 자산이 신규 사업에 쓰이기보다는 자사주 또는 배당으로 주주에게 돌아간다.

위의 네 가지 신호를 가지고 있는 기업은 화수분형 기업일 가능성이 큽니다. 적은 자산으로도 자산효율성을 극대화시켜 많은 이익을 창출할 뿐 아니라 그 이익을 고스란히 현금으로 쌓아 주주에게 적극적으로 돌려줄 수 있습니다.

무형가치는 험난하고 예측 불가능한 환경 속에서도 기업과 주주를 지켜주는 든든한 방패막입니다. 또한 기업 경쟁력의 근원입니다. 그러나 이렇게 중요한 요소임에도 불구하고 쉽게 발견하기 힘들고 규정하기 어렵다는 이유로 무형가치를 소홀히 여기는 경향이 있습니다. 무형가치를 빼고 자산가치와 수익가치만 살핀다면 how나 what이라는 질문에 답할 수 있어도 why라는 질문에는 답할 수 없습니다.

김대리: 무형가치에는 어떤 것들이 포함되나?

회계사: 대표적인 것이 브랜드라네. 브랜드는 재무상으로 가치가 나타나지는 않지만 경쟁자에게 자기 고객을 빼앗기지 않는 방패막이 될 뿐 아니라 마진 또한 높게 받을 수 있는 근원이지.

김대리: 음 이해가 가. 나도 브랜드를 보고 살 때는 가격에 둔감하다네. 특히 먹고 입는 것에서는 브랜드가 절대적인 것 같아. 브랜드 하니까 독점권 같은 것도 무형가치가 될 수 있겠단 생각이 드는데.

회계사: 맞아. 독점권이 있으면 수익이 안정적이라는 면에서 수익가치를 유지하는 무형가치가 될 수 있지. 여기에는 농심처럼 스스로 독점력을 만든 경우도 포함되지만 가스사업처럼 독점권이 주어진 것도 포함될 수 있지. 다만 독점권의 유지 여부를 꼼꼼히 따져봐야 한다네.

김대리: 또 뭐가 있을까?

회계사: 사람도 훌륭한 무형가치가 될 수 있지. 특히 CEO가 탁월하다면 기업 자체가 바뀔 수도 있다네. 더 넓게 보면 기업에 속한 맨파워도 무형가치가 될 수 있지. 머리뿐만 아니라 손발도 잘 움직여줘야 하니까. 기업은 결국 사람 아니겠나?

김대리: 그렇군. 나도 회사에서 무형가치에 포함되는 사람이 되어야겠다는 생각이 드는걸.

ROE의 의미

무형가치를 정확히 계량화해서 가치평가를 할 수는 없습니다. 무형가치가 있는 기업의 경우 PER를 높게 쳐주거나 적정가격에서 프리미엄을 주기도 하지만 객관적으로 계량화 되었다고 보기는 힘듭니다. 무형가치의 대표격인 브랜드만 해도 매년 각 기관에서 발표하는 순위는 코카콜라 1위, 마이크로소프트 2위 등으로 대동소이하지만, 금액으로 환산한 브랜드 가치가 얼마냐 하는 것은 기관마다 천차만별입니다. 하물며 이런저런 경쟁력의 원천들이 뒤섞인 무형가치를 정확히 금액으로 환산하는 것은 불가능에 가깝습니다.

하지만 수익가치와 자산가치가 만들어내는 숫자를 통해 무형가치가 존재하는지, 그리고 그 무형가치는 어떤 형태인지에 대해서 판단이 가능합니다. 즉 수익가치와 자산가치가 탁월하게 눈에 띄는 경우 기업 자체를 놓고 분석해 들어가면 정성적인 방법으로 기업 경쟁력의 원천을 찾아낼 수 있습니다.

여러 가지 종류의 무형가치를 가진 기업을 일차 판별하는 방법은 앞서 '이익률 지수'와 '이익 축적 지수' 등을 통해 이미 다뤄봤습니다. 즉 '이익률이 높게 나타나면 마진을 높게 받는 것이므로 시장지배력이 있다' 혹은 '이익잉여금과 당좌자산이 거의 일치하면 높은 자산효율성이 있다'고 판별하는 식입니다. 그러나 이 방법들은 수익가치 혹은 자산가치의 관점에서만 파악된 평면적 분석의 성격을 가지고 있습니다. 무형가치의 존재 여부를 판단하려면 수익가치와 자산가치를 연결하는 보다 입체적인 방법이 필요한데 그 중 가장 효과적인 것은 ROE를 살피는 것입니다.

ROE는 Return On Equity의 약자로 "아르-오-이"라고 읽습니다. '자기자본이익률'이라고도 하는데 기업이 보유한 자본으로 얼마만큼의 수익을 만들어내는가를 비율로 나타낸 것입니다.

$$ROE = \frac{순이익}{자기자본}$$

위의 공식에서도 볼 수 있듯이 ROE는 자산과 수익을 연결하는 개념입니다. 즉 수익가치와 자산효율성을 동시에 검증할 수 있는 도구입니다. 특히 ROE는 자기자본을 분모로 사용하기 때문에 기업의 주주인 주식투자자에게 매우 중요한 의미가 있습니다.

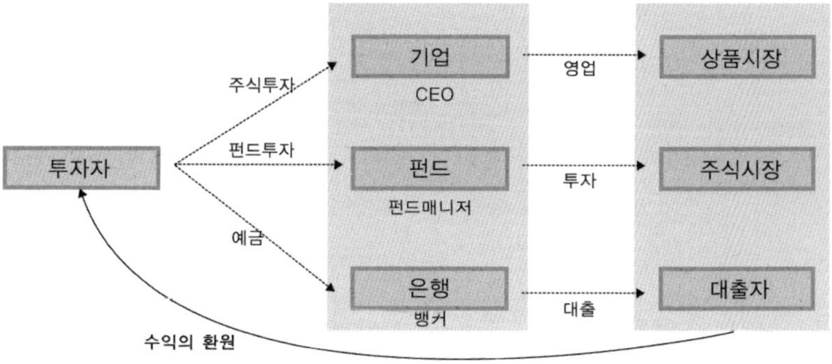

유형별 투자수기의 경로

투자 대상은 한두 가지가 아닙니다. 최근에는 금, 광물뿐 아니라 다른 나라의 주식에도 투자할 수 있게 되었습니다. 조선시대의 거상 임상옥은 "장사는 이문이 아니라 사람을 남기는 것이다"라는 말로 사람에 투자해야 함을 강조했습니다. 그만큼 투자 대상은 다양합니다. 그런데 그 중 가장 대표적인 투자 대상인 펀드, 예금, 주식을 비교해 보면 그 원리가 유사함을 알 수 있습니다. 즉 위 그림처럼 돈을 맡아서 불려줄 주체에게 돈을 맡기면 다양한 활동을 통해 그것을 투자자에게 돌려주는 형태입니다.

펀드에 투자를 하게 되면 펀드매니저가 돈을 맡아서 주식 및 채권에 다시 투자를 하게 되고 시세차익 및 배당을 투자자에게 되돌려줍니다. 이때 운용자는 펀드매니저가 되고 투자자가 기대할 수 있는 수익률은 펀드수익률이 됩니다. 은행에 예금을 맡기면 자금을 필요로 하는 대출자에게 대출을 해주고 그에 대한 이자를 받아 예금자에게 돌려줍니다. 이때 운용자는 대출심사를 하는 뱅커가 되고 예금자가 기대할 수 있는 수익률은 은행이자율이 됩니다.

	운용주체	대상 시장	운용방법	기대수익률
주식투자	CEO	상품시장	영업	ROE
펀드투자	펀드매니저	주식시장	리서치, 투자	펀드수익률
예금	뱅커	대출시장	대출심사	이자율

유형별 투자의 비교

주식에 투자할 때도 마찬가지입니다. 주식에 투자한다는 것은 곧 기업에 투자를 한다는 의미입니다. 이때 투자자의 돈을 맡아서 운용하는 사람은 기업의 CEO입니다. 펀드매니저에 해당하는 역할을 하는 사람이 바로 CEO입니다. 기업에 투자를 할 때는 펀드매니저가 누구인지 꼼꼼히 따지는 것처럼 CEO를 평가해야 합니다. CEO는 직원들과 함께 이 돈으로 제품 및 서비스를 만들어 이익을 창출하고 이를 다시 투자자에게 시세차익 내지 배당으로 돌려주게 됩니다. 이때 주식투자자가 기대할 수 있는 수익률이 바로 ROE입니다.

ROE는 주주가 맡긴 자본으로 얼마나 이익을 창출하는지 나타내는 지표라는 의미에서 펀드수익률, 이자율과 같은 개념입니다. 다만 차이가 있다면 투자자에게 최종적으로 이익이 돌아오는 형태가 기업의 이익을 그대로 가져가는 것이 아니라 시세차익 내지 배당이라는 점입니다. ROE는 여러 투자 대상 중 왜 기업에 투자를 해야 하는지에 대한 비교 지표의 역할을 합니다. 예를 들어 투자 기업의 ROE가 20%, 펀드기대수익률이 15%, 예금 이자율이 5% 라면 기업에 투자를 하는 것이 합리적인 선택입니다.

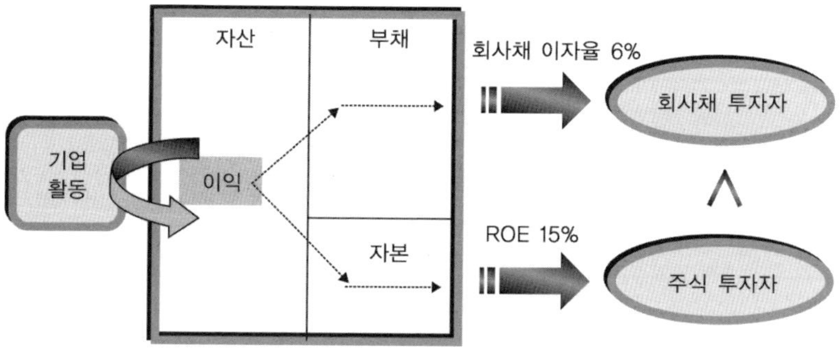

채권투자와 주식투자

또한 ROE는 한 기업에 대해서도 회사채에 투자할 것인지 보통주에 투자할 것인지를 분별하게 해줍니다. 기업은 기업 활동을 통해 이익을 창출합니다. 이 이익은 최종적으로 기업에 돈을 댄 채권자와 주주에게 돌아갑니다. 채권자에게 돌아가는 몫은 이자율로 고정됩니다. 부도만 나지 않으면 확실하게 정해진 이익을 받을 수 있지만 성장의 과실을 같이 공유할 수 없다는 단점이 있습니다. 하지만 주주에게 돌아가는 몫은 수익에 연동되기 때문에 실적에 따라 과 수익이 가능합니다. 둘을 비교해 보면 ROE는 주주에게 지급되는 변동 회사채 금리라고 정의할 수 있습니다. 한 기업에 투자를 하겠다고 마음을 먹으면 방법은 두 가지입니다. 하나는 회사채에 투자하는 것이고 다른 하나는 주식에 투자하는 것입니다. 이때 회사채 이자율과 ROE를 비교해야 합니다. 위 그림처럼 회사채 이자율이 6%, ROE가 15% 라면 회사채가 아닌 주식에 투자하는 것이 합리적인 선택입니다.

한 기업의 ROE가 만약 15%라면 이것은 주주가 맡긴 100원의 자본을 가지고 1년 동안 15원의 이익을 창출했다는 뜻입니다. 따라서 ROE가 높으면 높을수록 기업이 주주의 돈을 효과적으로 활용하고 있다는 신호라고 해석이 가능합니다. 영업이익률이나 경상이익률을 높이는 것도 쉬운 일은 아닙니다. 제품 단가를 인상하고 비용을 줄이는 일이 만만찮은 작업이기 때문입니다. 그런데 ROE는 이보다 더 높이기 힘든 지표입니다. ROE를 높이기 위해서는 자본 효율성이 높은 사업모델을 보유하고 있어야 하고 영업력도 강화해야 할 뿐 아니라 재테크도 잘해야 하고 자본 유출도 없어야 하는 등 다양한 경쟁력이 요구됩니다.

그만큼 ROE는 기업의 경쟁력, 즉 총체적인 무형가치를 드러내는 수치로 손색이 없습니다. 물론 ROE가 기업의 모든 상태를 정확히 말해주는 것은 아니지만 무형가치의 보유 여부를 판단할 수 있는 확실한 근거가 됩니다. IQ가 높은 학생이 반드시 우등생인 건 아니지만 우등생이 될 확률이 높은 것과 비슷합니다. 일반적으로 높은 ROE 수치를 보이는 기업은 브랜드, 사업모델 등이 훌륭하고 주주정책이 우수한 모범기업인 경우가 많습니다. 그래서 고ROE 기업은 다른 저평가 기업에 비해 가치도 빨리 인정받을 확률이 높습니다.

V차트의 효율성 차트에서 ROE 추이를 살펴볼 수 있는 지수는 'ROE 기본 지수'입니다. ROE 기본 지수는 ROE의 분기별 추이를 통해 무형가

치의 존재 여부와 기업의 경쟁력 변화 과정을 나타내줍니다. 보통 ROE가 시중 금리의 4~5배 수준인 20%만 넘어도 좋은 ROE 수치입니다. 특히 역사가 오래되었는데도 ROE가 높은 수준에서 꾸준히 유지된다면 무형가치가 있다고 판단할 수 있습니다.

ROE 기본 지수에는 ROE 외에도 PBR가 같이 표시되어 있습니다. ROE가 20%면 주주가 맡긴 자산으로 매년 20%의 수익률을 낸다는 의미입니다. 동시에 PBR가 0.5면 매년 20%의 수익률을 만들어내는 자산을 50% 할인된 가격에 살 수 있다는 의미입니다. 이론적으로 수익을 창출하는 자산은 시장에서 할인되어 거래될 이유가 없습니다. 따라서 ROE가 높고 PBR가 낮은 패턴을 보이는 기업에 대해서는 관심을 기울여야 합니다.

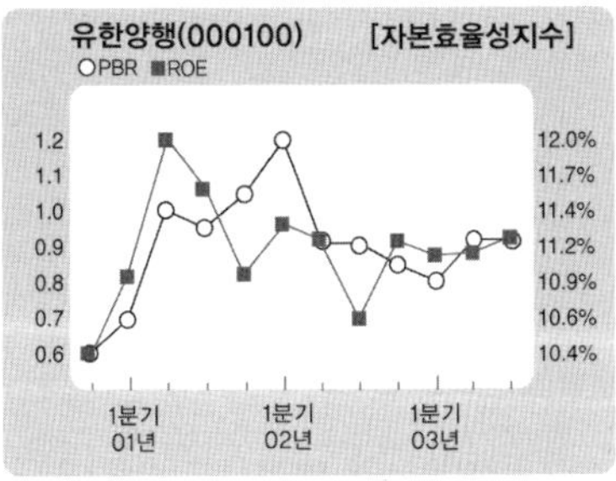

ROE 분석의 심화 과정

ROE는 주식투자자에게 매우 유용한 지표지만 왜곡이 될 가능성도 큽니다. 특히 부채가 높은 기업은 영업력과 상관없이 비정상적인 ROE를 보입니다. 예를 들어 자기자본이 20억, 부채가 80억인 기업이 총 100억의 자산으로 10억의 이익을 만들어낸다면 ROE는 무려 50%에 이릅니다. 하지만 이것은 영업력이 좋다기보다는 부채비율 400%의 레버리지 효과 때문에 나온 수치입니다. 이 경우 주변 환경 변화에 따라서 기업 안정성이 무너질 수 있기 때문에 조심해야 합니다. 따라서 아래 표처럼 고ROE 기업을 조사할 때는 부채비율을 같이 비교하는 것이 좋습니다.

ROE는 매우 중요한 지표인 만큼 그 출처를 꼼꼼히 따질 필요가 있습니다. 공식에서처럼 ROE의 분자는 순이익, 분모는 자기자본입니다. ROE가 높아지려면 결국 분자가 커지고 분모가 줄거나 분자가 분모보다 빠른 속도로 증가해야 하는데 아래 그림처럼 무형가치부터 ROE까지를 개념도로 연결해보면 좀더 쉽게 투자 아이디어를 구조화할 수 있습니다.

Code	종목명	ROE	부채비율	PER	PBR	Code	종목명	ROE	부채비율	PER	PBR
051370	인터플렉스	42.6%	59.2%	14.4	6.1	018310	삼목정공	25.6	90.1	3.2	0.7
043650	국순당	35.0%	48.5%	13.7	4.5	034750	디씨씨	25.5	31.5	7.8	1.9
035420	NHN	34.2%	17.8%	30.0	9.1	037710	광주신세계	24.8	64.0	3.2	0.7
061040	알에프텍	33.7%	80.0%	6.4	2.0	031440	신세계푸드	24.3	74.1	13.1	3.0
046890	서울반도체	31.4%	63.9%	21.2	6.2	019170	신풍제약	23.4	84.0	2.7	0.6
066110	백산OPC	31.2%	21.1%	16.6	4.7	042420	네오위즈	23.2	18.6	15.8	3.3
060720	KH바텍	30.0%	14.6%	23.6	6.6	002960	한국쉘석유	22.9	18.7	4.4	1.0
054800	아이디스	29.7%	6.3%	9.7	2.7	039440	에스티아이	22.8	67.0	9.1	2.0
035250	강원랜드	29.4%	26.9%	13.9	3.9	018880	한라공조	22.5	52.8	9.5	2.0
042100	현대오토넷	28.1%	64.9%	9.7	2.6	054040	한국트로닉스	22.2	89.8	12.8	2.7
041800	코디콘	27.9%	19.4%	10.6	2.9	066350	티에스엠텍	21.9	65.6	30.6	5.5
056340	동양크레디텍	27.8%	13.5%	3.7	1.0	005930	삼성전자	21.8	29.9	12.7	2.7
043360	디지아이	27.6%	9.3%	7.4	2.0	060380	동양세스텍	21.7	63.8	1.9	0.4
049520	유일전자	26.8%	23.6%	19.4	5.0	065130	탑엔지니어링	21.5	50.1	21.1	8.1
049120	파인디앤씨	98.82	53.2%	20.8	5.2	002790	태평양	21.0	35.4	9.7	1.9

2003년 10월 기준 고ROE 종목(자료: VIP투자자문)

$$\text{브랜드 파워} \rightarrow \text{고마진} \rightarrow \text{이익증가} \rightarrow \frac{\text{순이익}\uparrow}{\text{자기자본}} \rightarrow \text{ROE증가}$$

$$\text{가격결정력} \rightarrow \text{마진증가} \rightarrow \text{이익증가} \rightarrow \frac{\text{순이익}\uparrow}{\text{자기자본}} \rightarrow \text{ROE증가}$$

$$\text{탁월한 BM} \rightarrow \text{이익증가} \rightarrow \text{자산증가} \rightarrow \frac{\text{순이익}\uparrow}{\text{자기자본}} \rightarrow \text{ROE증가}$$

자사주 매입이나 배당 정책을 통해서도 ROE를 증가시킬 수 있습니다. 순이익이 일정할 경우 자기자본을 감소시키면 분모가 줄어들어 ROE 증가 효과가 나타납니다. 자산이 줄어도 순이익이 유지된다는 것은 해당 기업의 자산효율성이 아주 뛰어나다는 의미입니다. 또한 자사주 매입이나 배당 정책은 기업의 현금흐름이 탄탄하고 경영진의 의지와 자신감이 겸비되어야 가능하기 때문에 기업의 경쟁력과 주주정책 방향을 점검할 수 있습니다.

$$\text{고배당 정책} \rightarrow \text{자기자본 감소} \rightarrow \frac{\text{순이익}}{\text{자기자본}\downarrow} \rightarrow \text{ROE증가}$$

$$\text{자사주매입} \rightarrow \text{자기자본 감소} \rightarrow \frac{\text{순이익}}{\text{자기자본}\downarrow} \rightarrow \text{ROE증가}$$

이처럼 기업 경쟁력부터 ROE 수치까지를 일련 과정으로 구조화를 해서 분석을 하는 것은 기업분석 시 매우 효과적인 방법이지만 각 요소가 미치는 영향을 정확히 수치화할 수 없다는 한계가 있습니다. 이를 극복하기 위해 ROE 공식을 수학적으로 분리해서 순이익률과 자기자본회전율의 곱으로 표시하고 각각이 ROE에 미치는 영향을 분석하는 방법이 있습니다. 분자와 분모에 각각 매출을 곱해서 순이익과 평균자기자본을 분리하면 아래 공식으로 표시됩니다.

$$\text{ROE증가} = \frac{\text{순이익}}{\text{평균자기자본}} = \frac{\text{순이익}}{\text{매출}} \times \frac{\text{매출}}{\text{평균자기자본}}$$

$$= \text{순이익률} \times \text{자기자본회전율}$$

즉 순이익을 매출로 나눈 부분은 순이익률, 매출을 평균자기자본으로 나눈 부분은 자기자본회전율이 되어 결국 ROE는 순이익률과 자기자본회전율로 분해됩니다. 순이익률은 말 그대로 순이익률이고, 자기자본회전율은 자기자본을 활용해 매출을 얼마나 만들어내는지를 의미합니다. 이 공식에 따라 ROE가 높아지려면 순이익률이 높아지거나 자기자본회전율이 높아야 합니다. 이것은 앞서 구조화했던 부분과 일맥상통합니다. 순이익률이 높아지려면 브랜드, 가격결정력 등이 담보되어야 하고, 자기자본회전율이 높아지려면 적은 자본으로도 많은 부가가치를 만드는 비즈니스 모델을 가져야 하기 때문입니다. 즉 순이익률은 기업의 수익가치를 지탱해주는 역할로서의 무형가치를 의미하고, 자기자본회전율은 기업의 자산가치 및 자산효율성을 지탱해주는 역할로서의 무형가치를 의미합니다.

V차트의 자산가치 차트에서 ROE를 순이익률과 자기자본회전율로 미분해서 살펴볼 수 있는 지수는 'ROE 미분 지수'입니다. ROE 미분 지

수는 순이익률과 자기자본회전율의 분기별 추이를 통해 ROE의 질을 좀더 자세히 나타내줍니다. ROE 미분 지수는 단독으로 사용되기보다는 ROE 기본 지수와 함께 사용되었을 때 신뢰도가 증가합니다. ROE 기본 지수를 통해 ROE가 높으면서 꾸준히 유지되는 기업을 골라서 다시 ROE 미분 지수를 살펴보면 얼마나 왜곡 없이 ROE가 나타나는지를 파악할 수 있습니다. 만약 높은 ROE 수준을 보일 뿐 아니라 순이익률과 자기자본매출이 지속적으로 증가하면 높은 무형가치를 보유하고 있다고 단정할 수 있습니다.

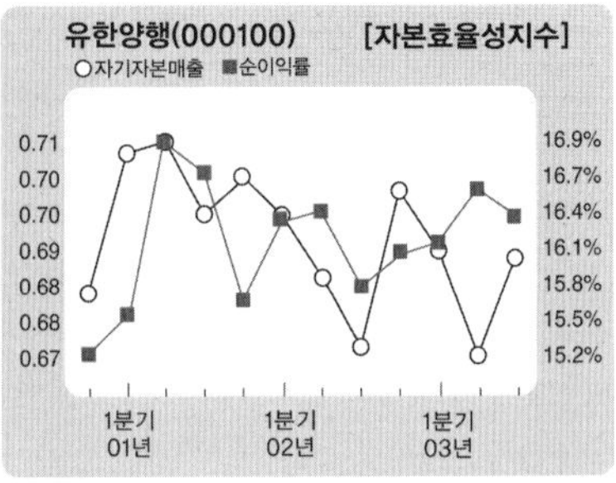

자본효율성 지수의 구성 원리

1) ROE 기본 지수

ROE 기본 지수는 ROE와 PBR를 동시에 비교함으로써 기업의 무형가치를 파악할 수 있게 해주는 지수입니다. 차트의 왼쪽 Y축에는 PBR를 나타내는 소수점 둘째 자리까지의 수치가, 오른쪽 Y축에는 ROE를 나타내는 퍼센트 단위가 표시되어 있습니다.

ROE 추이를 통해서 해당 기업의 주식이 얼마만큼의 투자 매력도가 있는지 판단할 수 있습니다. 평균적인 ROE가 시중금리보다 높고 ROE 추이가 상승 중이라면 해당 기업의 주식은 다른 자산에 비해 경쟁우위를 가집니다. 반대로 ROE가 금리 이하로 떨어지면 투자 매력도가 급감합니다. 주식은 기본적으로 위험 자산인데 무위험 자산인 예금보다 수익률이 떨어진다면 투자 가치가 없다고 할 수 있습니다.

또한 PBR가 함께 표시되기 때문에 가격 매력도를 판별할 수 있습니다. PBR가 1 이하라는 것은 투자자가 해당 주식을 사자마자 그 이상의 자산을 손에 넣는다는 의미입니다. 그런데 PBR 1 이하에서 금리 이상의 높은 ROE를 보인다면 자산뿐 아니라 미래의 현금흐름까지도 얻을 수 있다는 뜻입니다. 따라서 PBR가 낮으면 낮을수록 그리고 ROE가 높으면 높을수록 좋은 기업을 싼 가격에 사는 셈입니다. 이 논리에 따르면 ROE 기본 지수 중 가장 좋은 것은 PBR가 우하향하고 ROE가 우상향하는 X자 모양입니다. 이때 ROE는 시중 금리 이상이어야 합니다.

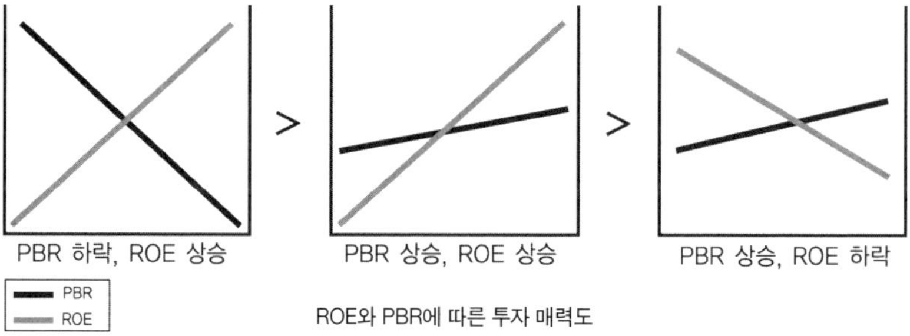

ROE와 PBR에 따른 투자 매력도

2) ROE 미분 지수

ROE 미분 지수는 자기자본매출과 순이익률을 동시에 비교함으로써 ROE의 건전성을 파악할 수 있게 해주는 지수입니다. 차트의 왼쪽 Y축에는 자기자본매출을 나타내는 소수점 둘째 자리까지의 수치가, 오른쪽 Y축에는 순이익률을 나타내는 퍼센트 단위가 표시되어 있습니다.

자기자본매출이 1이라는 것은 100원의 자본으로 100원의 매출을 만들었다는 의미입니다. 즉 자기자본매출 수치가 높을수록 같은 자본으로 많은 매출을 만들었다는 뜻입니다. 따라서 자기자본매출이 높고 순이익률이 높을수록 ROE의 신뢰도가 높아집니다. ROE 미분 지수 중 가장 좋은 것은 자기자본매출과 순이익률이 모두 우상향하는 모양입니다. 이때의 의미는 적은 자본으로 많은 매출을 만들 뿐 아니라 마진까지도 높게 가져간다는 것입니다.

| 최준철의 한마디 |

주가는 답을 알고 있지 않다

한 백화점에서 유럽풍의 고급 핸드백을 수입해 13만 원에 팔았습니다. 고객들이 너무 저렴한 가격에 의아해 하는 바람에 판매량이 저조하기 이를 데 없었는데 백화점 측이 0을 하나 더 붙여서 130만 원의 가격을 매겼더니 없어서 못 팔 정도로 불티나게 팔렸다고 합니다.

이 이야기는 실제 있었던 일로 사람들이 얼마나 비합리적인 근거와 기대를 바탕으로 물건을 구매하는지 말해주는 대표적인 사례입니다. 비싸면 뭔가 대단한 재료와 기술로 만들었을 것이라 기대하고 싸면 뭔가 문제가 있는 것으로 평가절하해 생각합니다. 사람들은 제품의 진짜 가치보다 매겨진 가격을 더 신뢰하는 경향이 있습니다.

인간의 이런 심리적 경향성은 주식시장에서도 그대로 드러납니다. 가격이 오르는 주식은 내가 모르는 호재가 있고 가격이 내리는 주식은 내가 모르는 악재가 있다고 여깁니다. 물론 싼 주식에 합당한 이유가 있는 경우도 있지만 싼 이유가 단지 오해에 불과한 억울한 기업들도 많습니다. 투자자들이 기업의 가치가 아닌 주가에서 답을 찾기 때문입니다.

130만 원짜리 핸드백을 13만 원에 사는 건 좋지만 13만 원짜리 핸드백을 130만 원에 사서는 안 됩니다. 이런 일은 명품족이나 할 일입니다. 중요한 것은 핸드백의 진정한 가치입니다. 주가는 답을 알고 있지 않습니다. 답은 기업의 가치에 있습니다.

1) X자형 (1): SK텔레콤(017670)

PBR가 하락하고 ROE가 증가하는 X자형 패턴이다. ROE가 2000년 4분기 이후 추세 상승형 패턴을 보이면서 지속 증가하고 있다. 절대적인 수치 또한 30%로 매우 높은 편이다. PBR가 2002년 1분기 4.7배를 꼭지로 고점과 저점을 낮추는 추세 하락 패턴을 형성하면서 2003년 3분기 2.7배까지 하락했다. 한 가지 아쉬운 점은 PBR 수치가 하락하긴 했지만 아직도 절대적인 수치는 낮지 않은 편이라는 것이다.

SK텔레콤은 국내 1위의 이동통신사업자다. SK텔레콤의 이동통신시장 점유율은 무려 54%에 이른다. ROE 증가의 첫번째 이유는 높은 시장지배력을 바탕으로 해마다 순이익을 증가시키고 있기 때문이다. 이동통신 사업의 특성상 고객을 확보하면 꾸준한 매출과 이익이 발생하게 된다. 두번째 이유는 이미 설비투자가 끝나서 이익회수기에 접어들었기 때문이다. 이동통신업이 처음에는 큰 투자비용이 들어가지만 이익회수기에 접어들면 순이익이 매출 상승률 이상으로 증가하는 경향이 있다.

지금까지 고성장을 누렸지만 2003년부터는 성장세가 주춤한 모습이다. 이제 성장주에서 유틸리티주로 넘어가는 과정에 있는 것으로 보인다. SK텔레콤은 높은 ROE를 유지하기 위한 방안으로 고배당 정책과 자사주매입소각 정책을 검토하고 있다.

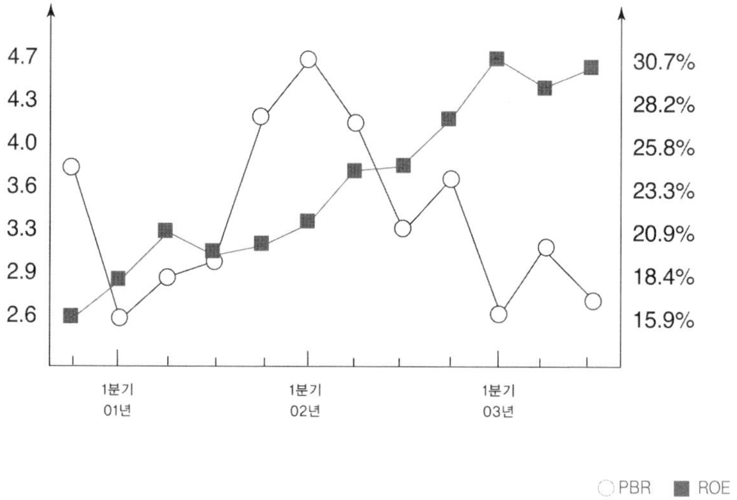

체크포인트

1. 고정자산 적합 지수를 통해 이익회수기의 시점이 언제였는지 알아보자.

2. 부채비율의 추이와 ROE 추이를 함께 점검해 보자.

2) X자형 (2): 신흥(004080)

ROE가 16~20% 선을 유지하다 2002년 2분기에 급격히 감소하며 9%대까지 하락했다. 이후 V자 반등에 성공하며 예년 수준을 회복했다. PBR는 2002년 1분기 1.3배를 고점으로 꾸준히 하락해 2003년 3분기 0.6배 수준까지 떨어졌다. 2002년 3분기 이후 ROE는 우상향, PBR는우하향하는 X자형 패턴을 보이고 있다.

신흥은 ROE의 수치와 증가 추이에서 보듯이 자본효율성이 매우 높지만, 앞의 저PER-저PBR 예에서도 소개가 되었듯이 시장의 소외를 받고 있는 기업이다. 2002년 중반 이후 순이익은 꾸준히 증가한 반면 주가는 급격하게 하락하여 PER, PBR가 크게 감소했다.

ROE의 우상향 추세가 1년 이상 이어졌는데 이것이 일시적인 상승에 그치지 않고 3년 이상 꾸준히 상승하는 모습을 보여준다면 시장의 오해도 어느 정도는 누그러질 것으로 예상된다. 수익성이 좋고 자본효율성도 높은데 가격까지 싸다면 시장은 언젠가 제 가치를 평가해줄 것으로 보인다.

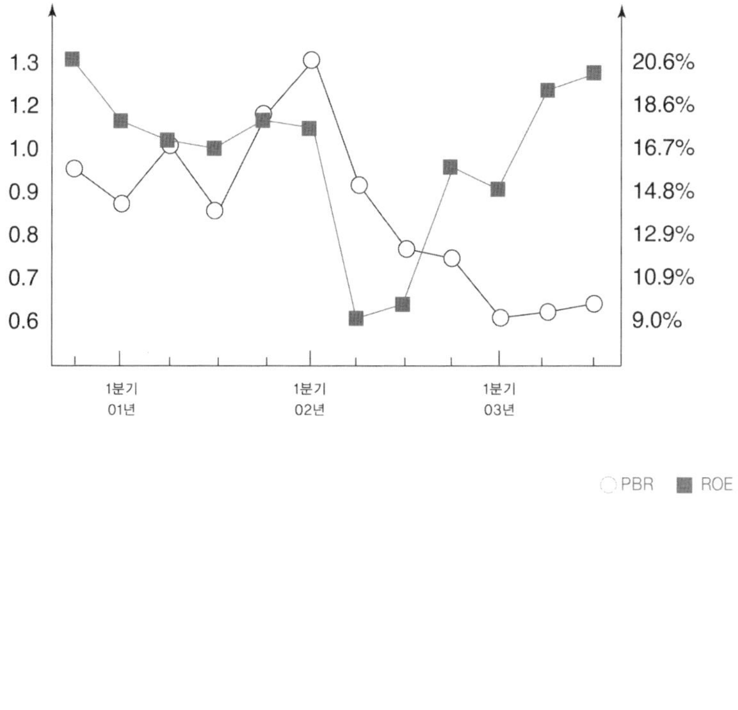

체크포인트

1. 신흥의 자사주매입소각 정책이 ROE에 미치는 영향을 분석해보자.

2. 안정성 지수를 통해 신흥의 부채의 증감 추이를 살펴보자

3) 정배열: 조선내화(000480)*

* CR홀딩스로 변경

PBR와 ROE가 동시에 상승하는 정배열 패턴이다. ROE와 PBR의 정배열은 ROE 상승 추세에 따라 시장도 적절한 평가를 해주는 과정 중에 있다는 신호다. 그러나 아직도 조선내화는 PBR의 절대 수치가 낮은 편이다. 정배열에서 중요한 것은 ROE가 상승 추세에 있을 뿐 아니라 그 절댓값도 높아야 한다는 점이다.

ROE가 2000년 4분기에서 2002년 4분기에 걸쳐 원형 바닥 패턴을 완성했고 이후 급등세를 이어가고 있다. 반면에 PBR는 2002년 1분기 급등 이후 하락으로 전환해 2003년 3분기 0.4배 수준으로 회귀했다. 2002년 3분기부터 ROE와 PBR가 정배열 상태를 만들었고 ROE가 PBR를 큰 차이로 따돌리는 모습이다. 시장의 평가보다 자본효율성 개선 추이가 더 빠르다는 얘기다.

조선내화는 국내 최대의 내화물 전문 제조업체다. 내화물은 제철, 제강업체, 시멘트업체, 유리하학공업 등 중화학공업 전반에 사용되는 필수 부자재다. 조선내화의 내화물시장 점유율은 40%이며 포스코 수요 물량의 80%를 공급하고 있다. 포스코에 납품해 안정적인 영업환경을 가지고 있을 뿐 아니라 2002년 하반기부터 철강 수요가 늘어 내화물 매출도 따라서 늘고 있다.

이렇게 기업은 순풍에 돛 단 듯이 이익잉여금을 빠르게 쌓고 있고 그에 상응하는 수익을 창출하고 있지만 주가는 그만큼 상승하지 못해서 PBR 수준이 낮은 상태에 머물고 있다.

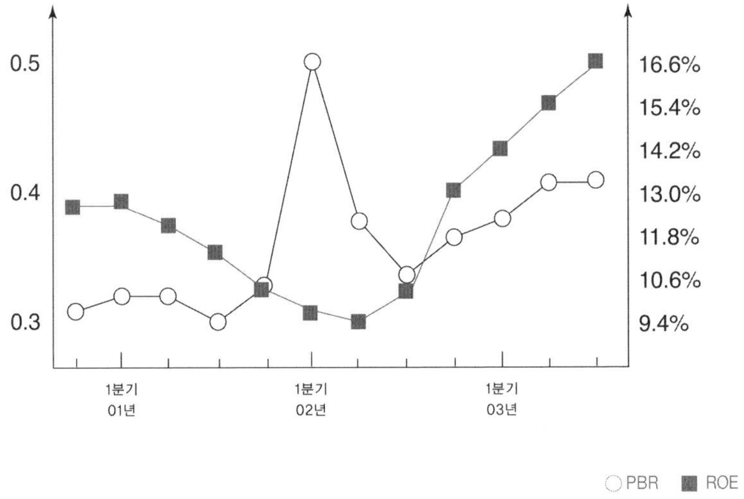

체크포인트

1. 조선내화가 포스코에 독점 납품할 수 있는 배경을 알아보자.

2. 조선내화의 재무제표를 살펴보고 숨어있는 투자자산을 찾아보자.

CASE 66 ROE 기본 지수

4) 역배열: 대림수산(003960)*

* 사조대림으로 변경

PBR는 증가하고 ROE는 추락하는 전형적인 역배열 패턴이다. 기업가치는 훼손되고 있는데 주식시장은 비이성적으로 비싼 가격을 매겨주고 있다는 신호다.

2000년 4분기 이후 2002년 1분기까지 일정 수준을 유지하던 ROE와 PBR가 2002년 2분기 이후 큰 움직임을 보였다. ROE는 2002년 3분기에 잠깐 증가했다가 급락을 거듭하면서 급기야 마이너스로 밀려났으나 PBR는 오히려 큰 폭으로 증가해 무려 6배 수준을 보이고 있다.

시장에서는 고ROE, 저PBR의 구조를 보이는 종목도 종종 있지만 이처럼 저ROE, 고PBR 현상이 발생하기도 한다. ROE가 마이너스라는 것은 자기자본을 가지고 이익은커녕 손실을 내고 있다는 뜻이다. 이런 기업에게는 1 이하의 낮은 PBR를 주는 것이 정석이다. 이론적으로는 ROE가 시중금리만 되어도 PBR 1이 합리적인 수준이다. 그러나 일시적인 유행이나 허황된 시장의 기대감으로 인한 비이성적인 상승이 일어날 경우에 이런 기이한 저ROE, 고PBR을 보이는 종목이 나타나곤 한다.

기업의 가치와는 무관한 테마와 주식투자자들의 욕심이 만나면 비이성적인 급등을 만들어내고 이는 다시 투자자들을 유혹한다. PBR와 ROE의 역배열 신호는 유혹을 뿌리칠 수 있도록 만드는 역할을 할 수 있을 것이다.

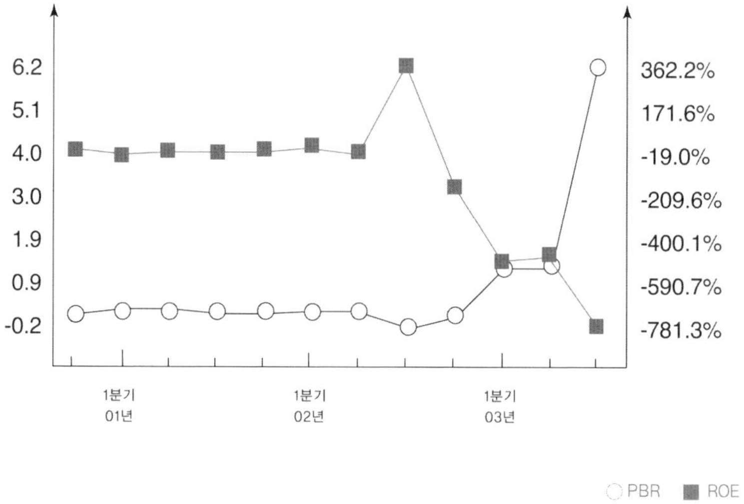

체크포인트

1. PBR가 급격히 상승한 요인이 어디에 있는지 알아보자.
2. 대림수산의 시가총액이 장부가치의 6배가 될 수 있는지 수익가치, 무형가치와 연결 지어 생각해보자.

CASE 67 ROE 미분 지수

1) 고마진, 고효율형: 동양고속건설(005900)

ROE를 구성하는 자기자본매출과 순이익률이 동시에 증가하는 고마진, 고효율형 패턴이다. 고마진, 고효율형 패턴은 말 그대로 기업이 마진을 높게 받을 수 있는 경쟁력이 있고 자본을 효율적으로 활용해 부가가치를 창출하고 있다는 신호다.

2001년 3분기 이후 순이익률과 자기자본매출이 추세적으로 증가하고 있다. 2001년 3분기 순이익률과 자기자본매출이 각각 2.6%, 3.1 수준에서 2003년 3분기에 각각 5.7%, 4.0 수준까지 상승했다. 이 모습을 통해 ROE가 급격히 증가했다는 사실을 쉽게 미루어 짐작할 수 있다.

추세뿐 아니라 각각의 절대적 수치도 긍정적이다. 동양고속건설의 순이익률은 5.7%에 육박하는데 건설업체치고는 매우 높은 수치를 기록하고 있다. 또한 자기자본의 4배에 해당하는 매출액을 만드는 고효율성을 보여주고 있다. 이는 자본금 규모는 좀 작지만 이를 활용해 수익성 있는 사업을 전개하고 있다는 의미다.

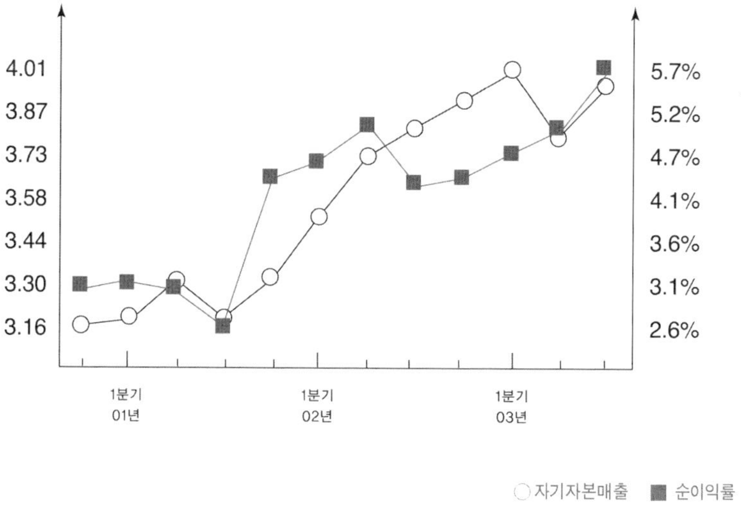

체크포인트

1. 자체공사, 토목공사 등으로 사업 부문을 나누어 마진과 효율성을 비교해보자.
2. 동양고속건설의 무형가치로는 어떤 것이 있는지 살펴보자.

2) 저마진, 고효율형: 대구가스(016710)*

* 대성홀딩스로 변경

순이익률은 감소하고 자기자본매출은 증가하는 저마진, 고효율형 패턴이다. 이 패턴에서는 자기자본매출의 증가와 순이익률의 감소가 상쇄되어 ROE가 일정하게 유지된다. 순이익률은 2000년 4분기 5.8% 이후 추세적으로 하락하여 2003년 3분기 1.2% 수준까지 감소했다. 추세도 추세지만 절대수치도 매우 작은 편이다. 반면 자기자본 매출은 2002년 1분기에 다소 낮아졌지만 추세 상승 패턴을 유지하면서 증가하고 있다.

대구가스가 낮은 순이익률을 보이는 이유는 도시가스업의 특성 때문이다. 대구가스는 대성그룹 계열로 대구·경북 지역에 도시가스를 공급하는 업체다. 대구시와 인접 지역에서의 독점적인 지위를 바탕으로 도시가스 판매량 증가에 힘입어 해마다 꾸준하게 매출액이 증가하고 있지만 가격이 투자보수율의 규제를 받기 때문에 매출액 대비 마진이 박하다.

또 한 가지 이유로 비영업부문의 손실도 있다. 대구가스는 지분법의 적용을 받는 자회사만도 14개에 이른다. 이 중 몇몇을 제외하면 정보통신, 미디어 회사 등 영업과 전혀 관련이 없는 회사들이다. 이들 회사들의 영업 악화로 지분법평가손실이 해마다 발생하고 있으며 부채비율도 높아 이자비용이 과다한 수준이다. 그 결과 순이익률이 1% 대의 낮은 수준에 머물러 있다.

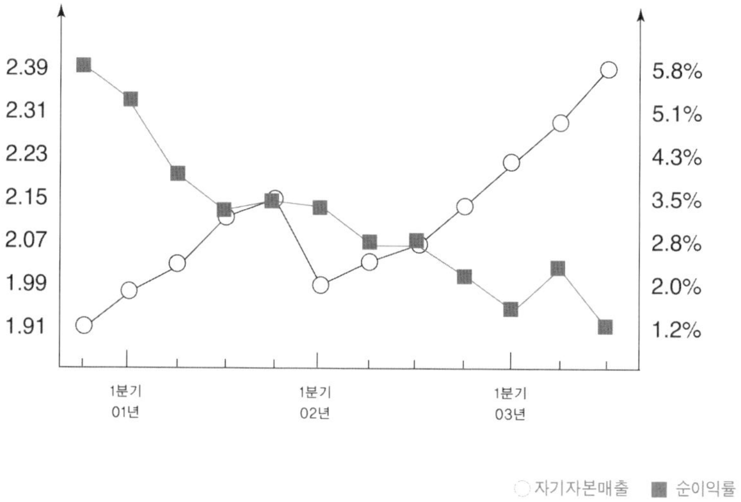

체크포인트

1. 투자보수율이 무엇인지 알아보자.

2. 부자아들 지수를 통해 지분법평가이익 추이를 살펴보자.

3) 저마진, 저효율형: 한국화장품(003350)*

* 한국화장품제조로 변경

저마진, 저효율형은 ROE가 급격히 감소하는 모양을 보이는 종목에서 나타나는 패턴이다. 2000년 4분기부터 2002년 1분기까지 순이익률이 상승 추세를 유지했지만 2001년 4분기에서 2002년 2분기에 걸쳐 원형천장형 패턴이 완성되면서 순이익률의 하락추세가 이어지고 있다. 자기자본매출도 유사한 모습으로 추세 반전되어 하락추세 패턴을 이어가고 있다. 특히 순이익률은 마이너스에 진입한 후 적자가 유지되는 최악의 상황을 보이고 있다.

자기자본매출의 감소 추세가 상대적으로 더 뚜렷한 것으로 보아 정상가 판매율이 하락하면서 순이익률이 하락하고 있는 것으로 추정된다. 매출의 급격한 감소는 재고의 부담을 가져오고 재고의 부담은 할인판매, 염가판매로 이어지면서 영업 마진을 낮추는 악순환으로 이어지는 경우가 많기 때문이다.

한국화장품은 칼리 브랜드를 주력으로 하는 화장품 제조업체다. 오랜 역사를 자랑하는 화장품업체지만 경쟁력 약화가 누적되던 중 2002년 이후 화장품업계의 경쟁 심화로 인해 시장점유율이 하락하면서 수익성이 크게 저하되었다.

자기자본만큼의 매출도 만들지 못하고 게다가 파는 대로 적자인 마이너스 순이익률을 가진 기업은 큰 변화가 일어나지 않는 이상 주주들에게 수익을 안겨다 줄 수 없다.

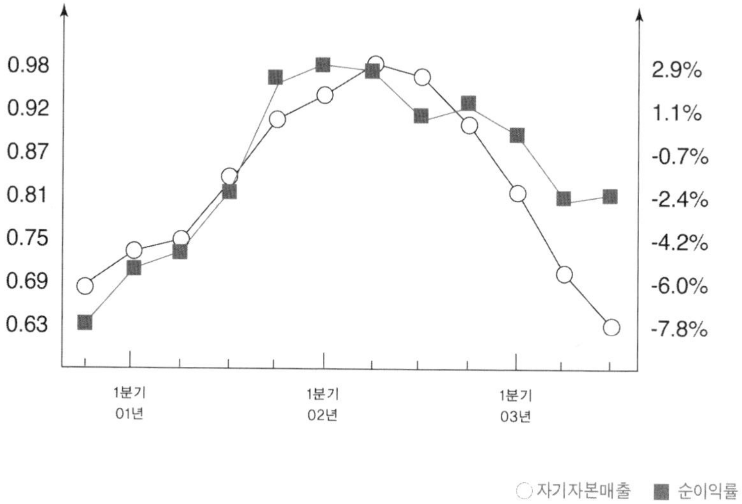

체크포인트

1. 안정성 지수를 통해 기업의 생존 가능성을 점쳐보자.
2. 주변에서 한국화장품 제품을 쓰는 사람이 있는지 유심히 살펴보고, 매출 감소가 실생활에서 도 일어나고 있는지 알아보자.

| 오해와 진실 |

거래량의 의미

"좋은 건 알겠는데 거래량이 너무 적어서 사기 힘들 거 같아."

"거래량을 늘리기 위해 대주주 지분을 내놔야 하는 것 아닌가 싶습니니."

투자자들과 거래량이 적은 기업들이 흔히 하는 얘기입니다. 투자자들은 거래량이 적은 주식을 사고 싶어도 팔지 못할까봐 걱정하고, 기업들은 거래량이 너무 적어 투자자들이 싫어할까봐 걱정합니다. 그러나 이런 걱정은 거래량에 대한 오해에 기초한 기우에 불과합니다.

거래량은 기업가치와는 아무런 상관이 없는 부분입니다. 오히려 적은 거래량은 가치주에 가깝다는 신호로 해석해야 합니다. 거래량이 적다는 것은 사는 사람이 없기도 하지만 팔 사람도 없다는 뜻입니다. 팔지 않겠다는 투자자는 소신파 투자자라 볼 수 있으며 이 가격에서는 도저히 내어줄 수 없다는 의미와 일맥상통합니다. 그만큼 주식이 싸고 주가가 더 내려갈 곳이 없다는 뜻입니다. 기업 내용이 좋고 주가가 싼 가치주들의 거래량이 적다는 공통점이 있는 것은 이 때문입니다.

이런 관점에서 보면 거래량이 많다고 좋아하는 기업들은 "우리를 믿지 못하고 주식을 파는 사람이 많으니 행복하다"라고 여기는 것과 같으므로 그다지 좋아할 일이 못 됩니다. 반대로 거래량이 적은 기업은 "우리를 믿고 기다려주는 사람이 있으니 신이 난다"라고 생각해야 정상입니다.

거래량이 적어서 나중에 팔기가 힘들 것 같다고 생각하는 투자자들은 마치 "이혼해주지 않을까봐 결혼하지 않겠다"라는 사람과 같습니다. 거래량보다 우선해야 할 것은 기업의 가치와 주가입니다.

그래도 걱정이 되는 투자자가 있다면 다음과 같은 얘기를 해주고 싶습니다. 시장의 인기를 못 받고 싼 가격에 거래될 때는 거래량이 적습니다. 그러나 제 가치를 인정받고 주가가 오르기 시작하면 과거에는 상상할 수도 없었던 거래량이 터져 나옵니다. 예를 들어 패션업체인 한섬이 2000년 말 2,700원 하던 시절, 일일 거래량이 불과 수백 주에 불과했습니다. 하지만 2003년 말 주가가 10,000원을 넘나들 때는 일일 거래량이 수 만 주에 달했습니다.

워런 버핏은 버크셔 해서웨이의 거래량이 워낙 낮은데다가 주가도 높으니 액면분할이나 증자를 하라는 요구에 대해 이렇게 답했습니다. "주식을 자주사고 파는 트레이더들이 우리 회사의 주주이기 보다는 장기적으로 우리를 믿을 수 있는 주주를 들이고 싶습니다." 버크셔 해서웨이의 현재 주가는 10만 달러에 육박합니다. 과연 거래량이 좋은 기업을 외면하는 핑계가 될 수 있을까요?

15 회전일 지수

속도가 곧 무형가치의 결과

점심 시간이 되면 여의도나 강남의 유명한 식당들 앞에 긴 줄이 늘어섭니다. 이런 광경을 보면 회사가 돈을 버는 게 아니라 식당이 돈을 번다는 생각이 들 정도입니다. 고객을 기다리게 할 정도의 경쟁력을 자랑하는 식당들을 살펴보면 공통된 특징을 찾을 수 있습니다. 첫째는 제품 종류가 단순하다는 점입니다. 이것저것 메뉴가 많은 식당치고 제대로 된 식당 없고, 이것저것 많이 벌려놓은 기업치고 제대로 된 기업 없습니다. 둘째는 회전율이 무척이나 빠르다는 점입니다. 유명한 식당에 가면 주문 즉시 음식이 나오고 테이블이 비는 대로 새로운 손님을 맞습니다. 마찬가지로 좋은 기업도 재고를 만드는 대로 무섭게 소진되고 매출채권을 빠른 속도로 회수합니다.

식당과 기업은 규모에 차이는 있지만 존재 이유는 마찬가지입니다. 식당이나 기업이나 좋은 제품과 서비스로 강한 고객 충성도를 유지하고 매출과 이익을 늘리는 것이 목표입니다. 이때 매출과 이익을 늘리는 방법 중 하나가 빠른 회전율입니다. 즉 식당은 테이블당 회전율을 높여 매출을 극대화하기 위해 노력하고, 기업은 재고나 매출채권의 회전율을 높여 매출을 극대화하기 위해 노력합니다.

그러나 회전율을 높인다는 것이 쉬운 일은 아닙니다. 매출채권은 거래 상대방이 끊어주는 어음 및 외상대금인데 거래 상대방이 강하면 강할수록 매출채권을 가급적 늦게 주려고 합니다. 반대로 기업이 극도로 강한 위치라면 거래 상대방은 당장 현찰을 주고 물건은 가져갑니다. 재고도 마찬가지입니다. 재고를 짧은 시간에 여러 번 돌리려면 여러 가지 요소들이 필요합니다. 소비자들이 제품을 반복해서 찾도록 만들어야 하며 기업 내부에도 이를 처리할 수 있는 시스템을 갖추고 있어야 합니다. 이 시스템에는 재고 처리 능력, 유통 능력, 맨파워 등이 포함됩니다. 결국 제한된 자원으로 효과를 극대화하는 속도가 곧 무형가치의 결과라고 할 수 있습니다.

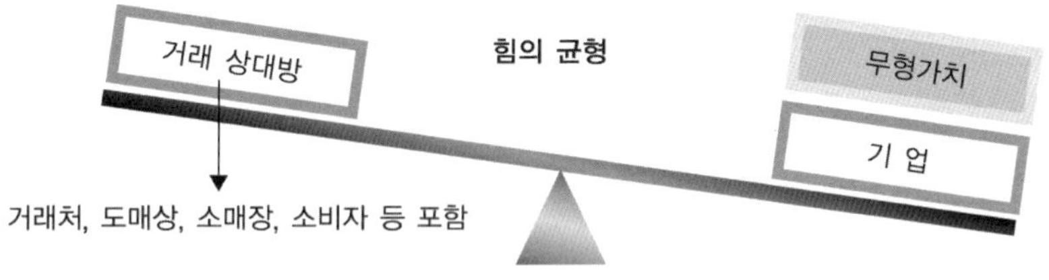

기업의 회전율이 높은 경우

회전일수의 의미

기업의 회전율을 나타내는 대표적인 지표는 매출채권회전율과 재고자산회전율입니다. 매출채권회전율은 매출액을 평균매출채권으로 나눈 것으로 1년 매출액을 만드는 데 매출채권이 몇 번이나 회수되었느냐를 비율로 나타낸 것입니다. 재고자산회전율은 매출액을 평균재고자산으로 나눈 것으로 1년 매출액을 만드는 데 재고가 몇 번 소진되었느냐를 비율로 나타낸 것입니다. 예를 들어 매출채권회전율이 10이면 1년 동안 매출채권이 10번 회수되었다는 뜻이고, 재고자산회전율이 10이면 1년 동안 재고가 10번 소진되었다는 뜻입니다.

$$\text{매출채권회전율} = \frac{\text{매출액}}{\text{매출채권}} \qquad \text{재고자산회전율} = \frac{\text{매출액}}{\text{재고자산}}$$

매출채권회전율이 높다는 것은 현금흐름이 원활하다는 확실한 신호입니다. 그리고 재고자산회전율이 높다는 것은 재고의 신부화가 일어날 새도 없이 재고자산이 매출로 전환하여 당좌자산으로 빠르게 이전되고 있다는 신호입니다. 따라서 이 비율이 높으면 높을수록 효율적인 경영을 했을 뿐 아니라 그 자체로 높은 경쟁력을 가지고 있다고 판단할 수 있습니다.(예외적인 경우로 재고자산회전율이 지나치게 높으면 원재료 및 제품의 부족으로 생산과 판매활동에 지장을 줄 수도 있습니다).

회전율은 기업의 경쟁력과 영업상태를 나타내는 좋은 지표이지만 기업 간에 절대적인 의미에서의 비교가 힘들고 수치 자체가 피부에 와닿지 않는 단점이 있습니다. 이를 보완하는 지표가 1년 365일을 기준으로 하는 회전일수입니다.

매출채권회전일수는 매출채권을 현금으로 회수하는 데 걸리는 평균 시간으로 매출채권회전율의 역수에 365일을 곱해서 구합니다. 매출채권회전일수가 100일이면 매출채권이 현금으로 회수되는 데 평균 100일이 걸린다는 의미입니다.

재고자산회전일수는 재고자산을 매출로 소진하는 데 걸리는 평균 시간으로 재고자산회전율의 역수에 365일을 곱해서 구합니다. 재고자산회전일수가 20일이면 재고자산이 매출로 연결되는 데 평균 20일이 걸린다는 의미입니다.

$$\text{매출채권회전일수} = \frac{\text{매출채권}}{\text{매출액}} \times 365\text{일}$$

$$\text{재고자산회전일수} = \frac{\text{재고자산}}{\text{매출액}} \times 365\text{일}$$

회전일수는 365일을 기준으로 하기 때문에 기업 간의 비교가 용이하고 기업활동을 머릿속으로 그려보는 데 유리하다는 장점이 있습니다. 매출채권회전일수와 재고자산회전일수는 회전율과는 달리 낮으면 낮을수록 좋습니다. 매출채권회전일수가 낮다는 것은 현금이 매출채권에 묶이지 않고 기업활동이 동맥경화 없이 활발히 일어나고 있다는 신호입니다. 달리 얘기하면 기업이 현금장사에 가까운 성격을 띤다는 것입니다. 재고자산회전일수가 낮다는 것은 재고를 만드는 대로 팔려나가 현금이 재고에 묶여 있지 않을 뿐 아니라 과도한 재고로 인한 진부화도 일어나지 않고 있다는 신호입니다. 식당으로 치면 음식을 만드는 대로 손님들이 무섭게 먹어 치워 계속 신선한 재료를 쓸 수 있고 남아서 버려야 하는 음식도 없다는 의미입니다. 회전일수가 낮은 기업은 왼쪽의 그림처럼 활발한 기업활동을 통해 이윤을 창출하게 됩니다.

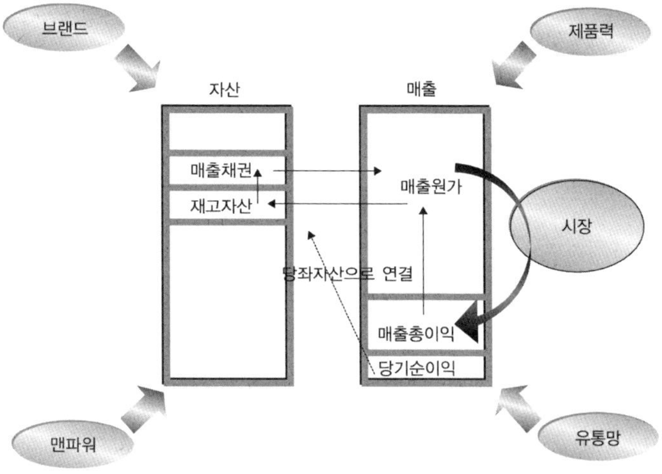

낮은 회전일수를 보이는 기업의 활동 구조도

V차트의 효율성 차트에서 회전일 추이를 살펴볼 수 있는 지수는 '회전일 지수'입니다. 회전일 지수는 매출채권회전일수와 재고자산회전일수의 분기별 추이를 통해 기업의 영업 활동성과 기업의 경쟁력을 나타내는 무형가치의 존재 여부를 나타내줍니다. 보통 매출채권회전일수가 90일 이하, 재고자산회전일수가 30일 이하면 좋은 수치입니다.

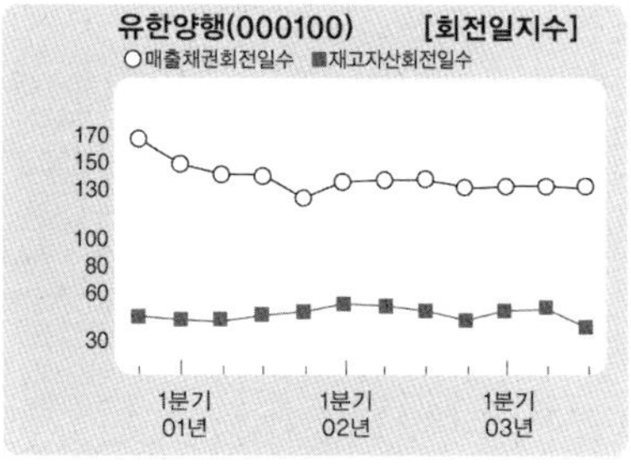

만약 매출채권회전일수가 지속적으로 하락하면 현금흐름이 개선되고 있다는 신호이고, 재고자산회전일수가 지속적으로 하락

하면 영업력이 증가하고 있다는 신호입니다. 반대로 매출채권회전일수가 급격히 높아지면 갑자기 매출채권 회수기간이 길어져서 기업의 안정성이 침해당하고 있다는 뜻이고, 재고자산회전일수가 급격히 높아지면 영업력이 떨어져 재고가 창고에 쌓여가고 있다는 뜻입니다.

회전일 지수의 구성 원리

회전일 지수는 매출채권회전일수와 재고자산회전일수를 동시에 비교함으로써 기업의 무형가치를 파악할 수 있게 해주는 지수입니다. 차트의 왼쪽 Y축에는 각 회전일 수치를 표시하는 일 단위가 표시되어 있습니다.

먼저 각 회전일수의 절대치를 봐야 합니다. 영업 환경 내지 영업력은 급격히 변하지 않을 뿐 아니라 오랫동안 지속되어 온 상거래 관습도 금방 깨지지 기 때문에 회전일수는 비교적 일정한 패턴을 보입니다. 따라서 일정한 추세에서 회전일수의 절대치가 낮다는 것은 무형가치가 존재하고 그 무형가치가 지속될 가능성이 크다는 뜻으로 해석이 가능합니다.

그 다음으로는 추세를 봐야 합니다. 매출채권회전일수와 재고자산회전일수가 갑자기 하락하는 모습을 보이면 무형가치가 새로 생겨났거나 영업환경이 매우 호의적이라는 뜻으로 해석이 가능합니다. 회전일수가 하락하는 추세일 때는 기업 내부에 뭔가 긍정적인 변화가 일어나고 있다는 신호이므로 다른 지수까지 점검해서 정말로 턴어라운드 하고 있는지 살펴봐야 합니다. 시장의 기대치를 넘어서는 기업의 긍정적인 변화는 주가 상승을 일으키는 촉매가 됩니다.

| 최준철의 한마디 |

너무 많은 정보는 없느니만 못하다

주식투자는 정보 싸움이라고도 합니다. 많은 데이터를 모으고 가공하여 정보로 만들어서 투자 판단을 하는 것이 주식투자의 요체입니다. 물론 투자방법에 따라서 어떤 데이터를 모을 것인지 어떤 관점에서 가공을 할 것인지의 차이는 있지만, 정보는 주식투자의 승패를 좌우하는 모든 것이라 해도 과언이 아닙니다.

주식투자에 있어 정보를 바탕으로 신중한 판단을 내리는 것은 좋습니다. 하지만 지나치게 많은 정보들이 가끔 투자판단을 흐리게 만들기도 합니다. 시험을 칠 때도 지나치게 많은 생각을 하면 엉뚱한 답을 고르는 것처럼 투자를 할 때도 정보가 너무 많으면 핵심을 놓치고 엉뚱한 투자 결정을 할 수 있습니다.

스티븐 샘플의 책『창조적인 괴짜들의 리더』에 따르면 뉴스를 너무 많이 보는 사람은 성공하지 못하며 오히려 수천, 수백 년 동안 검증된 고전에서 답을 찾는 사람이 더 올바른 판단을 한다고 합니다.

투자도 마찬가지가 아닐까 합니다. 쏟아지는 정보의 홍수 속에서 이리저리 휩쓸리기보다는 자신만의 투자철학을 고집하고 그것을 굳건히 지켜가려는 노력이 장기적으로는 더 좋은 결과를 가져올 것입니다.

"특별한 결과를 얻기 위해서 특별한 일을 할 필요는 없다." 워런 버핏의 말입니다. 단순함이 때로는 복잡함을 이깁니다.

1) 영업 개선형 (1): 현대모비스(012330)

매출채권회전일수와 재고자산회전일수가 동시에 낮아지는 영업 개선형 패턴이다. 영업이 급격히 좋아지면서 만들자마자 팔려나가고 바로 현금으로 회수되고 있다는 신호다. 매출채권 회전일수가 2001년 1분기에 100일을 넘어서기도 했지만 이후 꾸준히 낮아지면서 2003년 3분기 40일 수준까지 낮아졌다. 재고자산회전일수 역시 2000년 4분기 이후 추세적으로 감소하면서 2000년 4분기 50일에서 2003년 3분기 20일 수준으로 하락했다.

매출채권회전일수가 추세적으로 낮아지고 있다는 것은 거래 상대방보다 우위에 있다는 의미다. 그리고 재고자산회전일수의 감소는 업황이 매우 좋아서 생산량보다 더 많은 수요가 발생하는 경우나 자체적인 재고 관리 능력이 향상되었을 경우에 나타난다. 종합하면 영업 개선형 패턴을 가진 기업은 무형가치가 점점 증가하고 있음을 알려준다.

무형가치의 증가 원인은 현대모비스의 사업구조와 지배구조상 지위에서 찾아볼 수 있다. 현대모비스는 자동차부품 매출처인 현대차와 기아차의 사실상 지주회사이기 때문에 우월한 입장에서 매출채권 관리를 할 수 있다. 이것이 다른 자동차부품 회사들과 다른 모습을 보이는 요인이다. 또한 A/S 부품은 표준화가 관건인데 현대차와 기아차의 부품을 독점 공급하고 있는데다가 소모성 부품으로 반복 구매가 일어나 재고회전일수가 낮게 나타난다.

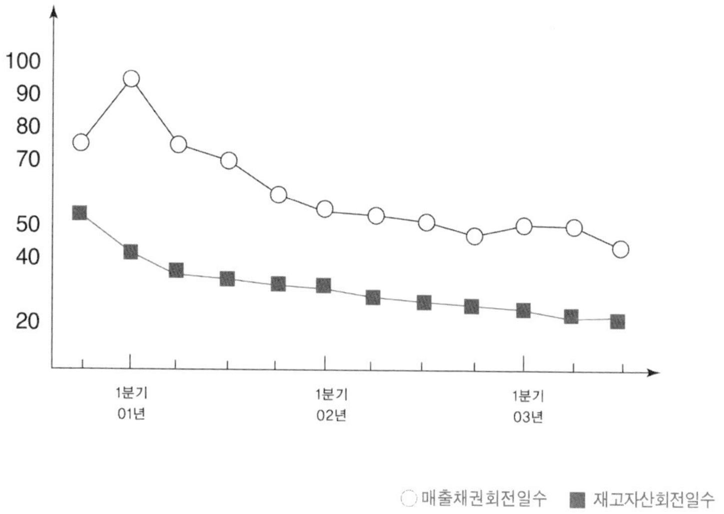

체크포인트

1. 현대차, 기아차와 얽혀있는 지배구조상의 특징을 알아보자.

2. 자동차 부품과 A/S부품의 매출 비중을 살펴보고, 각각의 경쟁력을 비교해보자.

2) 영업 개선형 (2): 한국타이어(000240)*

* 한국앤컴퍼니로 변경

매출채권회전일수가 40~50일에서 등락을 거듭하면서 점차 낮아지는 모습을 보이고 있다. 재고자산회전일수는 2001년 1분기 80일을 고점으로 추세적으로 낮아지면서 2003년 3분기 30일 수준까지 하락했다.

눈에 띄는 것은 매출채권회전일수보다도 재고자산회전일수가 더 급격하게 낮아지고 있다는 점이다. 이것은 수요자에 대한 기업 자체의 파워는 그대로지만 수요가 늘어 영업이 호황을 보이고 있음을 알려주는 신호다. 매출채권회전일수도 완만한 하락 추세이긴 하지만 40~50일 수준의 양호한 절대치를 보여주고 있다.

한국타이어는 국내 1위의 타이어 제조·판매 업체다. 2001년부터 시작된 중국자동차 생산 대수 증가로 인한 고급 타이어의 폭발적인 수요증가로 매출과 순이익의 증가 추세가 이어지고 있는 것으로 보인다. 또한 한국타이어의 고부가가치제품인 고성능UHP타이어에 대한 수요의 급증은 판매량뿐 아니라 제품단가에도 긍정적인 영향을 주고 있다. 이러한 수요의 증가가 재고자산회전일수를 낮추는 주된 원인이다.

기업의 아이템이 바뀌지 않는 이상 역사가 오래된 기업의 회전일수는 쉽게 변하지 않는다. 그럼에도 불구하고 회전일수에 급격한 변화가 오는 경우 영업환경과 무형가치의 근본적인 변화가 있는 것이므로 턴어라운드 기업을 살 수 있는 기회로 이용하는 것이 좋다.

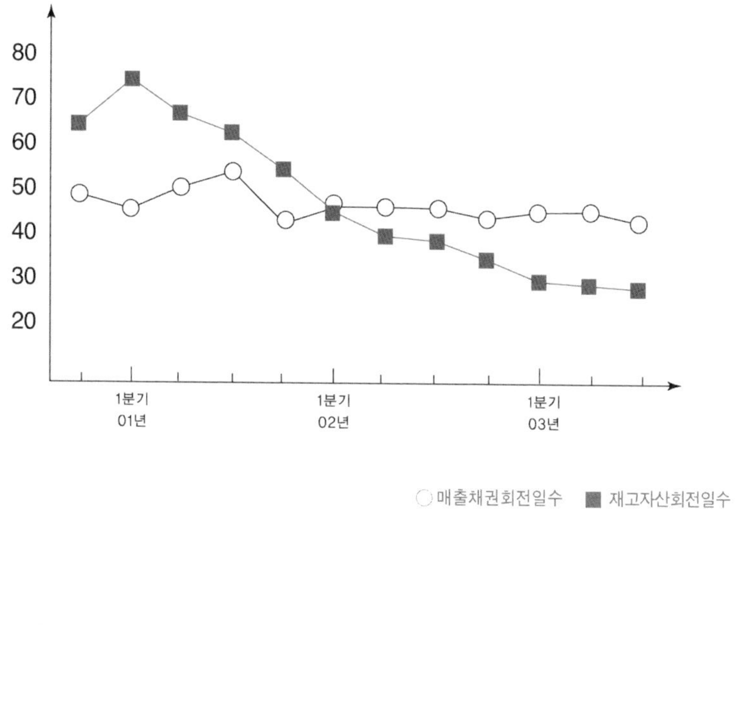

체크포인트

1. 순이익 지수, 이익률 지수를 통해 영업 호조가 이익으로 연결되고 있는지 알아보자.
2. 한국타이어의 생산능력은 어느 정도이며, 재고 부족 가능성은 없는지 살펴보자.

3) 영업 파워형: 풀무원(017810)

재고자산회전일수가 극도로 낮은 영업 파워형 패턴이다. 영업 파워형은 강력한 브랜드와 재고관리 시스템을 보유하고 있어 소비자를 독점하고 있는 기업에게서 많이 보이는 모양이다. 영업 파워형에서는 재고자산회전일수의 추세적인 패턴보다는 절대적인 수치가 더 중요하게 여겨진다.

재고자산회전일수가 2000년 4분기 이후 추세적으로 감소하면서 20일 수준에서 2003년 3분기 10일 이하 수준까지 감소하였다. 재고자산회전일수가 10일 이하인 업체는 재고가 아예 필요없는 지식형 기업을 제외하면 찾아보기 어려운 수준이다. 매출채권회전일수도 2003년 3분기 비교적 큰 폭으로 증가했지만 추세적으로 낮아지고 있어 매출처에 대해서도 강한 우위가 형성된 기업으로 판단된다.

풀무원은 포장두부, 콩나물 등 국내 생식품시장을 선도하는 기업이다. 제품의 특성상 빠른 재고처리가 수적이다. 생식품들은 제품 주기가 짧고 부패가 빠르게 일어나기 때문이다. 관건은 이것을 얼마나 빨리 처리하느냐 하는 것인데 풀무원은 강력한 브랜드와 냉장관리 시스템으로 이를 극복하고 높은 이익률을 올리고 있다. 사업이 쉽지 않은 만큼 진입장벽 또한 높은 편이다.

재고자산회전일수를 10일 이하로 만들 수 있는 무형가치가 없다면 이 시장에서 풀무원을 밀어내고 소비자의 사랑을 얻기는 사실상 불가능하다.

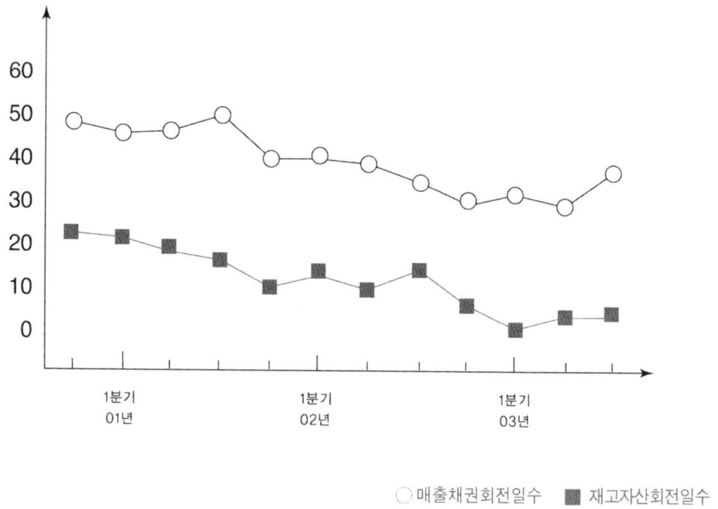

체크포인트

1. 풀무원 유통망의 특징을 알아보자.

2. 신선식품이 냉동식품에 비해 얼마나 높은 마진을 얻는지 비교해보자.

4) 현금 장사형: 태진미디어(032540)*

* TJ미디어로 변경

매출채권회전일수가 극도로 낮은 현금 장사형 패턴이다. 현금 장사형은 납품처에 대해 강력한 우위를 점하고 있어 회수기간이 긴 매출채권을 받지 않는 기업에서 나타나는 모양이다. 현금 장사형에서는 매출채권회전일수의 추세적인 패턴보다는 절대적인 수치가 더 중요하게 여겨진다.

매출채권회전일수가 2000년 4분기 이후 10일 안팎으로 낮은 수준을 꾸준히 유지하고 있고 2003년 3분기에는 아예 매출 채권이 거의 없는 상태다. 제조업에서는 나타나기 매우 힘든 수치다. 재고자산회전일수는 다소 큰 진폭을 나타내지만 추세적으로 하향 추세 패턴을 나타내면서 점진적으로 낮아지고 있다. 절대적 수치도 20일 수준으로 낮은 편이다.

태진미디어는 금영과 함께 우리나라 노래방반주기시장을 과점하고 있는 업체다. 한때 노래방반주기시장에 많은 소규모업체들이 난립했지만 이제는 시장 분할이 어느 정도 이뤄진 상태다. 음원 등을 확보해야 하고 많은 노래방을 관리해야 하는 만큼 시장진입이 쉽지 않다.

태진미디어의 매출채권 비중은 당좌자산의 약 1%가 채 안 된다. 이처럼 매출채권의 절대 규모가 작은 이유는 사업 초기부터 선입금 후출고 방식을 고수하면서 현금 결제를 관행화했기 때문이다. 실제로 태진미디어는 판매대금의 99% 이상을 현금으로 결제하고 있다. 노래방업주들에게는 싫은 일이겠지만 태진미디어 주주에게는 행복한 일이다.

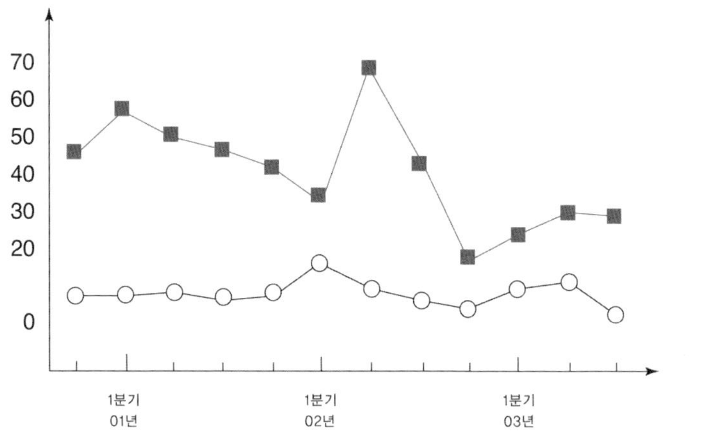

체크포인트

1. 이익률 지수를 통해 노래방기기의 마진을 알아보자.

2. 대기업이 노래방 시장에 진출했다가 고배를 마신 이유를 알아보자.

부록

| 서문 |

제1부에서 제5부까지 V차트의 의미와 수익가치, 자산가치, 무형가치를 파악하는 차트들에 대해 알아봤습니다. 이제 마지막으로 남은 차트는 '주주가치 차트'입니다. 주주가치 차트는 원래 제6부에 해당해야 하나 분량이 적고 추세 외에 특별히 V차트로 판단할 근거가 적기 때문에 부록으로 다루겠습니다. 주주가치 차트에는 배당성향 지수와 주당 배당금 지수가 있습니다.

또한 부록에서는 V차트의 한계에 대해서 살펴봅니다. V차트는 기업발굴 방법으로서 유용하게 사용될 수 있지만 처음 만들어진 개념이기 때문에 아직 완벽한 단계는 아닌 것이 사실입니다. 특히 업종마다 재무제표가 다르고 돈을 버는 방식이 다르기 때문에 일률적으로 적용될 수 없는 부분들이 있습니다. 장점은 장점대로, 한계점은 한계점대로 이해가 필요하기 때문에 V차트의 한계를 짚고 넘어가는 것은 의미가 있다고 생각합니다.

마지막으로 V차트의 모든 지수를 써서 한 기업에 대해 분석하는 종합 케이스가 제공됩니다. 종합 케이스를 통해 V차트가 어떻게 적용이 되고 V차트를 통해 어떤 사실들을 파악할 수 있는지 알 수 있습니다. 단, 종합 케이스는 V차트 적용을 위한 교육 목적일 뿐 현 시점에서의 투자정보가 아닌 점을 양지하십시오.

1 주주가치 차트

주주의 주머니를 불려주는 배당

투자자들이 주식투자에 대해 오해하는 것 중 대표적인 두 가지를 꼽으라면 첫째는 주식투자가 네거티브 섬 게임negative sum game이라는 것이고 둘째는 주식투자에서 돈을 벌 수 있는 방법은 시세차익밖에 없다는 것입니다. 이 의견에 대해 가치투자자가 반박을 하고자 할 때 가장 중요한 키워드가 바로 배당입니다.

배당은 기업 수익의 일부를 주주에게 지분율대로 현금으로 돌려주는 것을 말합니다. 예를 들어 1년 동안 100억 원의 순이익을 내어 20억 원을 배당으로 지급하면 20억 원은 지분율대로 주주들에게 현금으로 돌아가고 배당지급액을 제외한 나머지 80억 원은 회사에 이익잉여금으로 유보됩니다.

투자자는 보유한 주식을 다른 투자자에게 팔아 시세차익을 얻을 수도 있지만 보유하는 것만으로도 배당이라는 열매를 가져갈 수 있습니다.

개인투자자가 받는 배당금은 얼마 되지 않는 금액일 수 있지만 모든 투자자로 확대해서 합하면 적지 않은 금액이 됩니다. 2002 사업연도 기준으로 거래소 상장 기업들이 주주들에게 지급한 배당금 총액은 무려 3조 3,276억 원에 달합니다.

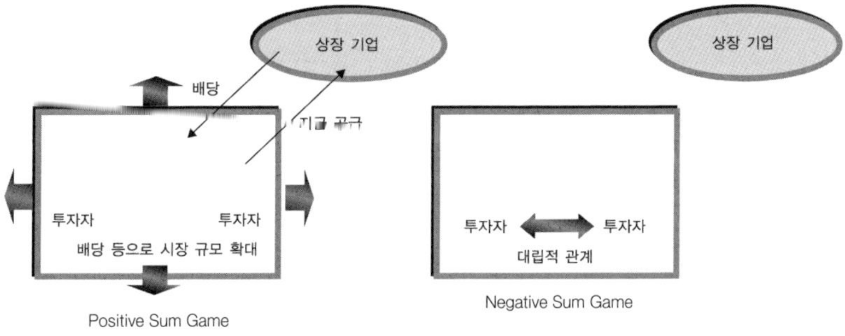

주식투자의 성격

여기서 주식투자를 네거티브 섬 게임에서 포지티브 섬 게임positive sum game으로 바꿔볼 수 있는 근거를 찾을 수 있습니다. 주식시장에서 얻을 수 있는 이득이 다른 투자자의 손실에서 오는 경우도 있지만 기업이 자금을 주식시장에서 배당이라는 형태로 공급함으로써 투자자가 이득을 보는 경우도 생기기 때문입니다. 즉 주식시장에서 주식을 비싸게 사주는 사람이 없더라도 좋은 기업을 소유하고 있으면 배당을 받아 투자수익을 올릴 수 있는 방법이 있기에 가치투자자는 주식시장을 포지티브 섬 게임으로 인식합니다. 따라서 가치투자자는 시장에서 움직이는 거래 주체의 움직임, 고객 예탁금의 추이 등을 분석하기보다는 높은 이익을 올려 주주에게 돌려줄 의지가 있는 기업을 고르는 데 최선을 다합니다.

배당의 위력

앞서도 기업의 자산 중에서 제1순위는 현금이라고 말씀드렸습니다. 대차대조표상의 자산 계정도 위에서 아래로 현금에 가까운 것을 배치합니다. 기업뿐 아니라 투자자도 현금을 선호하기는 마찬가지입니다. 기업으로부터 가장 받고 싶은 선물이 현금이고 현금을 돌려주는 방법 중 하나가 배당입니다. (다른 방법으로는 자사주 매입이 있습니다) 현금이 매년 생기는 것 이외에도 가치투자자가 높은 배당금을 지급하는 기업을 좋아하는 이유는 다음과 같습니다.

1) 탄탄한 현금흐름을 보여주는 신호다.

배당도 두 가지로 나뉘는데 하나는 현금배당, 다른 하나는 주식배당입니다. 흔히 배당이라고 칭할 때는 현금배당만을 인정합니다. 말 그대로 현금배당은 현금을 주주에게 줘야 합니다. 일반적으로 경영진은 기업의 안정성을 최우선 과제로 여깁니다. 그래서 가급적이면 안정성을 높이기 위해 현금을 기업 내부에 쌓아두려고 하는 욕구가 있습니다. 주주에게 돌려주는 것은 그 다음 문제입니다. 따라서 현금흐름이 약해 안정성을 자신할 수 없는 기업은 감히 배당을 할 수가 없습니다. 반대로 생각하면 주주에게 고배당을 하는 기업들은 탄탄한 현금흐름을 가지고 있어 배당을 하더라도 향후 전망을 긍정적으로 본다는 의미로 해석이 가능합니다.

2) 주가 하락의 안전판 역할을 한다.

주가가 계속 올라갈 수만은 없습니다. 오르기도 하고 떨어지기도 하는 것이 주가입니다. 그런데 주가가 떨어지더라도 무한정 떨어져버리면 큰 낭패를 보게 됩니다. 가치투자자가 좋아하는 주식에는 추가적인 하락을 일정 수준에서 멈춰주는 브레이크를 가지고 있습니다. 하나가 자산가치고 다른 하나가 배당입니다. 배당금이 일정하게 유지되는 경우 주가가 하락하면 배당수익률(=주당배당금/주가)이 올라가게 됩니다. 주가가 계속 빠져서 배당수익률이 금리 이상 올라가게 되면 예금보다 우월한 자산으로 변모하게 됩니다. 이때 배당투자를 노린 투자자들이 주식을 사게 되면 주가 하락에 브레이크가 걸립니다. 배당이 주가 하락의 안전판 역할을 하는 셈입니다.

3) 주주에 대한 태도를 알려준다.

우리는 선행을 베푸는 사람을 칭찬하고 존경합니다. 그 이유는 선행을 하는 것은 힘이 들어 아무나 할 수 없는 일이기 때문입니다. 마찬가지로 기업이 배당을 하는 것도 쉽지 않은 일이기 때문에 높은 평가를 받습니다. 기업은 대체로 현금을 외부로 유출하기보다는 유보를 하고 싶어합니다. 조직의 장이 더 많은 조직원을 가지고 싶어하는 것처럼 경영진도 더 많은 현금에 대해 통제권을 가지고 싶어합니다. 그럼에도 불구하고 배당을 한다는 것은 주주에게 매우 호의적인 태도를 가지고 있다는 의미를 내포합니다.

회계사: 배당을 보면 기업들의 사업구조를 알 수 있다네.

김대리: 앞서 이익잉여금, ROE 등의 추이로 사업구조를 판단할 수 있는 것은 배웠네만 배당도 그렇게 사용될 수 있는가?

회계사: 물론이네. 배당은 현금을 돌려주는 것이기 때문에 기업 본래의 사업구조에 맞지 게 지나치게 해버리면 안정성이 크게 훼손된다네. 높

은 배당을 할 수 있는 사업구조는 어떠한지 짐작이 가는가?

김대리: 현재의 경쟁력을 유지하기 위해서 신규 시설투자를 끊임없이 해야 하는 숙명을 가진 기업들은 배당을 하기 힘들겠군. 막 퍼주다 보면 영업력이 떨어질 수도 있으니 말이야.

회계사: 정답이네. 배당을 많이 할 수 있는 사업구조는 화수분형이야. 배당이 결국 현금흐름에서 비롯되기 때문에 당연한 얘기기도 하지. 고배당종목이 광고업, 가스업, 방송업 등에 몰려 있는 것도 같은 이유지.

김대리: 버핏이 신문사, 방송사, 광고사 등을 좋아한 이유가 이해가 가네. 배당을 통해 사업구조를 파악할 수 있다니 배당은 참 유용한 지표로구먼.

배당수익률과 배당금 추이

기업이 배당을 얼마나 지급하는지 파악할 수 있는 가장 좋은 지표는 배당수익률과 배당성향입니다.

배당수익률은 주당배당금을 주가로 나눈 것으로 주식을 사는 순간 배당만으로 몇 %의 수익률을 올릴 수 있는지 나타냅니다. 배당수익률이 시중 금리 이상을 나타내면 매우 매력적입니다. 배당은 순이익의 일부에 불과합니다. 그런데 이 일부만으로도 금리 이상의 수익률을 올릴 수 있다는 것은 주식을 사는 데 따른 기회비용을 벌충하면서도 기업의 향후 현금흐름, 기존에 쌓아 둔 자산, 배당을 제외하고 매년 쌓이는 이익잉여금을 모두 취할 수 있다는 의미입니다.

다만 조심해야 할 것은 보통 배당수익률을 따질 때 전년도의 배당금을 기준으로 하는데 주식을 사게 되면 다음 사업연도에 배당을 받게 되므로 배당금이 변할 가능성이 있다는 점입니다. 물론 배당금이 전년도보다 증가한다면 주주 입장에서는 좋은 일이지만 떨어질 위험이 있다는 점에서 배당금을 어느 정도 예측하는 작업을 해야 합니다. 이때 사용되는 것이 배당성향입니다.

배당성향은 순이익 중 몇 %를 배당으로 지급하느냐를 나타내는 지표로 총배당금을 순이익으로 나눈 값입니다. 예를 들어 배당성향이 30%면 순이익의 30%를 배당으로 돌려줬다는 의미입니다. 기업은 그때그때마다 새로운 상황에 처하기 때문에 배당성향도 변화합니다. 그러나 주주정책이 일관되고 사업이 안정되어 있으면 일정한 배당성향을 유지하는 경향이 있습니다. 이런 기업을 찾아 당해 순이익을 예측하고 여기에 역사적인 평균 배당성향을 곱하면 대략의 배당액을 예상할 수 있습니다.

V차트의 주주가치 차트에서 배당수익률과 배당성향을 살펴볼 수 있는 지수는 '배당수익률 지수'입니다. 배당수익률 지수는 배당수익률과 배당성향의 연도별 추이를 통해 기업이 얼마나 일관되게 주주정책을 펴고 있고 주식을 사는 순간 몇 %의 배당수익률을 확보할 수 있는지를 나타내줍니다. 보통 배당수익률이 금리 이상, 배당성향이 30% 이상이면 매우 양호한 수치입니다. 배당수익률은 매수 시점의 수치가, 배당성향은 몇 %에서 꾸준히 유지되고 있는지가 매우 중요합니다.

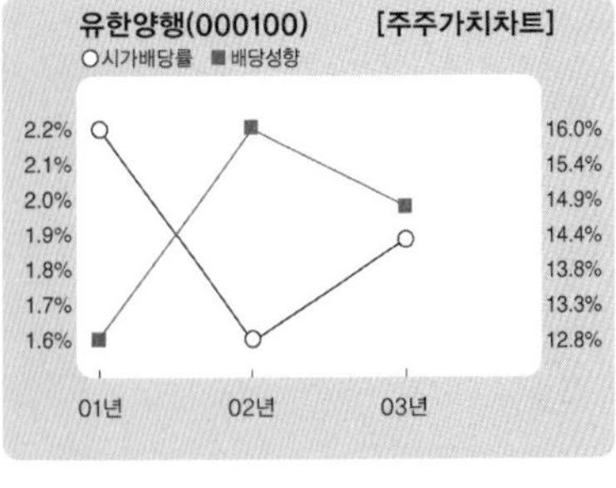

또한 주주가치 차트에서 총배당액을 발행주식수로 나눈 주당 배당금 추이를 살펴볼 수 있는 '주당 배당금 지수'가 추가로 제공됩

니다. 주당 배당금 지수는 배당수익률을 구성하는 주당 배당금과 주가를 동시에 표시해 배당수익률의 변화가 배당금의 변화로 인한 것인지 주가의 변화로 인한 것인지를 나타내줍니다.

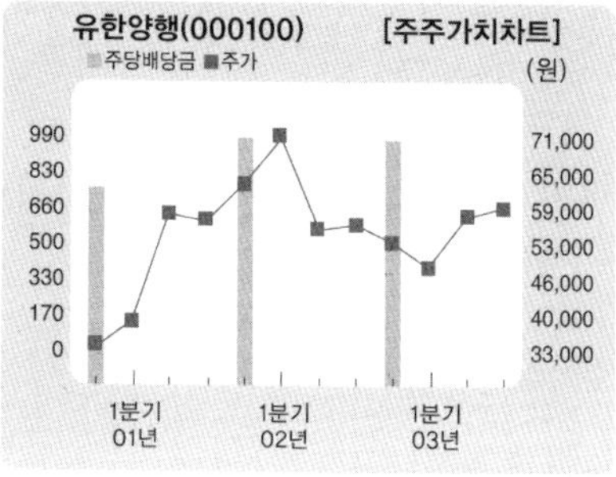

주주가치 차트의 구성 원리

배당수익률 지수는 시가배당률과 배당성향을 동시에 비교함으로써 기업의 배당정책의 변화와 배당 가치를 파악할 수 있게 해주는 지수입니다. 차트의 왼쪽 Y축에는 시가배당률을 나타내는 퍼센트 단위가, 차트의 오른쪽 Y축에는 배당성향을 나타내는 퍼센트 단위가 표시되어 있습니다.

시가배당률이 금리 이상이고 배당성향이 일정하면 순이익 추이를 통해 기대되는 배당금을 추정할 수 있습니다. 시가배당률이 다른 종목에 비해 높은데 여러 가지 다른 V차트가 호전되는 신호를 보이면 매수 시 위험이 낮다고 판단할 수 있습니다.

주당 배당금 지수는 주당 배당금과 주가를 동시에 비교함으로써 배당수익률의 변화 원인을 파악할 수 있게 해주는 지수입니다. 차트의 왼쪽 Y축에는 주당배당금을 나타내는 원 단위가, 차트의 오른쪽 Y축에는 주가를 나타내는 원 단위가 표시되어 있습니다. 주가는 각 분기별 말의 종가 기준입니다.

주주가치 차트는 유용한 지표지만 분기별로 나오는 것이 아니라 연도별로 나오는 것이므로 원래 V차트가 추구하는 분기별 추이 분석에는 맞지 않습니다. 다른 V차트에 비해서 주주가치 차트의 활용도와 정확도가 떨어지는 것도 이 때문입니다. 하지만 배당은 주식의 매수, 매도 타이밍을 잡아주고 기회비용을 벌충해주는 중요한 개념이라는 점에서 투자자들이 그 변화를 유심히 관찰해야 하는 대상임에는 변함이 없습니다.

2 V차트의 한계

V차트는 복잡한 재무제표를 보지 않아도 기업가치의 흐름을 쉽게 다각도로 파악할 수 있다는 강점을 가집니다. 특히 수익가치, 자산가치, 무형가치로 나눠서 그 유무와 정도를 파악하기 때문에 기업 전반에 대한 구조화를 하기에 용이합니다. 그러나 V차트도 몇 가지 한계가 있습니다.

1) 기별로 잡히지 않는 데이터를 소화할 수 없다.

V차트는 직전 4분기를 연환산해서 기업가치를 분기별로 파악하는 개념입니다. 그렇기 때문에 각 분기별 데이터가 매우 의미가 있고 분기별로 실적이 나올 때마다 업데이트가 됩니다. 하지만 반대로 분기별로 잡히지 않는 데이터를 소화할 수 없다는 한계점이 있습니다.

우선 V차트에 점이 찍히는 시작 시기가 2000년 4분기부터라 파악할 수 있는 데이터가 아직 많지 습니다. 상장기업들이 실적을 분기별로 발표한 시기가 2000년 1분기부터이기 때문입니다. 2003년 3분기를 기준으로 모두 12개의 점이 제공됩니다(9월 결산법인 기준). 주가를 가지고 만드는 일봉만큼 판단 근거가 많지는 않으나 시간이 지날수록 점의 개수가 늘어나므로 추세를 좀 더 뚜렷이 파악할 수 있게 될 것입니다.

그리고 재무제표 중 대차대조표, 손익계산서와 함께 중요한 정보를 제공하는 현금흐름표가 2003년부터 분기별로 발표된 탓에 현금흐름 내용이 V차트로 나타나지 않습니다. 3년 정도 지나 데이터가 쌓이면 현금흐름표도 V차트로 구현이 가능할 것입니다.

또한 주주가치 차트 편에서도 언급했지만 일부 중간배당을 지급하는 기업을 제외하고는 배당이 1년 단위로 발표되므로 분기가 아닌 연도별로 파악을 해야 합니다. 앞으로 분기배당이 실시되고 이에 동참하는 기업들의 숫자가 늘어나면 분기별 배당 추이도 V차트로 파악할 수 있을 것입니다.

이외에도 상장한 지 얼마 되지 않았거나, 합병을 해서 신설법인이 되었거나, 역사가 짧은 기업의 경우 나타낼 수 있는 데이터가 적어 추세나 패턴을 파악하기 힘들다는 단점도 있습니다. 이것은 꼭 V차트만의 한계점이라고 보기는 힘든데 재무제표만 가지고 분석을 하더라도 근거 자료가 너무 적어 정확도가 떨어지기 때문입니다.

2) 모든 업종을 모든 V차트로 나타낼 수 있는 것은 아니다.

모든 기업들이 단일 업종이 아닌 것처럼 모든 기업들이 똑같은 재무제표 형식을 사용하는 것은 아닙니다. 해당 업종의 특성에 맞게 회계용어나 계정처리가 각기 다릅니다. 특히 은행, 증권, 보험, 캐피탈 등 금융업종이 다른 업종에 비해 상당히 차이가 있는 재무제표를 사용합니다.

V차트는 일반제조업 및 서비스업의 재무제표를 기준으로 각 계정에서 데이터를 추출해 만들어지기 때문에 금융업종에 해당하는 기업들의

기업가치를 정확히 나타내지 못하는 한계점이 있습니다. 예를 들면 은행은 순이자마진 등이 주요 지표로 이 부분이 V차트로 표시되어야 하나 보편성이 없어 빠져 있습니다. 그리고 제조업과 유통업의 주요 지표라 할 수 있는 회전일수가 은행에 적용되지 습니다.

건설업이나 조선업도 실적만큼이나 수주 잔고 추이가 중요한데 이 부분도 보편성을 이유로 V차트에서 데이터가 제공되지 않습니다. 앞으로 V차트의 업데이트를 통해 각 업종별 핵심 데이터를 지수로 만들어 V차트의 완성도를 높여갈 예정입니다.

3) 분식회계 기업을 가려낼 수 없다.

V차트는 기업에서 발표하는 사업보고서 및 감사보고서의 데이터를 여과 없이 사용하게 됩니다. 이것은 기업이 제시하는 재무제표를 액면 그대로 믿는다는 것을 전제하고 있습니다. 따라서 기업이 분식회계를 해서 자료를 내놓는 경우 실제보다 과장된 V차트를 그릴 수 있는 위험성이 있습니다.

기업의 분식회계 여부를 가려내는 방법은 두 가지가 있습니다. 첫째는 그 기업의 히스토리를 보는 것입니다. 깨끗하게 경영을 해 왔고 보수적인 회계를 사용해온 히스토리가 있다면 현재 분식회계를 했을 가능성이 매우 낮다고 판단할 수 있습니다. 둘째는 손익계산서와 현금흐름표를 비교해 보는 것입니다. 손익계산서는 재고, 매출채권 등으로 분식이 가능하지만 현금의 출납을 기록한 현금흐름표를 분식할 수는 없습니다. 셋째는 대차대조표에 연구개발비, 영업권 등 상각해야 할 자산이 지나치게 오랜 기간 남아있는지 점검해보는 것입니다. 이는 보수적인 회계처리를 하지 않고 있다는 신호입니다.

투자자들은 V차트가 제공하는 장점을 최대한 누려 기업 발굴을 해야 하지만 반대로 한계점도 명확히 인식하고 있어야 합니다. V차트를 점검해본 것만으로는 정확한 기업분석을 했다고 보기 힘듭니다. V차트를 통해 기업 가치의 추이를 파악하고 몇 개의 좋은 기업으로 압축한 뒤 좀 더 심도 있는 분석이 뒤따라야 진짜 V차트를 제대로 활용했다고 할 수 있습니다. V차트를 파워풀한 도구로 만드는 것은 결국 투자자의 뒤따른 노력에 달려 있습니다.

4) 업데이트 주기가 길다.

기술적 분석에서 사용하는 차트는 주가와 거래량을 사용하므로 실시간으로 그래프가 업데이트 됩니다. 심지어는 분당으로 점을 찍어주는 분 차트까지 있을 정도입니다. 하지만 V차트는 기업의 실적을 바탕으로 하므로 분기별로밖에 표시가 안 될 뿐 아니라 이 데이터가 차트에 반영되는 시간 또한 깁니다.

예를 들어 기업들은 2분기 실적을 보통 2개월 기간을 두고 8월 즈음에 공시합니다. 이 자료를 다시 신용평가회사에서 취합해 데이터로 만들고 이를 다시 V차트로 만들면 9월 경이나 되어야 차트가 업데이트 됩니다. 즉 분기 실적으로 V차트로 보기 위해서는 한 분기를 더 기다려야 합니다. 속도 면에서 다소 뒤처질 수밖에 없습니다.

하지만 시간이 큰 문제가 되지는 않습니다. 일단 분기별 실적은 일찌감치 발표되므로 바로 전자공시에서 이를 파악해 투자판단에 참고하면 됩니다. 그리고 가치투자자들이 좋아하는 주식은 일반적으로 비인기주식이라 시장이 별로 관심을 가지지 않아 실적이 나오더라도 바로 주가에 반영되지는 않습니다. 가치투자자가 V차트에서 주목해서 봐야 할 점은 단 한 분기 최근 실적이 아니라 최소 1년 이상의 연속된 변화의 패턴과 추세입니다.

시멘트, 보이는 것만 믿으세요

I. 순이익 차트

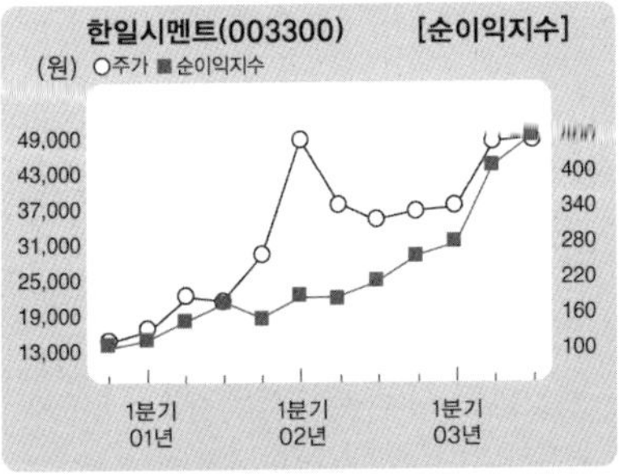

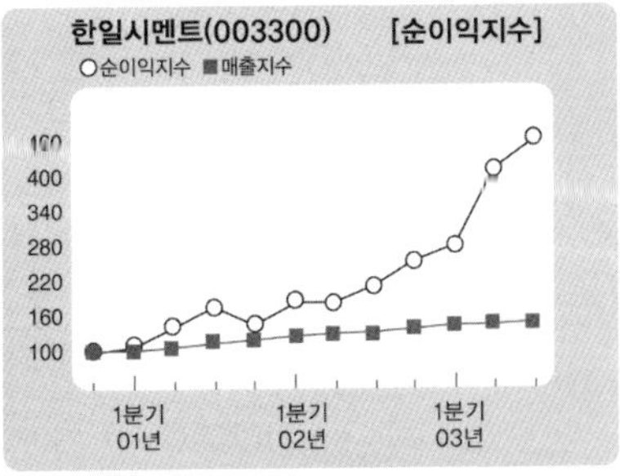

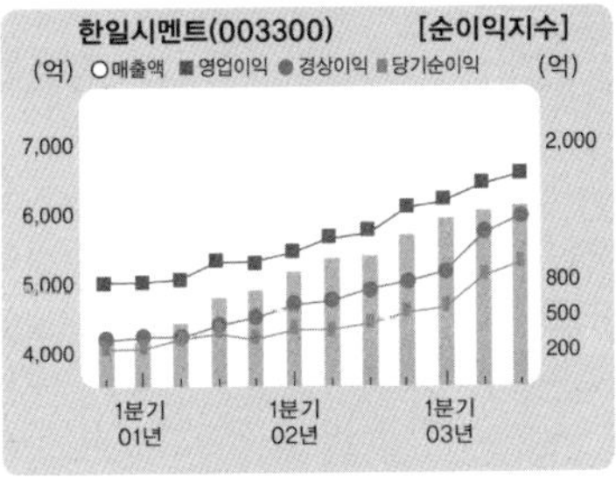

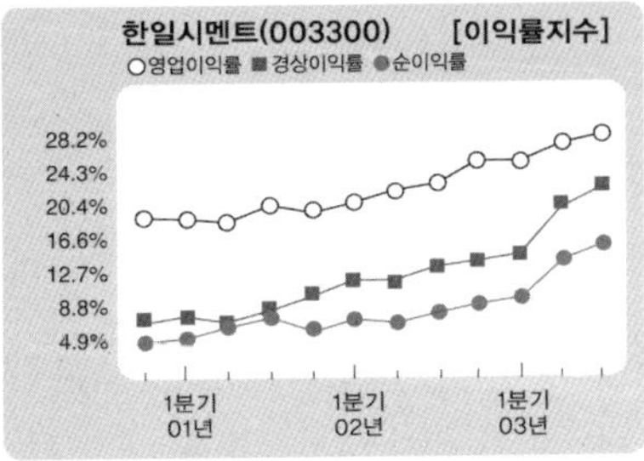

순이익 지수가 지속적으로 상승하는 추세 지속형을 보이는 가운데 2003년 2분기 이후 보다 역동적인 모습을 보이고 있다. 주가 역시 2002년 3분기 3만 4,000원대를 바닥으로 순이익 증가가 후행 반영되면서 추세적 상승세를 유지하고 있다.

수익가치 지표를 종합적으로 살펴보면 매출액, 영업이익, 경상이익, 당기순이익이 지속적으로 증가하는 이상적인 모습이다. 매출액의 경우 단 한 분기도 빠짐없이 증가하면서 호황을 구가하고 있다. 영업이익 또한 매출액 증가와 더불어 추세적으로 상승하고 있는 것으로 보아 마진율이 일정하게 유지되고 있음을 알 수 있다. 경상이익과 당기순이익이 영업이익에 비례해서 증가하는 점도 긍정적이다.

이처럼 매출액 및 각종 이익이 지속적으로 상승하는 경우는 그리 흔치 않다. 이는 기업이 속해 있는 업황이 호황이면서 기업의 재무구조가 양호하고 가격결정력 등의 무형가치를 보유할 경우에만 나타나는 패턴이다.

한일시멘트에 이를 적용해보면 시멘트를 사용하는 전방산업인 건설업이 호황을 누리고 있으며 적자 자회사들을 대부분 손실 처리해 재무구조가 안정화 되었다. 시멘트업은 과점구조이기 때문에 가격결정력을 가지고 있고 한일시멘트도 예외가 아니다. 또한 '레미탈'이라는 차별화되는 히트 상품을 가지고 있다.

이익률 지수 역시 순이익 지수처럼 추세 상승형 패턴을 보여주고 있다. 영업이익률이 20%에 육박해 높은 마진율을 보여주고 있다. 특히 2003년 들어서면서부터 영업이익률과 경상이익률의 격차가 급격히 줄어들고 있는데 이는 이자비용, 지분법평가손실 등 일회성 영업 손실이 처리되었다는 신호다.

한일시멘트가 시장에서 얼마나 싸게 거래되는지 알아보자. 가치평가 지수에서 PER를 살펴보면 순이익이 증가하는 만큼 주가가 상승하지 못하고 있음을 알 수 있다. 순이익은 2002년 2분기 대비 46% 증가한 반면 주가는 같은 기간 23% 상승에 그쳤기 때문이다. 절대적인 기준에서 보아도 PER가 3 수준으로 이익의 증가 추세나 그 질에 비해 매우 싸다고 판단할 수 있다.

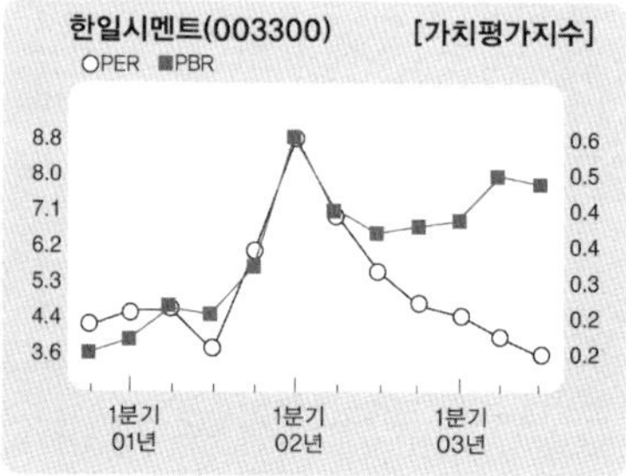

PBR는 주가 상승으로 0.2 수준에서 0.5까지 증가했지만 부실자산을 처리하고 깨끗한 자산구조를 가진 데 비해 시가총액이 자산가치의 절반 수준인 저평가 상태에 놓여있다. 주가가 계속 횡보하고 이익이 자산으로 계속 쌓여가면 PBR 수치는 더 하락할 수 있다.

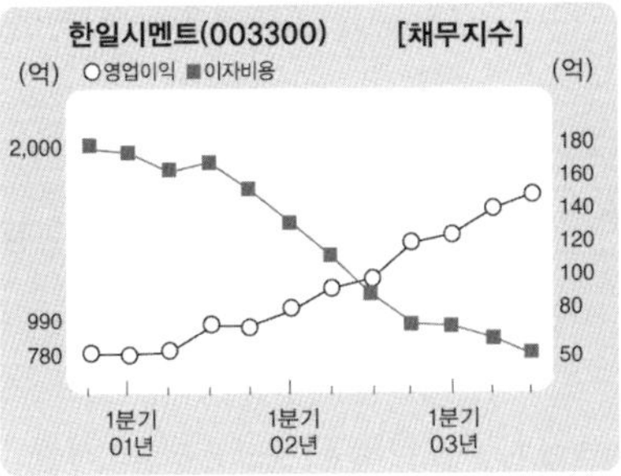

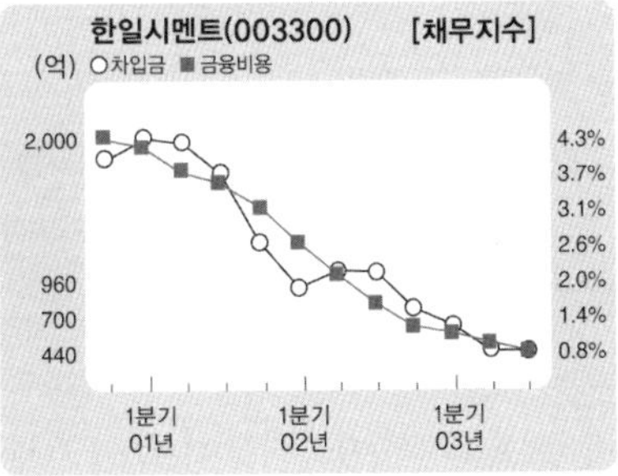

다음으로 영업외적인 요소를 살펴보자. 채무 지수에서 차입금이 하락하고 더불어 이자비용이 감소하는 모습을 볼 수 있다. 그것도 3년에 걸쳐 추세적인 하락을 이어가고 있다. 이런 패턴에서는 구조조정이 꾸준히 추진되고 있다고 판단할 수 있다. 한일시멘트 또한 구조조정이 진행 중인데 영업으로 벌어들인 돈으로 꾸준히 차입금을 줄여 금융비용으로 인한 현금의 유출을 줄이고 있다. 이제 한일시멘트는 영업으로 벌어들인 돈이 순이익으로 바로 이어지는 선순환 구조를 갖췄다고 평가할 수 있다.

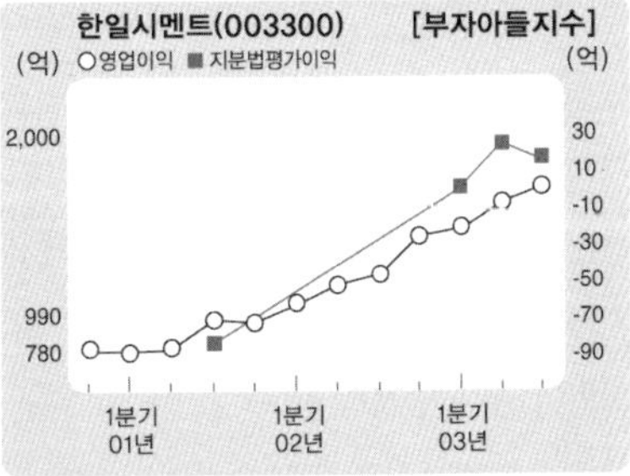

부자아들 지수를 보면 지분법평가손실에서 지분법평가이익으로 반전한 모습을 볼 수 있다. 주지했듯이 부실 자회사들을 떨어버렸기 때문이다. 즉 효자아들만 남기고 불효자는 다 내보내 버린 것이다. 한일시멘트는 2003년 초에 한일정보통신을 매각했고 KF Tech를 청산하는 등 구조조정을 단행했다. 향후 인도네시아 해외법인인 한일자야도 매각할 방침에 있다. 남아 있는 아들로는 한일건설, 한일레미콘 등이 있고 비관련 회사로는 한국기업평가가 있다. 이들로부터는 지분법평가이익이 발생하고 있어 효자아들로 분류할 수 있다.

III. 자산가치 차트

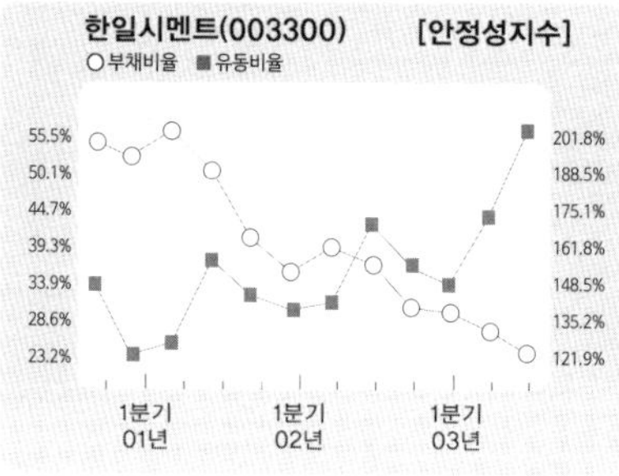

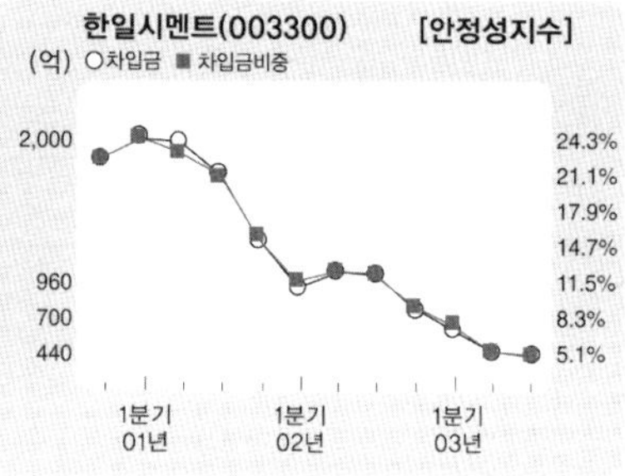

안정성 지수로 볼 때 한일시멘트는 부도 가능성이 거의 없는 것으로 판단된다. 부채비율이 23%로 낮을 뿐 아니라 유동비율도 201%로 안정성이 뛰어나다. 차입금 역시 꾸준히 감소해 매출액에서 차지하는 차입금 비중이 5%에 불과하다. 차입금 감소 추세로 보았을 때 부채비율은 이보다 더 하락할 것으로 전망되며 수익성 차트에서 보듯이 이익이 증가하고 있어 유동비율도 더 개선될 것으로 기대된다.

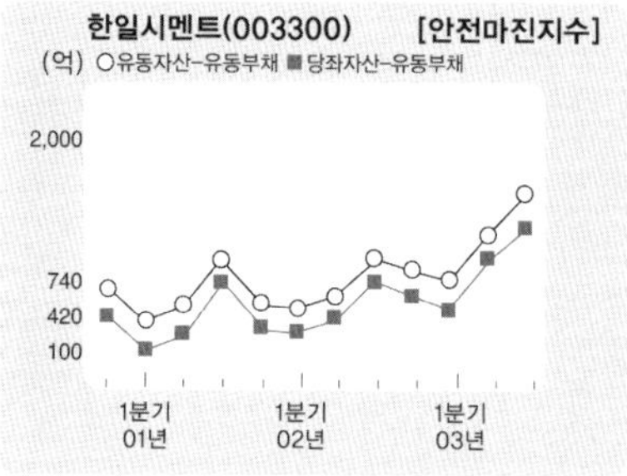

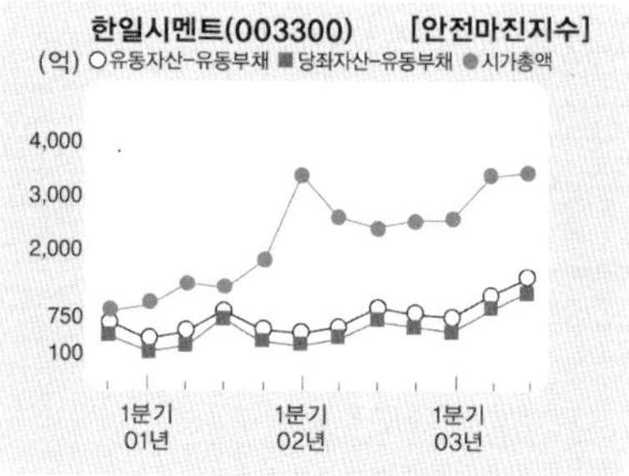

순운전자본 지수는 등락을 거듭하다 2003년 이후 우상향 패턴으로 자리를 잡았다. 순유동자산이 증가하면서 순현금자산이 같은 폭으로 증가하고 있어 회사에 현금이 쌓이고 있음을 알 수 있다.

2000년 4분기만 해도 시가총액이 순유동자산과 비슷한 수준이었으나 주가 상승으로 시가총액이 증가해 순유동자산과의 차가 2,500억 원 이상으로 벌어졌다. 따라서 절대적 의미에서 저평가 상태라고 판단하기는 힘들다. 벤저민 그레이엄 식의 방법을 추구하는 투

자자라면 2000년 4분기가 매수의 적기였다,

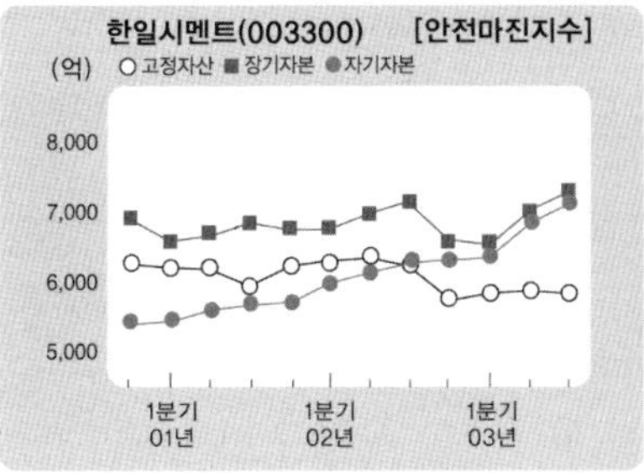

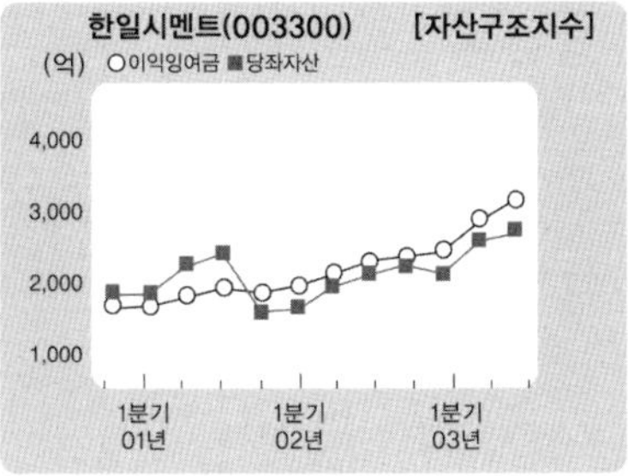

자산구조가 적절하게 구성되어 있는지 살펴보자. 자산구조 지수를 보면 고정자산이 감소하는 가운데 자기자본은 저점을 높이면서 추세 상승 패턴을 나타내고 있다. 특히 장기자본은 부채의 감소로 인해 자기자본과의 차이를 줄여나가고 있다. 고정자산 그래프가 자기자본 그래프 이하에서 움직이는 것으로 보아 고정장기적합률도 적절한 것으로 판단된다.

시멘트업은 초기에 대규모 설비 투자가 필요하다. 그러나 이후 추가적인 설비투자 규모가 크지 않기 때문에 고정자산에 대한 부담은 점차 줄어들어 제한된 고정자산에서 보다 많은 부가가치가 창출될 것으로 전망된다.

이익축적 지수를 보면 이익잉여금이 당좌자산과 거의 차이 없이 증가하고 있다. 추가 설비투자가 필요 없을 뿐 아니라 이익이 그대로 현금으로 쌓이는 화수분형 기업이라는 사실을 알 수 있다.

Ⅳ. 효율성 차트

ROE는 꾸준히 증가하는 데 비해 PBR는 2002년 이후 횡보하는 모습이다. ROE 수치 자체도 13%를 웃돌고 있어 시장금리를 훨씬 과하는 수치를 보이고 있다. 현재 상태는 투자자가 한일시멘트를 사는 순간 순자산의 절반 값에 13%의 수익률을 올리는 자산을 취득할 수 있다는 것을 의미한다. 굴뚝산업임에도 불구하고 ROE가 추세적인 상승하고 있어 가격

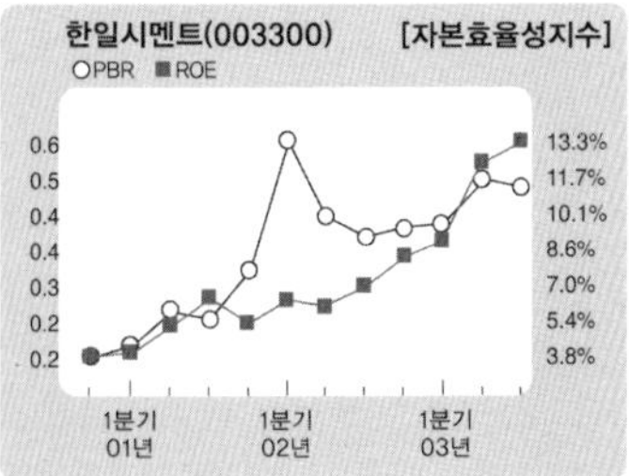

결정력과 자본효율성으로 대표되는 무형가치가 있다는 것을 짐작하게 해준다.

ROE를 다시 분리해서 살펴보자. 자기자본 매출은 2003년 들어 감소하고 있지만 순이익률은 2000년 4분기부터 이어진 추세적 상승이 나타나고 있다. 자기자본매출이 줄어든다는 것은 효율성의 저하를 의미하기 때문에 우려되는 대목이다. ROE 미분지수를 통해 한일시멘트가 매출이 정체된

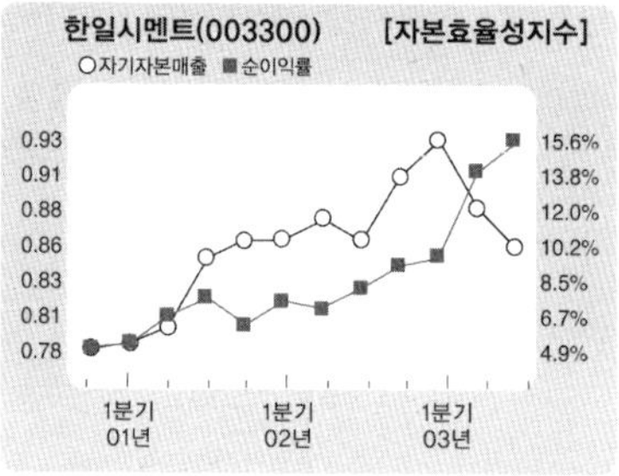

상태에서 마진폭을 늘려 이익을 증가시키고 ROE를 유지하고 있음을 알 수 있다. 순이익률 15%는 시멘트가 무차별 상품이라는 고정관념을 깨기에 충분하다.

마지막으로 회전일 지수를 살펴보자. 재고자산회전일수가 10~20일에 불과한데 시멘트를 생산하는 대로 건설사에서 사용하고 있다는 것을 알려준다. 현재 건설업이 매우 호황이고 시멘트를 대체할 제품이 없다는 것을 알 수 있다. 대체가 불가능한 품목을 빠르게 출고하고 있다는 것은 소비

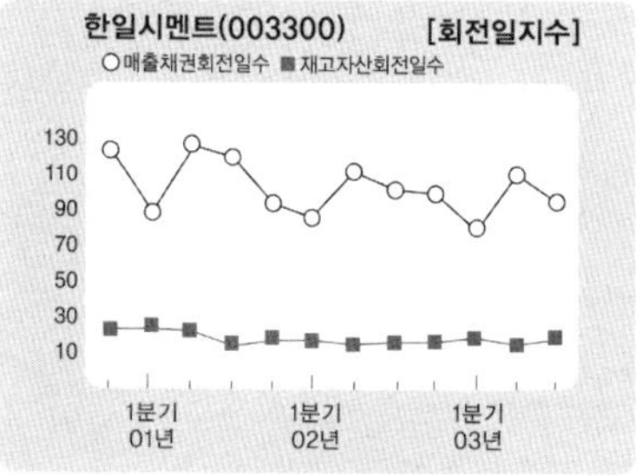

자독점력이라는 무형가치를 가지고 있다는 것을 의미한다. 매출채권회전일수는 100일 내외로 짧지 않은 편이다. 일정한 추세가 유지되는 것으로 미루어 예전부터 지속되어 오던 관례가 그대로 유지되고 있음을 알 수 있다.

종합 의견

매출액 증가폭은 크지 않지만 가격결정력을 바탕으로 고마진을 유지하고 있는데다가 이익 증가 추세도 계속되고 있다. 게다가 차입금의 감소로 이자비용이 줄어들어 영업외부문에서도 이익 증가 요인이 나타나고 있다. 부실 자회사들로 인해 재테크를 잘했다고 볼 수는 없지만 수익가치 자체는 매우 우수하다. PER가 3 수준으로 수익가치를 주가가 완전히 반영하고 있다고 볼 수 없다.

부실 자회사로 인해 자산이 크게 훼손되었지만 구조조정을 통해 자산건전화를 이뤘으

며 제한된 고정자산에서 지속적인 부가가치가 창출되어 우수한 자산가치를 가진 것으로 평가된다. 고정자산 규모도 거대 장치 산업에 속해 있음에 비추어 본다면 자기자본 이하의 적절한 수준을 유지하고 있다. 이와 함께 부채비율이 낮고 차입금 비중이 낮아 기업의 안정성은 확실히 보장되어 있다. 절대 저평가 상태라 보기는 힘들지만 PBR로 보았을 때 자산가치가 가격에 일부밖에 반영되어 있지 않다. 다만 과거의 경험에서도 보듯이 현금성 자산의 관리 능력이 부재하다.

금리 이상의 ROE를 유지하고 있고 특히 순이익률이 높은 점으로 미루어 자본효율성과 고마진을 겸비하는 사업구조로 판단된다. 게다가 이익이 고스란히 현금으로 쌓이는 구조를 가지고 있어 와수분형 기업에 가깝다. 고정자산 추이로 보아 가까운 시기에 추가적인 자본 지출은 없을 것으로 보인다. 시멘트를 대체하는 건자재가 나오지 않는 이상 진입장벽 등의 무형가치를 계속 유지할 것이다.

한일시멘트의 수익가치, 자산가치, 무형가치를 기업가치 균형도에 나타내면 아래의 그림과 같다.

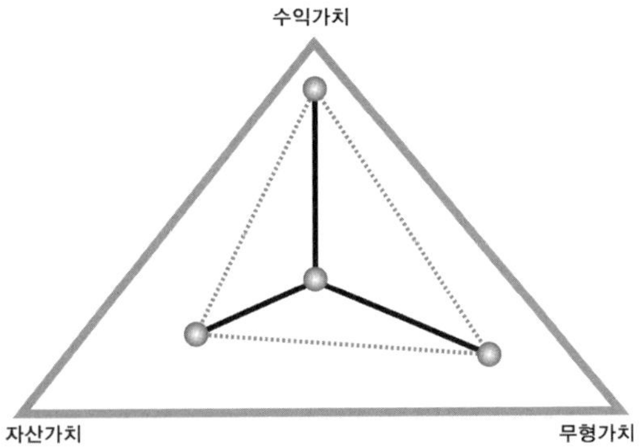

한일시멘트의 기업가치 균형도

종합케이스 (2): 한독약품(002390)

숨어있는 제약업의 진주

I. 순이익 차트

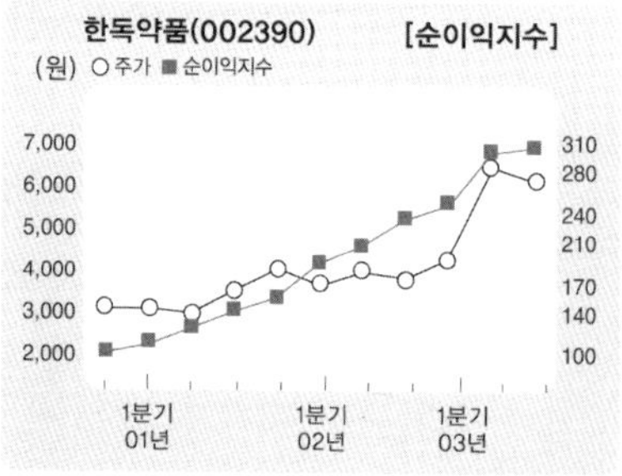

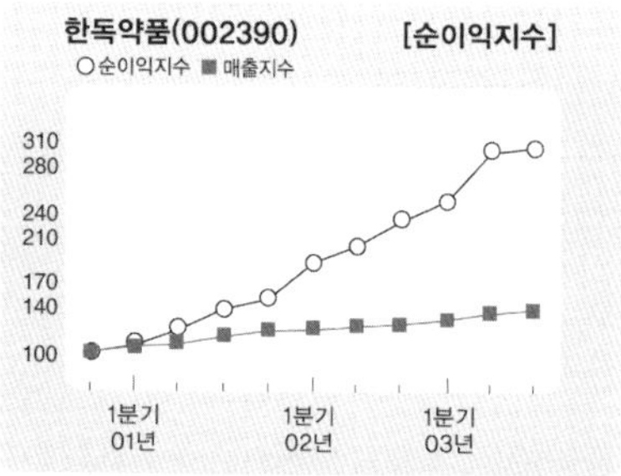

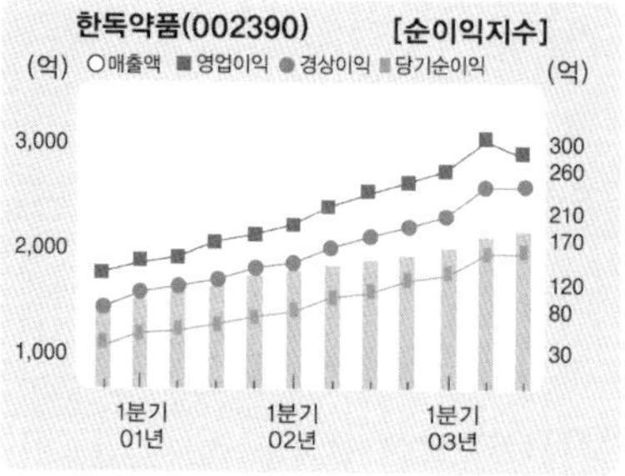

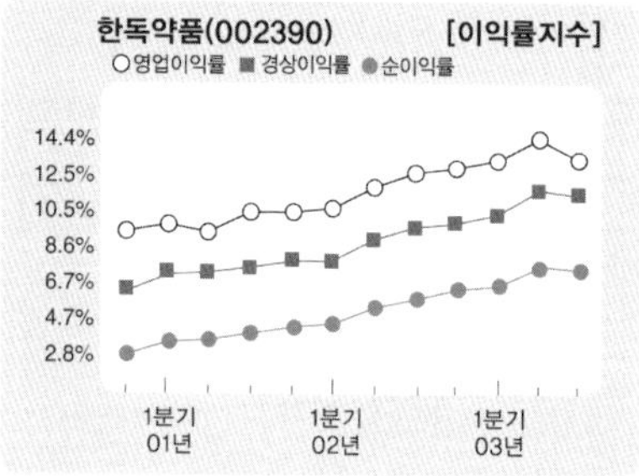

순이익이 추세 지속형의 패턴을 보이는 가운데 주가가 이를 반영하여 2003년 1분기에 박스권을 돌파하며 크게 상승했다. 매출액, 영업이익, 경상이익, 당기순이익 모두 단 한 번의 감소도 없이 지속적으로 상승하고 있다.

특징은 매출액이 올라가는 것과 비례해서 영업이익, 경상이익, 당기순이익이 거의 같은 비율로 상승한다는 점이다. 매출액 증가가 각 이익으로 동등 분배된다는 것은 재무구조가 매우 양호하고 부실 자회사나 무분별한 투자가 거의 없다는 것을 의미한다.

또한 제약 업황이 최악이었던 2003년에도 매출액이 꾸준히 상승하고 있다. 어려울 때 진정한 친구를 알아본다고 제약업 중에서도 한독약품이 차별화된 강점을 가지고 있음을 알 수 있는 대목이다.

한독약품은 인지도 높은 훼스탈, 아마릴 등의 꾸준한 매출 호조를 바탕으로 이익을 창출하고 이를 바탕으로 매년 차입금 규모를 줄여온 결과 재무구조가 개선되어 이자비용 및 경상 비용이 감소, 경상이익이 꾸준히 증가하는 모습을 보여주고 있다.

이익률 지수 역시 상승하는 추세 상승 패턴을 유지하고 있다. 영업이익률이 2003년 2분기에 14%에 육박하고 있는데 판관비 부담 등이 적어 매우 높은 마진을 올리고 있음을 알 수 있다. 다만 2003년 3분기에 영업이익률과 경상이익률이 천정을 치고 하락세로 접어든 것은 부정적 요인이다.

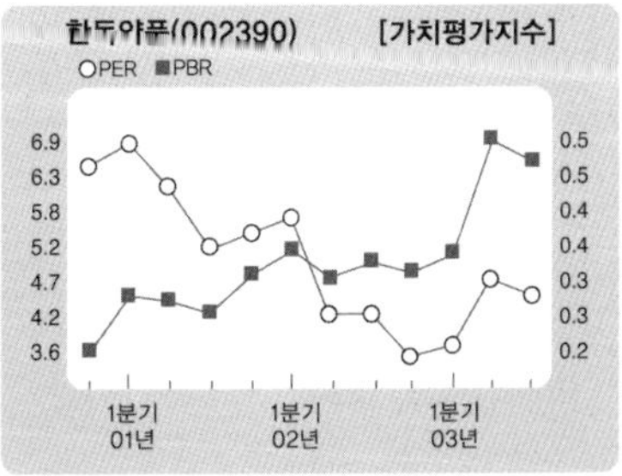

2002년 4분기부터 시작된 주가 상승으로 PER와 PBR가 모두 상승 추세에 있다. 그러나 2003년 3분기 기준으로 PER가 4, PBR가 0.5 수준을 유지하고 있어 아직 가치가 주가에 완전히 반영되었다고 보긴 힘들다. 2000년 4분기부터 2002년 3분기까지 주가가 횡보세를 보였던 것을 감안한다면 PER의 하락 추세가 결국 실적 증가로 인한 것이었다고 볼 수 있다. 가장 이상적인 저PER 구간이다.

II. 영업-재테크 차트

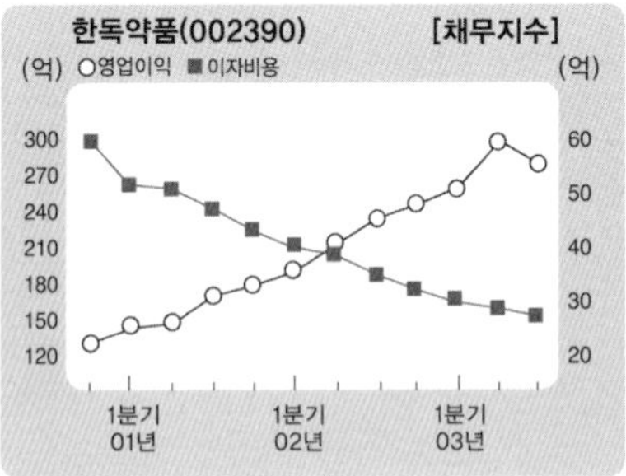

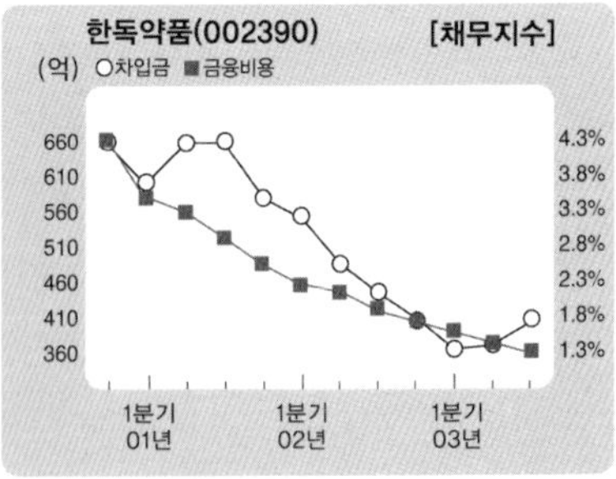

차입금의 감소로 인한 이자비용의 감소 현상이 확연히 드러나고 있다. 2003년 3분기 기준으로 이자비용은 30억 원에도 미치지 못하며 300억 원대의 영업이익과 비교하면 매우 적은 비중임을 알 수 있다. 차입금은 2003년 3분기에 다소 늘어났지만 매출 대비 비중이 작아 안정성을 우려할 수준은 아니다.

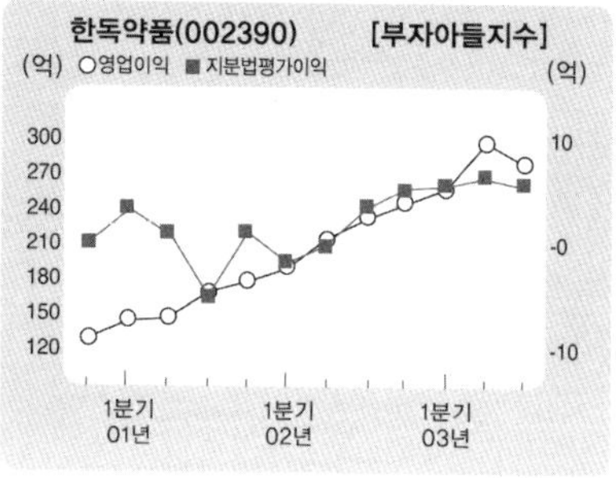

부자아들 지수를 살펴보면 소폭의 등락을 거듭하지만 절대 액수는 그리 크지 않은 것을 알 수 있다. 한독약품의 대주주이자 의약품 도매업을 영위하는 아벤티스파마에 출자한 것을 제외하고는 비영업관련 투자가 전혀 이뤄지지 않았기 때문이다. 효자 아들도, 불효자 아들도 없는 경우다.

III. 자산가치 차트

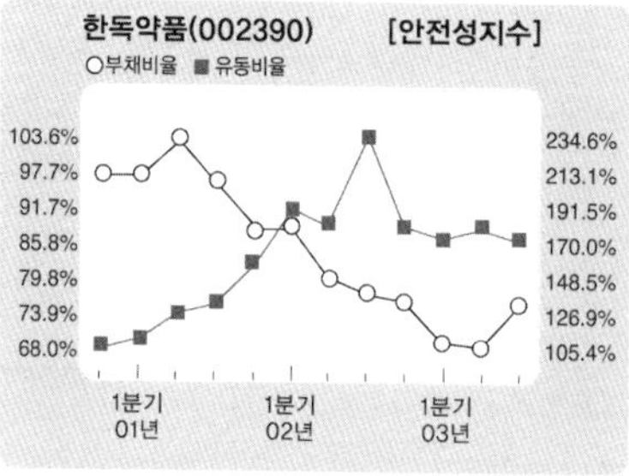

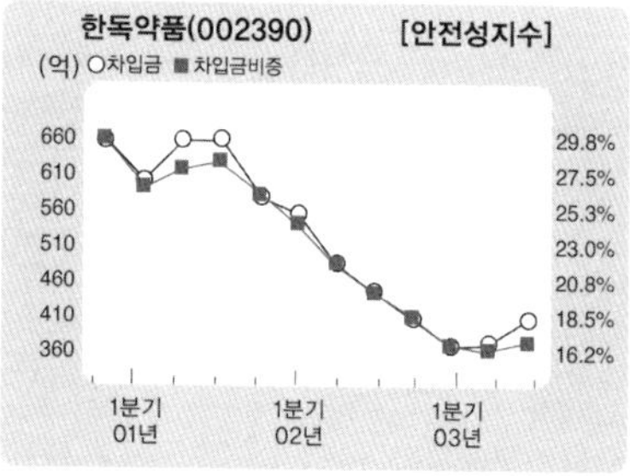

차입금 감소세와 부채비율의 하락세가 이어지면서 기업의 재무안정성이 증가하고 있는 것을 볼 수 있다. 반대로 유동비율은 꾸준히 개선되고 있다. 부채비율이 감소하고 유동비율이 증가하는 것으로 보아 순자산이 늘어나고 있다는 것을 알 수 있고, 부채비율이 더 급격히 하락하는 것으로 보아 순자산의 증가와 함께 부채상환이 꾸준히 이뤄지고 있음을 알 수 있다. 특히 부채 중에서도 차입금이 급격히 줄어든 모습을 볼 수 있다.

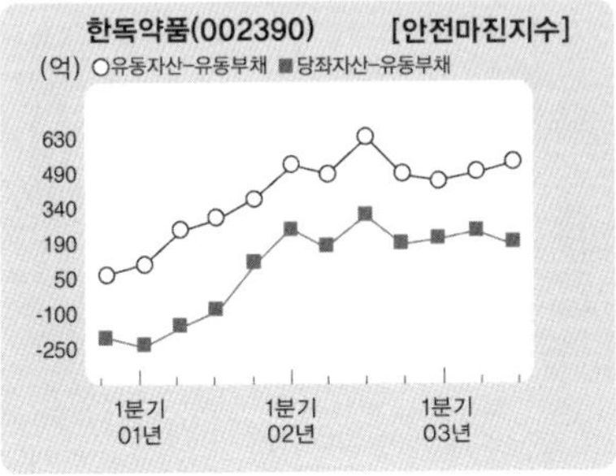

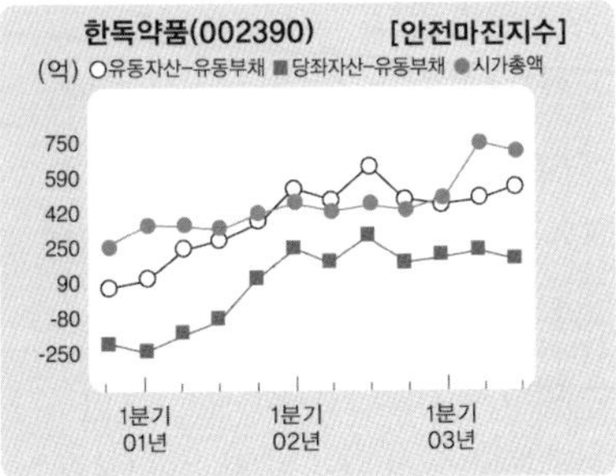

이익증가와 함께 순유동자산도 증가하는 추세에 있다. 하지만 2002년 1분기부터는 완만한 증가를 보이고 있다. 이런 모습은 고정자산에 투자를 하거나 부채를 갚는 경우에 나타난다. 고정자산에 대한 투자 여부는 자산구조 지수에서 다시 정확히 파악할 수 있다.

시가총액과 비교해 보면 2002년 중에는 시가총액이 순유동자산에 미치지 못하는 상태였다. 이후 주가 상승으로 시가총액과 순유동자산과의 괴리가 발생하고 있지만 그 차이가 크지 아 안전마진은 여전히 유효하다.

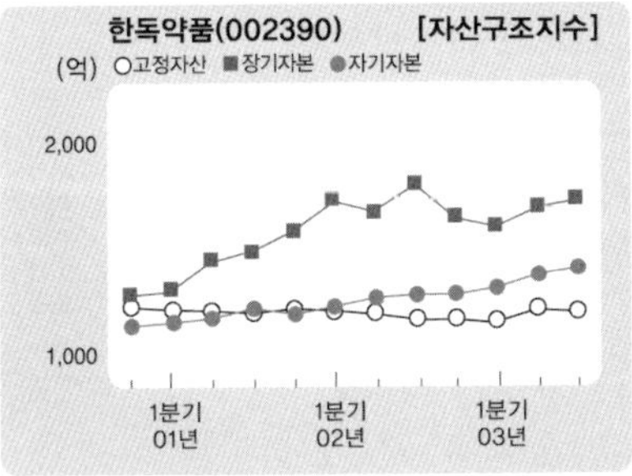

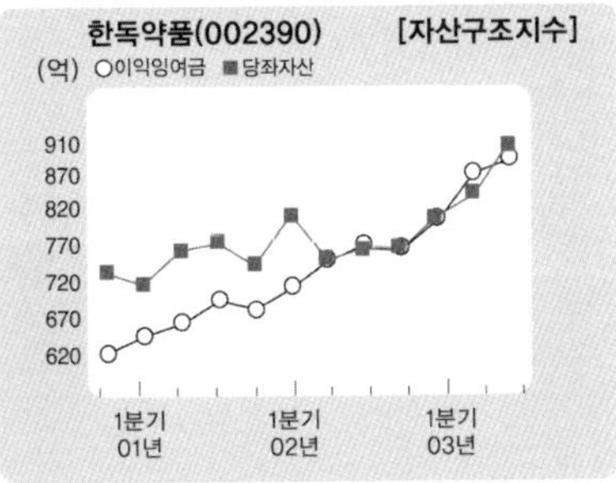

고정자산의 감소세가 추세적으로 일어나는 가운데 자기자본의 추세적 증가가 일어나고 있다. 장기자본과 자기자본의 괴리가 줄어들고 있는 것으로 보아 고정 부채의 감소가 발생하고 있음을 알 수 있다. 결국 앞서 살펴본 순유동자산이 완만한 추세를 그린 것은 벌어들인 이익으로 고정부채를 갚았기 때문이라 결론 내릴 수 있다.

이익잉여금과 당좌자산이 2002년 2분기부터 거의 일치해서 올라가는 패턴을 보이고 있다. 이 시기부터 이익의 유출 현상이 없이 이익이 그대로 현금으로 쌓여가는 구조로 변모했음을 알 수 있다. 고정자산의 추이와 당좌자산의 추이를 놓고 볼 때 한독약품은 화수분형 기업이라 판단해도 무리가 없을 것이다.

Ⅳ. 효율성 차트

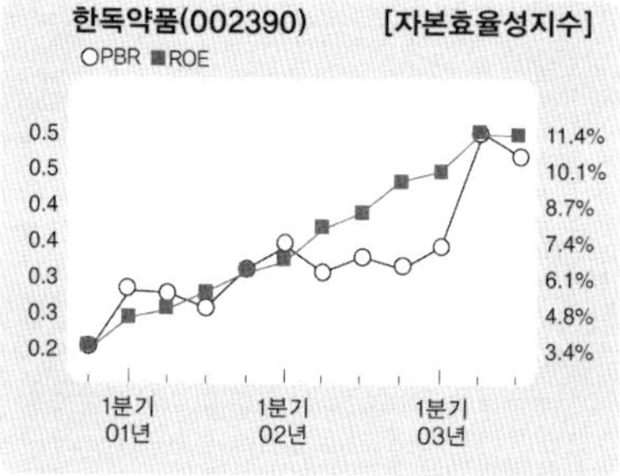

ROE 수치가 2000년 4분기 3%를 밑돌았으나 꾸준히 증가해 11%를 넘어섰다. 자본효율성이 급격히 개선되면서 주식시장도 PBR를 높게 쳐주고 있는 모습이다. 한독약품 주식을 사게 되면, 순자산의 절반 값에 11% 수익률을 내고 있고 그 수익률도 점차 증가하고 있는 자산을 취득할 수 있게 된다. 2003년이 제약업에 최악의 상황이었다는 점을 감안하면 놀라운 수치다.

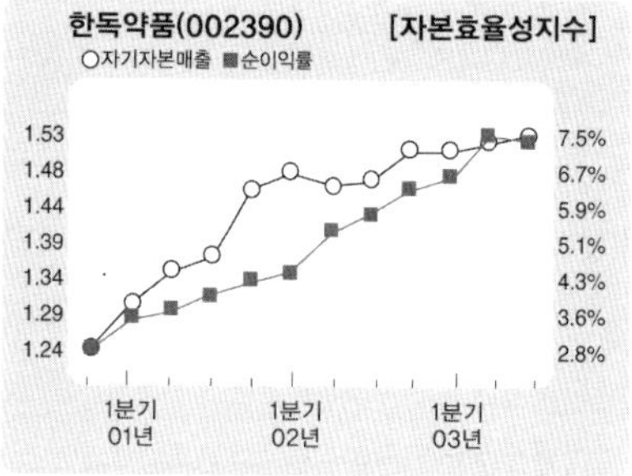

ROE를 다시 분리해서 살펴보자. 자기자본매출이 2001년 4분기에 급격히 상승했으며 순이익률은 2%대에서 2003년 3분기에 7%를 넘어서는 폭발적인 증가세를 보였다. 결국 ROE의 상승이 자기자본매출과 순이익률의 동반 상승에 따른 것이었다고 판단할 수 있다. 다만 자기자본매출이 2002년에 접어들면서 상승폭이 꺾인 것이 부정적 요인이다.

마지막으로 회전일지수를 살펴보자. 매출채권회전일수와 재고자산회전일수 모두 추세적으로 감소하고 있는 패턴이다. 하락폭이 완만한 것으로 미루어 업황은 좋지 못하나 한독약품의 시장지위가 상승해 업황 부진을 벌충하고 있음을 짐작할 수 있다. 우리나라의 인구 고령화로 인해 순환기계 질환(고혈압, 뇌졸중 등)과 내분비계 질환(당뇨병 등)이 증가해 한독약품의

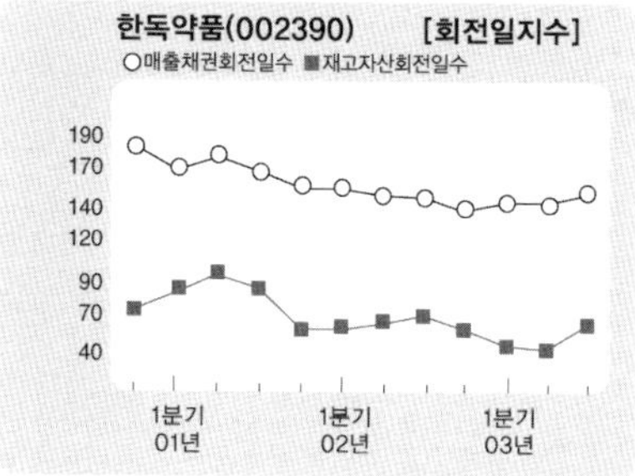

아마릴 등의 제품이 그 시장지위를 높여가고 있다.

그러나 추세는 긍정적이지만 절대수치는 그다지 탁월하다고 보기 힘들다. 그나마 재고회전일수는 40~70일을 유지하는 수준이지만 매출채권회전일수가 150일을 넘어 유통업체에 대한 파워가 생각보다 세지 못하다는 것을 짐작할 수 있게 해준다. 이는 한독약품이 약국, 병원 등 수요처와의 관례를 깰 정도의 무형가치는 가지지 못하고 있다는 의미다.

종합의견

매출과 이익이 종합적으로 상승하는 이상적인 패턴을 가지고 있다. 매출보다 순이익 증가폭이 크게 나타나는 점으로 미루어 매출원가와 판관비가 매출과 비례해 증가하지는 않는 비용 구조를 가지고 있음을 알 수 있다. 다만 각종 이익률이 추세적으로 증가하는 점은 긍정적이나 절대치가 다소 낮은 것이 단점으로 지적된다. 시멘트업처럼 제약업이 과점 내지 독점이 가능한 시장이 아니기 때문인 것으로 판단된다.

차입금 규모가 다소 컸던 점이 우려되었으나 이익으로 꾸준히 차입금을 갚아 나가면서 재무건전성을 눈에 띄게 높여 놓은 점이 매우 긍정적이다. 순유동자산이 계속 증가하는 반면 시가총액과의 괴리가 크지 않아 매력도도 높은 편이다. 당좌자산의 보유 비중이 높은 반면 고정자산이 증가하지 않고 있어 지금의 이익 추이만 이어지면 많은 현금을 쌓을 수 있는 구조다. 부실화된 자산이 없는 점으로 미루어 당좌자산의 활용도 긍정적인 방향으로 이어질 것으로 예측해볼 수 있다.

업황 부진에도 불구하고 시중금리 이상의 ROE를 유지하고 있고 특히 순이익률이 급격히 개선되고 있어 자체 경쟁력을 확보하고 있는 것으로 보인다. 그러나 약국, 병원 등에 대한 교섭력이 떨어져 회전일수가 긴 점이 부정적이다. 제품 포트폴리오는 긍정적이나 소비자 독점력을 가지지 못한 점이 단점으로 지적된다.

한독약품의 수익가치, 자산가치, 무형가치를 기업가치 균형도에 나타내면 다음의 그림과 같다.

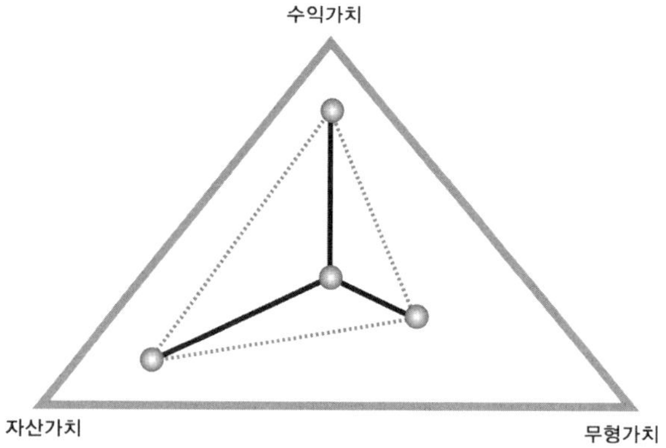

한독약품의 기업가치 균형도

에필로그 | 투자자에게 쓰는 편지

사람의 본성에 역행한다는 것

우리는 성철 스님의 이름을 기억합니다. 그는 "산은 산이요, 물은 물이로다"와 같은 심오한 말씀을 남겼을 뿐 아니라 많은 행적으로 사람들에게 가르침을 줬습니다. 그 중에서도 많은 사람들은 성철 스님의 '장좌불와長坐不臥'를 가장 먼저 떠올립니다. 그는 10년 동안 한 번도 눕지 않고 앉아서 자는 고행을 통해 깨달음을 구했습니다. 쉽게 할 수 없는 일이기에 그의 고행은 사람들에게 감동을 줍니다.

인도 빈민촌에서 봉사활동을 한 마더 테레사나 아프리카에서 의료 선교를 했던 슈바이처 박사가 사후에도 존경을 받는 이유도 평범한 사람들이 쉽게 따라 할 수 없는 활동들을 보여주었기 때문입니다. 이렇듯 사람의 본성에 역행하는 일을 실천할 수 있는 용기는 따라 하기 힘든 만큼 사람들로 하여금 존경과 감동을 자아냅니다.

사람은 원래 자기만을 생각하고, 힘든 일을 하기 싫어합니다. 특히 돈을 대할 때 그 본성이 그대로 나타나는데, 마크 트웨인이 “일해서 번 100달러보다 길에서 주운 1달러가 더 기쁜 법이다”라고 얘기했을 정도로 사람은 불로소득을 좋아하고, 고통스러운 노동보다 돈으로 돈을 버는 것을 좋아합니다. 그런 까닭에 투자를 할 때도 탐욕, 대박 심리, 조급함 등 사람의 약점이 그대로 노출됩니다. 과거 튤립 투기, 사우스 시 버블 사건, IT 버블 등은 사람의 본성과 약점이 군중심리와 만나 일어난 대표적인 일들입니다.

주식투자를 할 때도 마찬가지입니다. 기다려야 하는 주식보다는 급하게 오르는 주식을 사고 싶어하고, 스스로 분석하기보다는 누군가 흘려주는 정보에 더 솔깃하고, 하루하루 주가 등락에 신경을 쓰며 얼마나 벌었고 얼마나 잃었는지 계산하면서 일희일비합니다.

또한 매우 공격적인 성향을 가집니다. 주식을 기업의 소유권으로 보기보다는 남의 주머니를 털기 위한 수단으로 여기고 다른 투자자의 움직임을 간파할 수 있는 여러 가지 방법들을 개발합니다. 이런 행태를 탓할 수만은 없습니다. 원래 사람의 본성은 이런 것이고, 사람들이 많이 모여있는 곳이 주식시장이다보니 어찌 보면 당연히 나타날 수 있는 모습입니다.

그러나 가치투자는 이와 정반대의 성격을 가지고 있습니다. 스스로 분석해서 좋은 기업을 발굴하여 싼값에 사서 기다리고, 하루하루 주가보다는 기업가치의 변화에 더 주목하면서 낮은 목표수익률로 잃지 않는 것을 목표로 합니다. 역동적인 투자를 즐기는 사람들이 본다면 가치투자자는 답답하고 재미없고 고집스러운 보수적인 사람들입니다.

하지만 가치투자자에게는 자부심이 있습니다. 단지 인기가 없다는 이유로 저평가 상태에 있는 기업들에게 제 가치를 찾아주고, 탐욕에 휩쓸리지 않고 원칙을 지켜가며 한발 한발 앞으로 내딛는 일에 만족을 느낍니다. 이런 자부심은 어려운 길을 가고 있지만 옳은 일을 하고 있다는 의식에서 비롯됩니다.

이런 관점에서 보면 가치투자는 영원한 소수일 수밖에 없습니다. 그 길이 매우 험난하고 사람의 본성에 역행하는 일이기 때문입니다.

하지만 역사를 보면 소수의 편에 섰던 사람들이 끝에 가서는 승리자가 되는 경우가 많았습니다. 그리고 승리자들에게는 남들이 하기 힘든 일을 끝까지 해냈다는 공통점이 있습니다. 이런 버핏이 다른 부자들 혹은 투자자들과 달리 사람들의 존경을 받는 이유도 여기에 있습니다.

가치투자가 가장 돈을 많이 벌어주는 투자 방법이라고 할 수는 없습니다. 하지만 확실하게 말할 수 있는 것은 주식시장에서 최후의 승리자가 될 수 있는 방법이자 가장 올바른 투자 방법이라는 것입니다.

물론 하나님이 주신 인간의 본성을 거스르고 가치투자를 실천하기란 쉽지 습니다만 그 방법은 어렵지 않습니다. 누군가 얘기하는 것처럼 동물적 감각을 타고나지 않아도 상관없습니다. 상식을 가지고 좋은 기업을 발굴해 장기 보유하면 그뿐입니다.

기업발굴 방법을 익히는 것은 지식의 습득에 불과합니다. 스스로를 이길 수 있는 사람이라면 지식을 습득하는 것은 어려운 일이 아닙니다.

올바른 방법을 통해 돈을 버는 떳떳한 부자가 되고 싶으시다면 지금 당장 가치투자를 시작하십시오. 가까운 미래에 주식시장은 분명 당신의 이름을 기억하고 그에 상응으로 보답을 할 것입니다.

가치투자가 가장 올바른 투자라고 믿는

최준철 올림

사례분석목록

순이익 차트

A. 순이익 지수

순이익 지수 | 주가차트-순이익 지수

Case 1 1. 이익증가 미반영형 (1): 이건산업(008250)
Case 2 2. 이익증가 미반영형 (2): 에이스침대(003800)
Case 3 3. 이익 반전형 (1): INI스틸(004020)
Case 4 4. 이익 반전형 (2): 경남에너지(008020)
Case 5 5. 이익 반전형 (3): 동아제약 (000640)
Case 6 6. 이익 지속형 (1): LG가스(017940)
Case 7 7. 이익 지속형 (2): 풀무원(017810)
Case 8 8. 이익 지속형 (3): 캠브리지(004620)

순이익 지수 | 순이익-매출 지수

Case 9 1. 이익 매출 성장형 (1): 현대모비스(012330)
Case 10 2. 이익 매출 성장형 (2): 신세계I&C(035510)
Case 11 3. 수익성 개선형 (1): 한국철강(001940)
Case 12 4. 수익성 개선형 (2): 선창산업(002820)
Case 13 5. 이익 매출 반전형 (1): SJM(025530)
Case 14 6. 이익 매출 반전형 (2): 코리아나(027050)
Case 15 7. 이익 매출 지속형 (1): 계룡건설(013580)
Case 16 8. 이익 매출 지속형 (2): 유진종합개발(023420)

순이익 지수 | 매출-이익 종합지수

Case 17 1. 동시성장형 (1): 한일시멘트(003300)
Case 18 2. 동시성장형 (2): 동양고속건설(005900)
Case 19 3. 영업이익 우위형: 삼화왕관(004450)
Case 20 4. 경상이익 우위형: 선광(003100)
Case 21 5. 종합 반전형 (1): POSCO(005490)
Case 22 6. 종합 반전형 (2): 동일방직(001530)
Case 23 7. 종합 지속형 (1): 한독약품(002390)
Case 24 8. 종합 지속형 (2): 부산산업(011390)

B. 이익률 지수

이익률 지수

Case 25 1. 영업이익률 우위형: 현대엘리베이터(017800)
Case 26 2. 경상이익률 우위형: 동서(026960)
Case 27 3. 이익률 반전형: 네오위즈(042420)
Case 28 4. 이익률 지속형: 신세계(004170)

C. 가치평가 지수

가치평가 지수

Case 29 1. 저PER-저PBR (1): 동양고속건설(005900)
Case 30 2. 저PER-저PBR (2): 신흥(001080)
Case 31 3. 고PER-저PBR: 호텔신라(008770)
Case 32 4. 고PER-고PBR: NHN(035420)

영업-재테크 차트

A. 채무지수

채무지수 | 영업이익-이자비용 지수

Case 33 1. 영업호조, 이자 감소형 (1): 신세계푸드(031440)
Case 34 2. 영업호조, 이자 감소형 (2): 에이스침대(003800)
Case 35 3. 영업정체, 이자 감소형: 대덕GDS(004130)

채무지수 | 차입금-금융비용 지수

Case 36 1. 차입금 감소형 (1): 현대차(005380)
Case 37 2. 차입금 감소형 (2): 이앤이시스템(065160)
Case 38 3. 차입금 증가형 (1): 스페코(013810)
Case 39 4. 차입금 증가형 (2): 대한항공(003490)

B. 부자아들 지수

부자아들 지수

Case 40 1. 효자형 (1): 유한양행(000100)
Case 41 2. 효자형 (2): 대림산업(000210)
Case 42 3. 불효자형: 오리온(001800)
Case 43 4. 부자협동형: 동서(026960)

자산가치 차트

A. 안정성 지수

안정성 지수 | 부채비율-유동비율 지수
Case 44 1. 재무구조 개선형 (1): 삼성전자 (005930)
Case 45 2. 재무구조 개선형 (2): 한섬 (020000)
Case 46 3. 재무구조 악화형: 오양수산(006090)

안정성 지수 | 차입금-차입금 비중 지수
Case 47 1. 차입금 제로형: 해성산업(034810)
Case 48 2. 차입금 감소형: 한샘(009240)
Case 49 3. 차입금 증가형: 로만손(026040)

B. 안전마진 지수

안전마진 지수 | 순운전자본 지수
Case 50 1. 순운전자본 우상향 (1): 삼성공조(006660)
Case 51 2. 순운전자본 우상향 (2): 파라다이스(034230)
Case 52 3. 순운전자본 우하향 (1): 신라섬유(001000)
Case 53 4. 순운전자본 우하향 (2): 남한제지(001950)

안전마진 지수 | 절대저평가 지수
Case 54 1. 우상향 골든크로스 (1): 부국철강(026940)
Case 55 2. 우상향 골든크로스 (2): 안국약품(001540)
Case 56 3. 우하향 골든크로스: 한세실업(016450)

C. 자산구조 지수

자산구조 지수 | 고정자산 적합 지수
Case 57 1. 이익회수기형 (1): 성신양회(004980)
Case 58 2. 이익회수기형 (2): 한국제지(002300)
Case 59 3. 지속 투자형: 현대모비스(012330)
Case 60 4. 고정자산 과다형: 대우조선해양(043660)

자산구조 지수 | 이익 축적 지수
Case 61 1. 화수분형 (1): 롯데제과 (004990)
Case 62 2. 화수분형 (2): 파라다이스 (034230)

효율성 차트

A. 자본효율성 지수

자본효율성 지수 | ROE 기본 지수
Case 63 1. X자형 (1): SK텔레콤(017670)
Case 64 2. X자형 (2): 신흥(004080)
Case 65 3. 정배열: 조선내화(000480)
Case 66 4. 역배열: 대림수산(003960)

자본효율성 지수 | ROE 미분 지수
Case 67 1. 고마진, 고효율형: 동양고속건설(005900)
Case 68 2. 저마진, 고효율형: 대구가스(016710)
Case 69 3. 저마진, 저효율형: 한국화장품(003350)

B. 회전일 지수

회전일 지수
Case 70 1. 영업 개선형 (1): 현대모비스(012330)
Case 71 2. 영업 개선형 (2): 한국타이어(000240)
Case 72 3. 영업 파워형: 풀무원(017810)
Case 73 4. 현금 장사형: 태진미디어(032540)

종합 케이스

1. 한일시멘트
2. 한독약품

* 차트는 시스템 업그레이드와 데이터 업그레이드로 실제와 차이가 있을 수 있습니다.

가치투자가 쉬워지는 V차트

1판 1쇄 | 2004년 4월 30일
2판 1쇄 | 2024년 8월 30일

지은이 | 최준철

책임편집 | 심재헌
편집 | 김승욱
디자인 | 최정윤
마케팅 | 김도윤 김예은
브랜딩 | 함유지 함근아 고보미 박민재 김희숙 박다솔 조다현 정승민 배진성
제작 | 강신은 김동욱 이순호

발행인 | 김승욱
펴낸곳 | 이콘출판(주)
출판등록 | 2003년 3월 12일 제406-2003-059호
주소 | 10881 경기도 파주시 회동길 455-3
전자우편 | book@econbook.com
전화 | 031-8071-8677(편집부) 031-8071-8681(마케팅부)
팩스 | 031-8071-8672
ISBN | 978-89-90831-06-7 13320